영작/독해/청해가 저절로 된다!

영어 공략을 위한 디지털 프로젝트

# 영어코드의 비밀
## www.englishcode.com

이상도 著

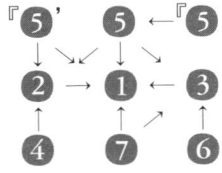

진법영어사

## 증보판을 내면서

이 책이 발간된 후 많은 독자들의 성원에 힘입어 증보판을 발간하게 되었습니다. '영코비' 라는 애칭을 지어주신 분, 오탈자를 손수 지적하여 보내주신 두분 선생님, 격려와 코멘트를 해 주신 많은 분들을 포함하여 물심양면으로 도와주신 여러분들께 깊이 감사드립니다.

2진법영어에 대한 관심은 국내외로 높아지고 있습니다.
Peter Kim 영어학원장님과 '영코비' 예문을 기초로 한 시청각 훈련기기 및 교재 개발을 진행 중에 있습니다. 일본 출판 agent 김용권선생님과는 '영코비' 와 '50키워드 영어1' 의 일본어판 출간 계약을 각각 체결하였습니다. 이에 따라 당초 2쇄를 발행하려던 계획을 바꾸어 좀 더 다듬어 출간하는 것이 좋겠다는 생각으로 증보판 발행을 하게 된 것입니다.

증보판에 반영된 내용은 오탈자 수정 및 종래의 「⑥형을 「⑤형으로 표시를 개선하여 홀수형에 배치하고 복합전치사구 개념을 도입하고 상응한 예문을 추가한 것입니다. '영코비' 초판을 가지고 계신 분을 위해서 증보 내용과 오탈자 수정 내용을 홈페이지에 올리겠습니다.

끝으로 이책이 나오기까지 격려와 지원을 아끼지 않으신 배달문화(주) 정상해 회장님, 탑국제특허법률사무소 조의제 소장님, 법무법인 솔로몬 대표 변호사 강명준님 그리고 이책을 아름답게 편집과 인쇄를 해주신 (주)해든D&P, 품위있는 표지 디자인을 해 주신 시니피앙님 등 여러분께 감사드립니다.

2007. 5. 16.
이상도

## 책머리에...

2001년 5월 10일, 나는 영어구문이 2진법(디지털시스템)으로 되어있다는 놀라운 법칙을 발견하였다. 영어가 세계어로 된지 수 백년 동안 세계 어느 석학도 착안하지 못한 이 법칙을 발견하게 된 것은 한국인의 우수성을 세계에 자랑할 수 있는 쾌거라고 자부한다. 2002년 1월, 나는 다소 부족하나마 서둘러 '2진법영어'를 발간하고 계속 더 많은 예문을 수집하면서 연구에 매진하였다. 특히 인터넷 google 검색창을 통해 이 법칙의 완벽성과 효용성을 객관적으로 검증할 수 있었다.

그후의 성과를 정리하여 2004년 1월, 5월에 '2진법영어'의 예문을 체계화한 '저절로 외워지는 영어' 1(홀수형), 2(짝수형/복문형)을 각각 발간하였다. 이 책들의 발간과 조선닷컴, 시스템클럽에 게재한 나의 글은 2진법영어에 관한 수많은 독자들의 관심을 불러일으키는 계기가 되었고 격려와 찬사가 쇄도하였다.(책 말미 독자의 글 참조) 한편 위 책들의 분량이 많아 2진법영어법칙을 한 눈으로 보고 이해할 수 있게 정리해 달라는 독자들의 요청이 있었다. 이에 부응하여 저술된 이 책은 '저절로 외워지는 영어'의 요약판이며 '2진법영어'의 완결판이라고 할 수 있다. 더 많은 예문을 대하고 싶은 독자는 '저절로 외워지는 영어 1, 2'를 참고하기 바란다.

2진법영어법칙은 매우 간단하여 설명할 것이 거의 없다. 종래 문법서에 설명하는 문장의 5개 요소 S, V, O, C, A가 N, P의 2개 요소로 단순화되고, 각 문형이 홀수형/짝수형 코드로 짝을 이루며 규칙적으로 연관된다. 이 구조를 이해하면 어떤 영어문제이든지 완벽하게 풀 수 있다. (잘 안되면 www.englishcode.com에 문의). 영어를 보는 안목이 완전히 달라진다. 영어의 매력에 빠지고 자신감이 생긴다. 이 법칙은 여러분의 인생에 새로운 도약의 계기를 마련할 것이다.

2004. 10. 16.
이 상 도

# 차 례

- **약어와 기호** ·············································· 6

- **영어코드의 비밀** ······································ 9

- **단문 홀수형** ············································· 25
  - 형용사 ················································· 26
  - 소사 ···················································· 32
  - 명사 ···················································· 42
  - 전치사구 ············································· 49
  - 복합전치사구 ······································ 68
  - 동사 ···················································· 80

- **단문 짝수형** ············································· 91
  - 명사 ···················································· 92
  - 전치사구 ············································· 100
  - 복합전치사구 ······································ 109
  - 동사 ···················································· 113

- **복문 홀수형** ············································· 119
  - 비정형절 ············································· 120
  - 정형절 ················································· 139

- **복문 짝수형** ········· 151
  - 비정형절 ········· 152
  - 정형절 ········· 166

- **부속어** ········· 177
  - 명사 ········· 178
  - 소사/부사 ········· 191
  - 전치사 ········· 195

- **수식어** ········· 199
  - 단어/구 ········· 200
  - 비정형절 ········· 207
  - 정형절 ········· 217

- **주어/목적어** ········· 223
  - 주어/목적어의 재료 ········· 224
  - it~ 구문 ········· 229
  - there~ 구문 ········· 233

- **독자들의 글** ········· 239
  - 독자에 의한 2진법 영어 해설 ········· 240
  - 독자들이 보는 2진법 영어 ········· 247

# 약어와 기호

## <약어표>

N: 체언(Nominal) -> subject, object, adverbial
P: 술언(Predicate) -> verb, (be)+ non-verb predicative
v: 동사 (verb)    n: 명사 (noun)/대명사(pronoun)
a: 형용사(adjective)  p: 소사(particle)
pr~: 전치사구(preposition phrase)

## <문형 및 그 구성부분을 나타내는 기호>

| | | |
|---|---|---|
| NP | Code 1 | ① |
| NPN' | Code 2 | ② |
| NPP' | Code 3 | ③ |
| NPN'N" | Code 4 | ④ |
| NPN'P' | Code 5 | ⑤ |
| NPP'N' | Code 6 | ⑥ |
| NPP'P" | Code 7 | ⑦ |

‖ N(Nominal;체언) 앞에 표시한다. 단, 문장 앞의 N은 표시를 생략
| P(Predicate; 술언) 앞에 표시한다. 단, 의미상 N과 P의 위치가 바뀌어진 경우는 「 또는 」으로 표시한다.
preposition(전치사)/particle(소사)은 굵은체와 밑선으로 2중표시한다.
구문상 중요한 단어는 굵은체로 나타낸다.
P의 구성부분은 이태릭체로 표시한다.

예, I | *took* ‖ the child ‖ **to** the **park.**      NPN'N''    ④
    *So is*」 every Tom, Dick, and Harry.   P」N    ①」

　　　　　　She | *is reading* ‖ a book 「***in the room***.　　NPN' 'P'　「⑤'
　　　　　　It | *will bring* 「***about*** ‖ a good result.　　NP「P' N'　「⑤

∨　문장 앞에 도치된 요소가 본래 있어야 할 자리를 나타낸다.
　　예, What *do* you | *know* ‖ ∨ ‖ **about** him?　　∨ ⟹ What
∩　문장 중에서 공유되는 요소를 가리킨다.
　　예, He had everything <his heart | *desired* ‖ ∩>.
　　∩ = everything
[ ]　절(Clause)을 표시한다. 정형절과 비정형절을 포함한다.
[ [ ]]　절이 절을 안은 경우를 표시한다
< >　modifier(수식어)를 표시한다
　·　part(부속어)를 표시한다.　　예, **look** · *about*, two feet · **long**
(‖)　수동문의 주어가 전치사구 목적어가 되는 경우 전치사 앞에
　　표시한다.　　　　　　　예, I | *am waited* ( ‖ ) ***on***.
{ }　연결어를 표시한다.　　예, {and}, {but}

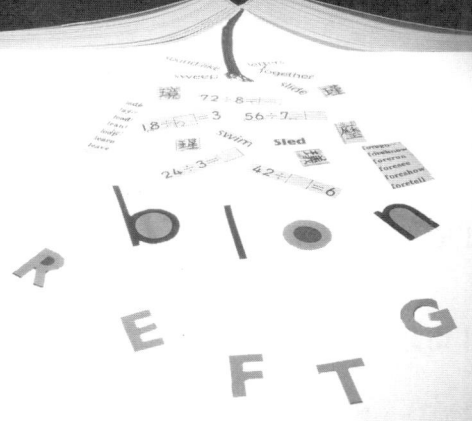

# 영어코드의 비밀

*Crack the English Code!!*

# 영어코드의 비밀

## ◐ 영어문형의 비밀

다음 5개 문장에 포함된 공통 문장을 찾아 보라.

    The door slid open.
    The door was pushed open.
    He pushed the door open.
    He pushed open the door.
    The door got pushed open.

이를 알려면 위 문장들을 다음과 같이 쪼개 보면 된다. 문형기호에 관하여는 목차 뒤를 참조하라.

③ The door | *slid* | ***open.***
–〉① The door | *slid*.
–〉① The door | *was* ***open.***

③ The door | *was pushed* | ***open***.
–〉① The door | *was pushed*.
–〉① The door | *was* ***open.***

⑤ He | *pushed* ‖ the door | ***open.***
–〉② He | ***pushed*** ‖ the door.
–〉① The door | *was* ***open.***

「⑤ He | *pushed* 「***open*** ‖ the door.
=〉⑤ He | *pushed* ‖ the door | ***open***.
–〉② He | ***pushed*** ‖ the door.
–〉① The door | *was* ***open.***

⑦ The door | got | pushed | **open**.
–〉③ The door | got | pushed.
–〉① The door | was **open**.

이처럼 위 문장들은 정확히 ① The door | was **open.**을 포함하고 있다. 즉 ①형은 더 쪼갤 수 없는 최소 단위의 문장이다. 위 분석과정에서 어떤 법칙이 보이지 않은가? 이 책은 깜짝 놀랄 영어의 비밀인 문형코드를 알려주려는 데 목적이 있다.

## ◑ 영어는 문형이다

수십년간 미국에서 살아왔고 어려운 단어도 꽤 많이 알고 있는 교포 1세가 초등학생 자녀인 교포 2세보다 영어를 못하는 이유는 무엇인가? 유럽인은 물론 인도인, 중국인, 말레이인도 영어를 잘하는데 유독 한국인이 세계에서 영어를 가장 못하는 이유는 무엇일까?
대답은 오직 하나. 우리말과 영어 문형(어순)이 너무 다르기 때문이다.

한국인이 영어를 제대로 배우려면 다음 중 하나를 택해야 한다.
첫째는 모든 것을 때려치우고 영어에만 매달려 사는 것이다. 그러면 어느 정도는 할 수 있겠지. 그러나 한국인 전부가 생업을 그만두고 영어에만 매달린다면 이 또한 심각한 문제가 될 것이다.
둘째는 생업을 유지하면서 필자가 발견하고 창안한 영어문형코드를 이해하는 것이다. 지금까지 배워온 5형식문형은 한국인의 영어수준을 유아수준으로 고정시키는데 결정적 역할을 하였다. 성숙한 영어를 하려면 영어문형코드의 이해가 선결조건이다.

### 우리는 문장을 통해 의사전달을 한다.
문장은 아무렇게나 단어를 열거한다고 되는 것이 아니다. 일정한 규칙에 따라 단어를 배열하여 문장을 만들어야 한다. 간단한 대화의 경우 단어 몇 마디를 적당히 나열하여 불완전하게나마 의사표시를 할 수도 있으나 그것으로 충분하지 않다. 의사전달내용이 복잡해질수록 이러한 간단한 방식은 통하지 않는다. 그러므로 제대로 된 말을 하려거나 복잡한 내용의 의사전달을 하려면 복잡한 문장을 이해하고 만들 수 있는 능력을 길러가야 한다.

**문형을 모르면 영어를 제대로 할 수 없다.**
미국 어린이들은 주위 환경 속에서 무의식적으로 문형을 익혀 나간다.
그들은 어떻게 단어를 배열하면 자연스러운 문형이 되는지를 경험으로 터득하고 있다. 그들은 쉬운 단어 몇 가지만으로도 훌륭한 문장을 만드는 재주가 있다. 그들은 처음부터 어른들처럼 복잡한 문형은 쓰지 않는다. 다만 장성하고 학교에 다니면서 점차로 다양한 문형에 숙달되어 간다. 우리는 외국인이므로 의식적으로라도 영어문형을 배우고 숙달해야 한다.
영어교육의 문제점은 바른 문형교육이 이루어지지 않는다는 것이다. 영어 환경은 날로 달라지고 있는데 문형에 관한 우리나라의 문법교육은 5형식이론에서 한 발자국도 나아가지 못하고 있다. 이런 이론으로 공부한 사람이 영어를 잘 한다는 것이 오히려 이상할 정도이다. 학습에 도움을 주기보다 방해가 된다. 근래에 문법은 영어공부에 방해가 될 뿐이라는 주장이 제기된 이유는 여기에서 연유한다. 2진법 문형은 내가 이를 발표하기 전까지는 미지의 세계에 속하는 암호였다.

**문형의 이해는 영어학습의 필요조건이다.**
문형을 모르면 결코 영어를 마스터할 수 없다. 종래 우리의 문법교육은 품사에 치중하였을 뿐 문형은 소홀히 하고 있다. 5형식문형의 결함이 너무 심각하기 때문에 제대로 문형을 가르칠 수 없었기 때문이다. 품사이론이 micro 문법(작게 보는 문법)이라면 문형이론은 macro 문법(크게 보는 문법)이라고 할 수 있다. 중요한 것은 후자이다.
문형학습법은 영어를 크게 보는 차원에서 학습하는 방법이다. 문형학습을 통해 청해, 독해, 작문 모든 분야에서 학습효과를 극대화할 수 있다. 적용면에서도 그 효과가 현저히 나타난다. 원어민과 대화를 할 경우에도 문형에 제대로 맞추어 말하기만 하면 된다. 문법의 세부규칙에 대해서는 다소 서툴더라도 문형만 맞으면 상대방은 당신이 고급스러운 영어를 말한다고 칭찬할 것이다. 발음, 액센트는 사람마다 다를 수 있더라도 문형은 다를 수 없으므로 문형구사능력에 의해 그 사람의 교양을 엿볼 수 있기 때문이다.
문형을 알면 품사는 자연히 알게되어 있다. 품사는 문형을 이루는 재료이기 때문이다. 지금까지 문법을 어렵고 성가시게 생각한 이유는 왜 문법을 공부해야 하는지에 대한 목적이 명확하지 않았기 때문이다. 문법교육은 문형을 제대로 구사할 수 있도록 이루어져야 한다. 이러한 문형교육은 재미가 있어야 한다.

**문형의 숙달은 영어학습의 충분조건이다.**
문형을 이해한 다음에는 문형의 숙달연습을 해야 생동하는 영어를 할 수 있다. 문화적 배경 차이로 인해 문형이론에 용납되는 표현이라도 실생활영어에서는 용납되지 않는 것이 있다. 실생활에 쓰이는 의미 있는 문장을 숙달하려면 원어민의 문화에 자주 접근하여야 한다.

문형은 독서, 오디오, 비디오를 통해 숙달할 수 있다. 마음에 드는 영화를 한 편 선택하여 오디오나 비디오를 통해 2진법문형에 숙달될 때까지 여러 번 반복하여 보고 듣는 것도 하나의 방법이다.

## ◐ 2진법문형은 영어의 CODE(비밀)이다

2진법문형은 문장의 요소를 N(Nominal; 체언/이름말)과 P(Predicate, 술언/풀이말) 로 나누고 모든 문장을 NP, NPN, NPP, NPNN, NPNP, NPPN, NPPP 의 7개형으로 Code화한 것이다. N을 0으로, P를 1로 대입하면 각 문형은 (01), (010), (011), (0100), (0101), (0110), (0111)로 순차로 전거되는데 이를 십진법으로 환산하면 ①, ②, ③, ④, ⑤, ⑥, ⑦이 된다. 이 중에서 ①은 기본형이고 나머지는 확장형이다.

N(Nominal)은 사람, 모든 유형물이나 무형물이나 사상, 또는 활동, 장소, 시간 등을 가리킨다. 그 재료는 noun, pronoun, preposition+ noun/pronoun, verbal, clause(finite/non-finite)이다. 주로 P의 서술을 받으나 그렇지 않은 것도 있다.
P(Predicate)는 N을 서술하는 말이다. 재료는 verb/verbal, adjective, particle이 중요하다. noun, pronoun, preposition+ noun/pronoun, clause도 P로 쓰일 수 있다. 동사는 독자적으로 술언이 될 수 있으나 나머지 재료는 be와 결합하여 사용되는 경우가 많다. P는 N에 종속된다.(이 장 끝에 있는 N과 P의 관계를 참조하라)

오늘날 정보사회를 리드하는 컴퓨터는 0과 1의 2진법의 원리로 되어있다. 2진법 원리는 영어문형에도 정확히 들어맞는다. 영어가 세계어로서 통용되는 것은 결코 우연이 아니다. 영어가 과학적이고 능률적인 2진법어순을 따르기 때문이다.

**2진법문형은 7개 문형과 그 복문형으로 되어있다.**
5형식문형의 요소는 S, V, O, A의 5개인데 비해 2진법문형은 이들을 묶어 N(S, O, A) P(V, C)의 2개로 단순화한다. 즉 5형식문형의 5진법을 2진법으로 단순화 하였다. 특히 5형식문형에서 도매금으로 처리되었던 전치사구(N/P), 소사(P), 비정형절(N/P)을 독립시켜 7개 문형으로 발전시켰다.

 5형식문형에서 문장의 요소에서 배제된 소사와 전치사구는 실제 문장에서 차지하는 비율이 70%이다. 2진법문형은 소사와 전치사구를 문장의 독립요소로 편입함으로써 모든 문장을 망라하는 Code를 제공한다.

**2진법문형은 모든 문장을 Code화한다.**
모든 문장에 빠짐없이 문형번호를 부여하여 Code화할 수 있다. 모든 문장은 기본문형으로 쪼개어 질뿐 아니라 역으로 기본문형을 기초로 하여 확장문형을 창출해 낼 수 있다.
7개 문형은 각각 짝을 이룬다. ①형은 기본형이다. 홀수형끼리(③형, ⑤형, ⑦) 또는 짝수형끼리(②형, ④형, ⑥형) 서로 짝을 이룬다. ⑤형의 수동형은 ③형, ④형의 수동형은 ②형이 된다. ②형의 수동형은 ①형이 된다. ⑤형과 「⑤형끼리는 짝을 이룬다. ③형, ⑤형은 2개의 ①형, ⑦형은 3개의 ①형으로 분해된다.(아래 도표 참조)
이러한 관계를 알면 모든 문장의 독해, 청해, 작문과 검증이 가능하다.

    〈도표〉

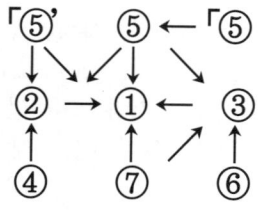

## ◐ 기본형 알기

먼저 기본형에 대해 보기로 하자.
예문 N 앞에는 ‖ 표시(문장 맨 처음 나오는 것은 원칙적으로 N이므로 ‖ 표시를 생략한다)를, P 앞에는 | 표시를 한다. n은 noun, a는 adjective, pr는 preposition, p는 particle, v는 verb를 가리킨다. P는 이태릭체로 나타내고 pr/p 에는 밑선을 그었다. 핵심 단어는 굵은체로 표시한다.

NP(a)     She | *is* **happy**.   |  *Couldn't be* **better!**
NP(p)     Is John | *in*?   He | *is* **out**.
NP(n)     This | *is my* **book**. It | *'s* **me**.
NP(pr~)   A vase | *is* **on** *the* **table**. I | *'m* **out of** *a* **job**.
NP(v)     Birds | ***fly***. The food | *is* ***cooked***.
          Seeing | *is* ***believing***. To see | *is to* ***believe***.
          He | *looked* · **up**.   | *Settle* · **back**.
NP(nfc)   I | *am* [**to meet** him here].
NP(fc)    This | *is* [**where** I work].

기본형의 특징은 P에 원칙적으로 be가 포함되어 있다는 점이다. 그러므로 기본형의 Predicate(술언)는 대체로 'be+predicative(술어)'의 형식을 취한다. NP(v)의 경우에도 능동태 기본시제형만 be가 없을 뿐 진행형 및 수동태에는 be가 포함된다.
구어체나 신문기사 타이틀에서는 be가 생략된 채 P의 역할을 하는 경우가 많다. 엘리베이터 안에서 "This elevator | *up*." 또는 "This elevator | *down*."라는 녹음 안내를 자주 들을 수 있다. "Bottom | *up*" 건배, "Upside | *down*" 거꾸로 라는 말도 particle 앞의 be가 생략된 것이다. Shame | *on* you! 처럼 전치사구 앞의 be가 생략되는 경우도 많다.

## ◐ 영어코드의 비밀 풀기

2진법문형의 핵심은 N과 P의 구별이다. 그 방법은 4가지다.

**첫째 의미에 따라 구별하는 방법이다.**

P는 말 그대로 N을 서술하거나 풀이하는 관계에 있으므로 N에 의존적이다. N은 명사, 대명사, 동명사, 부정사 등 명사상당어로 이루어진다. 전치사구도 N으로 쓰일 수 있다. P는 동사, 형용사, 소사 등 상당어로 이루어진다. 명사상당어나 전치사구가 P로 쓰이는 경우도 많다.

그런데, 명사상당어가 중복될 경우 N이나 P 중 어느 것에 해당하는지를 식별하는 문제가 생긴다. 간단히 말하자면, 하나의 문장에서 명사상당어가 2개 이상 접할 경우 그들간에 서술(predicative)관계에 있으면 P이고 대립(accusative)관계에 있으면 N이다. 서술관계도 아니고 대립관계가 아닌 경우에는 잔여관계(remainder)로서 N으로 다룬다. 대체로 전치사구가 위치, 장소, 관계를 나타내면 P이고 방향, 방법, 시간 등을 나타내면 N이다. 예문에서 N 앞에는 | 기호, P 앞에는 ‖ 기호를 각각 표시한다. 다만, 문장 처음에 오는 N 에는 별도 표시를 하지 아니한다. P는 이탤릭으로 표시한다.

(1) We | *called* ‖ him | John.　　　(S+V+O+C)　NPN' P'
(2) I | *put* ‖ a book | <u>on the desk</u>.　(S+V+O+A)　NPN' P'
(3) I | *gave* ‖ her ‖ a watch.　　　(S+V+O+O)　NPN' N"
(4) She | *took* ‖ him ‖ <u>to</u> the park.　(S+V+O+A)　NPN' N"
(5) Cows | *provide* ‖ us ‖ <u>with</u> milk.　(S+V+O+A)　NPN' N"
(6) He | *caught* ‖ me ‖ <u>by</u> the collar.　(S+V+O+A)　NPN' N"

예문 (1)(2)에서 John, on the desk는 him, a book의 상태나 위치를 서술하는 관계에 있다(him ← John, a book ← on the desk). 예문 (3)(4)에서 a watch, to the park는 her, him과 대립적 관계에 있다(her ↔ a watch, him ↔ to the park). 예문 (5)(6)에서 with milk, by the collar는 us, me와 잔여관계에 있다.

**둘째 형태에 따라 구별하는 방법이다.**

NP(SV)의 다음에 어떤 단어가 올 때 V를 be로 치환한 결과, 의미 있는 문장이 성립되면 그 단어는 P'가 되고 그렇지 않으면 N'가 된다. 즉 N은 P가 될 수 없는 경우를 망라하는 잔여개념(remainder)이다.

다음 예문을 보라. 예문 (1)은 더 이상 쪼갤 수 없는 기본형이지만 (2)~(5)는 (1)

로 쪼갤 수 있는 확장형이다. 문장 뒤에 (×)가 표시된 것은 문법상 틀린 문장을 말한다. ...로 표시된 것은 요소의 일부가 생략된 것을 말한다. (A는 부사구를 표시한다)

(1) His father | is an engineer.  (S+be+C)  NP
(2) Our school | stands | on a hill.  (S+V+A)  NPP'
　(2a) Our school | stands...  (S+V)  NP
　(2b) Our school | is on a hill.(○)  (S+be+A)  NP'
　(2b)가 성립되므로 on a hill은 P'이다.
(3) I | can speak ‖ English well.  (S+V+O)  NPN'
　(3a) I | can speak. NP  (S+V)  NP
　(3b) I | am English well.(×)
　(3b)는 성립되지 않으므로 English는 N이다.
(4) I | gave ‖ her ‖ a watch.  (S+V+O+O)  NPN' N"
　(4a) I | gave ‖ her...  (S+V+O)  NPN'
　(4b) I | am her.(×)
　(4c) She | was a watch.(×)
　(4b),(4c)는 성립되지 않으므로 her나 a watch는 N이다.
(5) We | called ‖ him | John.  (S+V+O+C)  NPN' P'
　(5a) We | called ‖ him.  (S+V+O)  NPN'
　(5b) He | is John.(○)  (O+C)  N' P'
　(5b)가 성립되므로 John은 P'이다.

## 세째 피동문의 전환에 의해 구별하는 방법이다.
능동문이 피동문으로 전환될 경우 5형은 3형, 4형은 2형으로 된다.

(1) I | gave ‖ her ‖ a watch.  (S+V+O+O)  NPN' N"
　(1a) She | was given ‖ a watch.  (S+V+O)  NPN'
　(1b) She | was a watch.(×)
　(1b)는 성립되지 않으므로 a watch는 N'이다.
　(1c) A watch | was given ‖ (to) her.  (S+V+O)  NPN'
　(1d) A watch | was her.(×)

(1d)는 성립되지 않으므로 her는 N'이다.
(2) He | killed ‖ the rat ‖ with a stick. (S+V+O+O)   NPN' N"
  (2a) The rat | was killed ‖ with a stick.(S+V+O)   NPN'
  (2b) The rat | was with a stick.(×)
(2b)는 성립되지 않으므로 with a stick는 N'이다.
(3) I | put ‖ a watch | on the desk.   (S+V+O+A)   NPN' P'
  (3a) A watch | was put | on the desk. (S+V+A)   NPP'
  (3b) A watch | was on the desk.(○)
(3b)가 성립되므로 on the desk는 P이다.

### 네째, 동사의 용법에 의해 구별하는 방법이다.
동사의 용법에 따라 쓰여지는 문형이 다르다.
자동사의 경우 주로 ①형, ③형, ⑥형, ⑦형의 P로 쓰인다.
타동사의 경우 주로 ②형, ④형, ⑤형, 「⑤형의 P로 쓰인다.

## ◐ 영어의 키워드(Key Word)

우리나라 사람은 단어를 많이 알면서도 회화를 잘 못한다.
문형을 잘 모르기 때문이다. "구슬이 서 말이라도 꿰어야 보배가 된다." 문형에 숙달한 원어민들은 몇 백 개 단어만으로도 회화를 할 수 있다.
또 우리나라 사람은 preposition과 particle의 용법을 잘 모른다. preposition(전치사)은 명사 등의 말과 결합하여 문장의 재료로 쓰이는 단어이다. particle(소사)은 방향이나 위치를 나타내는 짧은 형태의 단어를 말한다. 모습이 단순하고 비교급 등의 변화를 하지 않는 소위adverb가 이에 해당한다. 그런데 소사는 부사뿐만 아니라 형용사로도 널리 쓰이는 사실을 모르고 있다. 소사에는 전치사와 모습이 같은 것과 다른 것이 있다. 전치사와 모습이 같은 소사는 대체로 전치사의 목적어가 탈락된 것으로 이해하면 된다.
중요한 전치사와 소사는 50개에 불과하지만 그 용도는 매우 다양하다.   이들은 영어의 키워드이다.

(1) preposition으로만 쓰이는 것(11)
   against, among, as, at, beside, for, from, into, of, upon, with

(2) preposition과 particle에 함께 쓰이는 것(32)
about, above, across, after, along, (a)round, back, before, behind, below, beneath, behind, between, beyond, by, dɔwn, forward(s), in, inside, like, off, on, out, outside, over, past, through, to, toward(s), under, up, within, without

(3) particle로만 쓰이는 것(5)
ahead, apart, aside, away, backward(s), forth, together,

이들로부터 복합키워드 back to, out of, in on, on to, up to 등이 만들어지는데 이들을 합하면 수백개가 된다.
따라서, 키워드 50개와 동사 5천개가 결합하면 수만개의 문장을 만들 수 있다.
종래에는 키워드와 동사의 결합을 숙어로 간주하여 무조건 외우라고 가르쳤으나 2진법영어에 의하면 이를 외울 필요가 없다. 결국 영어공부의 첩경은 2진법영어 Code와 키워드의 숙달로 귀결된다.

◎ google로 푸는 영어코드

영어코드로 파생된 문장은 일단 문법적으로는 맞다. 이를 필요조건이라고 할 수 있다. 그러나 이렇게 파생된 문장이 문법적으로는 맞다고 하더라도 현실적으로 잘 사용되지 않는 경우도 있다. 이처럼 현실적으로 널리 사용되어야 한다는 조건을 충분조건이라고 할 수 있다.
충분조건은 평소 문장의 구조를 주의해 보면서 숙달하거나 인터넷의 google 검색창을 통해 확인할 수 있다. 이 때 문장 전후에 " "(인용표)를 붙여 검색하여야 원하는 결과를 쉽게 얻을 수 있다.
다음은 어떤 독자가 쓴 문장을 예로 들어본다.

I agree with him in his opinion.(?)

위 문장은 다음과 같이 분석되므로 필요조건을 충족한다.

⑦ I │ *agree* │ *with him* │ *in his opinion*.

->③ I | *agree* | *with him.*
->③ I | *agree* | *in his opinion.*
->① I | *agree.*
->① I | *am with him.*
->① I | *am in his opinion.*

google을 검색해 보면 ⑦형을 제외한 나머지만 나타난다.

I | *am in his opinion* ‖ *on* this.
We | *may agree* | *in his opinion* <that....
I | *do not agree* | *in his opinion.*
I | *agree* | *with him* ‖ *on* the issue of Abyei.

즉 위 ①형은 모두 기본적으로 '동의하다' 는 의미를 가지고 있으므로 두 가지가 결합된 ③형은 나타나지만 세 가지가 결합된 ⑦형은 지나친 중복을 피하여 사용되지 않는 것 같다.

한편, google에 나오는 문장이라도 영어문형코드에 맞지 않으면 문법상 맞는 것은 아님을 주의해야 한다. 비원어민이 사용하는 문장에서 그러한 예가 가끔 발견된다. 반면에 google에 나오지 않는다고 그 문장이 사용되지 않는다고 속단하여서도 안 된다.

◎ **영어문형 코드별로 정리하기**

다음 장에서부터 영어문형을 코드별로 정리하기로 한다.
5형식문형과 비교하면 N은 주어/목적어/부사어, P(술언)는 술어/보어/부사어에 해당한다. 이들 요소 중에는 필수적인 것과 임의적인 것이 있다. 대체로 주어, 목적어, 보어는 필수요소, 부사어는 임의요소이다. 이들을 구성하는 재료에는 형용사(adjective), 소사(particle), 명사(noun)/ 대명사(pronoun), 전치사구(preposition phrase), 동사(verb)/준동사(verbal)가 있다. verbal은 동사의 ~ed형, ~ing형, (to) infinitive를 말한다. 복문의 경우에는 정형절(finite clause)와 비정형절(non-finite clause)이 재료로 추가된다. 이들 7개 재료를 a,

p, n, pr~, v, fc, nfc로 나타낸다.

각 재료에 대하여 다음과 같은 기호를 사용한다.
N 앞에는 ‖ 기호로 구별한다. 단, 문장 앞 N은 표시를 생략한다. P 앞에 │ 기호로 표시한다. 단, 의미상 N과 P의 위치가 바뀌진 경우는 「 또는 」으로 표시한다. P의 구성부분은 이탤릭체로 표시한다. Key Word인 pr~와 p는 밑선으로 표시한다. 구문상 중요한 단어는 굵은체로 나타낸다.

다음 장부터 소개되는 각 예문은 고립적으로 있는 것이 아니라 그에 관련된 예문이 최소한 하나 이상 나타날 수 있도록 배열되어 있다. 이러한 관련 문형을 찾으면서 영어코드의 묘미를 즐기기 바란다.

〈참고〉 N 과 P의 관계 ← 표시는 서술관계를 나타낸다

① N ← P            ① The door ← *was open*

② N ← P → N'       ② He ← *pushed* → the door

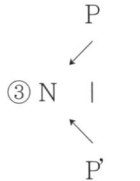    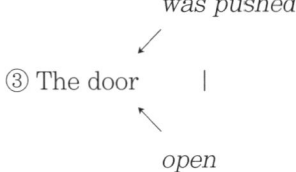

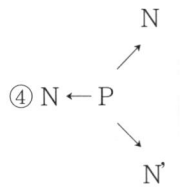    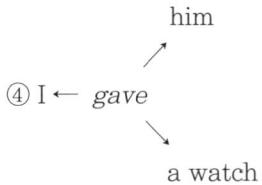

```
⌜⑤ N ← P → N'              ⌜⑤ He ← left → the house
   ↑ /                         ↑ /
   P'                          alone

 ⑤ N ← P → N'               ⑤ He ← pushed → the door
       ↑                             ↑
       P'                           open

⌜⑤' N ← P − P'             ⌜⑤' He ← pushed − open
       ↓                             ↓
       N'                          the door

       P                          seemed
      ╱                           ╱
 ⑥ N  |                      ⑥ He    |
      ↖                           ↖
       P' → N'                     lucky → that way

       P                           got
      ╱ |                         ╱ |
 ⑦ N ← P'                    ⑦ The door ← pushed
      ↖ |                         ↖ |
       P"                          open
```

## <쉬어가는 코너> 2진법의 유래

오늘날 없어서는 안될 문명의 이기 중 첫 번째로 꼽히는 것은 물론 컴퓨터이다. 그러나 컴퓨터가 사용하는 숫자는 0과 1 두 가지 뿐이다. 컴퓨터는 이 두 숫자를 갖고 문자를 표기하며 계산도 한다. 이를 우리는 2진법이라고 부른다. 2진법에서는 0과 1 두 숫자로만 나타내기 때문에 길게 나열하는데 불편하다. 여기서 2의 3제곱 수인 8진법이나 4제곱인 16진법이 발달되었다. 8진법은 0,1,2…6,7까지 만의 수로 모든 수를 나타내기 때문에 8진법의 10은 10진법의 수로 8이 된다. 그러나 16진법의 수 10은 10진법으로 16이 된다. 컴퓨터 프로그램을 할 때는 숫자 9 다음에 영문자 A,B,C,F를 추가로 사용하여 숫자와 문자를 합하여 16가지로 16진법을 나타낸다.

이처럼 모든 수를 0과 1로 만으로도 표현할 수 있는 편리한 계산법을 발명한 사람은 독일의 수학자 라이프니츠(1646~1716)였다. 그는 분석적인 영역과 조합적인 영역 모두를 갖춘 최초의 학자로 평가되는 다재다능한 천재였다.

라이프니츠는 당시 대립되어 있던 기독교의 신교와 구교를 재결합하려는 노력도 하였는데 그가 0과 1의 2진법을 발명했을 때, 0은 아무 것도 없는 무를 나타내고 1은 신을 나타낸다고 상상하였다. 2진법에서 0과 1로 모든 수를 표현할 수 있는 것과 같이 신은 무로부터 모든 것을 창조했다고 생각했다.

당시 중국의 황제는 서양의 과학에 상당히 관심을 많이 갖고 있었는데 라이프니츠는 그를 기독교로 개종시키기 위해 자기의 2진법 사고를 중국에 파송된 예수회 수사에게 전달하기도 하였다.

2진법의 단순함과 우아함에도 불구하고 처음에는 별로 인기를 끌지 못하였는데 컴퓨터시대를 맞이하여 꽃을 피우게 된다.

* 2진법을 10진법으로 환산하기(Crack the Binary Code!)

|        |      |
|--------|------|
| 2진법 값  | 1 1 1 1 |
| 10진법 값 | 8 4 2 1 |

| 2진법 수 | 10진법 환산하기 |
|--------|------------|
| a. 01   | 0 + 1 = 1 |
| b. 010  | 0 + 2 + 0 = 2 |
| c. 011  | 0 + 2 + 1 = 3 |
| d. 0100 | 0 + 4 + 0 + 0 = 4 |
| d. 0101 | 0 + 4 + 0 + 1 = 5 |
| e. 0110 | 0 + 4 + 2 + 0 = 6 |
| f. 0111 | 0 + 4 + 2 + 1 = 7 |

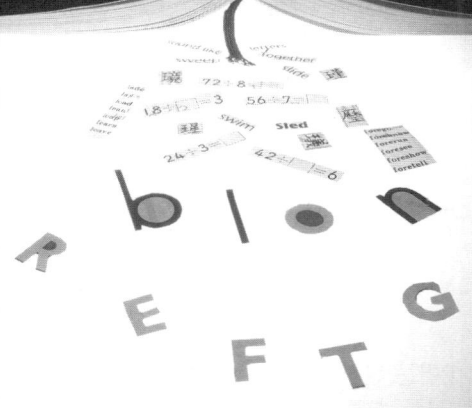

# 단문 홀수형

| | |
|---|---|
| 형용사 | 26 |
| 소사 | 32 |
| 명사 | 42 |
| 전치사구 | 49 |
| 복합전치사구 | 68 |
| 동사 | 80 |

## 형용사

### ① NP(a)

NP는 기본형이다. P에는 원칙적으로 be가 포함된다.

- The door | was **open**.
- He | was **alone**.

다음은 ①형 NP(a)이다. 즉 P는 'be+형용사' 이다.

① The door | was **open**.       문이 | 열려 있었어.
① He | was **alone**.            그는 | 혼자였어.

● 유형별 예문

① He | is **alive**.             그는 | 살아있어.
① You | 'll be all **alone**.    넌 | 완전히 혼자 남겠구나.
① He | was **fine**.             그는 | 괜찮았어.
① He | was **free**.             그는 | 자유로웠어.
① I | was **happy**.             나는 | 행복했어.
① He | was **loose**.            그는 | 풀려나 있었어.
① She | was **near**.            그녀가 | 가까이 있었어
① His eyes | were **open**.      그의 눈들이 | 떠져 있었어.
① It | is **right**.             그것은 | 옳아.
① He | is **sick**.              그는 | 아파.

### ③ NPP'(a)

NPP' 는 기본형 NP에 하나의 P' 가 추가된 것이다.
P는 자동사, 수동형, 'be+술어' 이다. P' 는 주어와 내용이 같거나 주어에 대하여 서술한다. P' 를 주격보어(subject complement)라고도 한다.

- The door | slid | **open**.
- She | stood | **alone**.

다음은 ③형 NPP' (a)이다. P는 자동사, P' 는 형용사이다.
두 문장으로 나눠진다. 즉 NPP' ⇨ NP+NP' 의 관계에 있다.

③ The door | slid | **open**.　　　　문이 | 미끄러져 | 열렸어.
① The door | slid.　　　　　　　　　문이 | 미끄러졌어.
① The door | was **open**.　　　　　문이 | 열려 있었어.

③ He | stood | alone.　　　　　　　그는 | 서 있었어 | 혼자.
① He | stood.　　　　　　　　　　　그는 | 서 있었어.
① He | was **alone**.　　　　　　　　그는 | 혼자였어.

● 유형별 예문

③ He | left | **alone**.　　　　　　　그는 | 떠났어 | 홀로.
③ He | was doing | **fine**.　　　　　그는 | 하고 있어 | 괜찮게.
③ He | became | **free**.　　　　　　그는 | 되었어 | 자유롭게.
③ I | felt | **happy**.　　　　　　　　나는 | 느꼈어 | 행복하게.
③ He | got | **loose**.　　　　　　　그는 | 되었어 | 풀려나게.
③ She | came | **near**.　　　　　　그녀는 | 왔다 | 가까이.
③ His eyes | flew | **open**.　　　　그의 눈들이 | 활짝 | 열렸어.
③ The door | banged | **open**.　　문이 | 빵하고 | 열렸어.
③ It | seems | **right**.　　　　　　그것은 | 보여 | 옳아.
③ He | looks | **sick**.　　　　　　그는 | 보여 | 아파.

- The door | was pushed | **open**.
- He | was left | **alone**.

다음은 ③형 NPP' (a)이다. P는 'be+술어', P' 는 형용사이다.

두 문장으로 나눠진다. 즉 NPP' ⇨ NP+NP' 의 관계에 있다.

 ③ The door | was pushed | **open**. 문이 | 밀어져 | 열렸어.
 ① The door | was **pushed**. 문이 | 밀어졌어.
 ① The door | was **open**. 문이 | 열려 있었어.

 ③ He | was left | **alone**. 그는 | 남겨졌어 | 혼자.
 ① He | was **left**. 그는 | 남겨졌어.
 ① He | was **alone**. 그는 | 혼자였어.

● 유형별 예문

 ③ He | was buried | **alive**. 그는 | 매장되었어 | 산채로.
 ③ He | was found | **alone**. 그는 | 발견되었어 | 홀로 있는 것이.
 ③ You | will be let | **alone**. 너는 | 허락될 거야 | 홀로 있게.
 ③ He | was set | **free**. 그는 | 되었어 | 자유롭게.
 ③ I | was made | **happy**. 나는 | 만들어졌어 | 행복하게.
 ③ The door | was slid | **open**. 문이 | 미끄러져 | 열렸어.
 ③ It | is proved | **right**. 그것은 | 증명되었어 | 옳다고.
 ③ He | is worried | **sick**. 그는 | 걱정되어 | 아파.
 ③ He | 's *out* | sick today. 그는 | 쉬어 | 오늘 아파서.
 ③ He | 's home | **sick**. 그는 | 집에 있어 | 아파서.

## ⑤ NPN' P' (a)

NPN' P' 는 NPN' 에 P' 가 합쳐진 것이다.
P' 는 N' 와 내용이 같거나 이를 서술한다. 대체로 N' +P' 는 '주어+술어'의 관계에 있다. N' (대명사는 주격으로 전환)와 P' 사이에 be를 보충하면 된다. P' 를 목적보어(object complement)라고도 한다.

 - He | pushed ‖ the door | **open**.
 - She | left ‖ him | **alone**.

다음은 ⑤형 NPN' P' (a)이다. P는 타동사, P' 는 형용사이다.
두 문장으로 나눠진다. 즉 NPN' P' ⇨ NP+N' P' 의 관계에 있다.

⑤ He   |  pushed  ‖  the door  |  **open**.    그는  |  밀었어  ‖  문을  |  열리게.
② He   |  pushed  ‖  the door.              그는  |  밀었어  ‖  문을.
① The door  |  was **open**.              문이  |  열려 있었어.

⑤ She  |  left  ‖  him  |  **alone**.         그녀는  |  남겼어  ‖  그를  |  혼자.
② She  |  left  ‖  him.                    그녀는  |  남겼어  ‖  그를.
① He   |  was **alone**.                  그는  |  혼자였어.

● 유형별 예문

⑤ They  |  found  ‖  him  |  **alone**.       그들은  |  발견했어  ‖  그를  |  혼자.
⑤ I   |  will let  ‖  you  |  **alone**.       나는  |  할거야  ‖  너를  |  혼자 있게.
⑤ They  |  took  ‖  him  |  **alive**.        그들은  |  잡았어  ‖  그를  |  산채.
⑤ This  |  suited  ‖  him  |  **fine**.       이것은  |  되었어  ‖  그에게  |  괜찮게.
⑤ She  |  set  ‖  him  |  **free**.          그녀는  |  했어  ‖  그를  |  자유롭게.
⑤ She  |  made  ‖  me  |  **happy**.         그녀는  |  만들었어  ‖  나를  |  행복하게.
⑤ They  |  let  ‖  him  |  **loose**.        그들은  |  했어  ‖  그를  |  풀려나게.
⑤ I   |  wanted  ‖  her  |  **near**.        나는  |  원했어  ‖  그녀를  |  가까이.
⑤ He  |  kept  ‖  his eyes  |  **open**.     그는  |  계속 있었어  ‖  눈을  |  떠고.
⑤ He  |  slid  ‖  the door  |  **open**.     그는  |  미끄러웠어  ‖  문을  |  열리게.
⑤ You  |  get  ‖  it  |  **right**.          너는  |  하는군  ‖  그걸  |  옳게.
⑤ It   |  worries  ‖  him  |  **sick**.       그게  |  걱정시켜  ‖  그를  |  아프게.

## ⑤ NP「P' (a)N'

NP「P' N' 를 NPN' P' 로 바꿀 수 있는 경우이다.
NPN' P' (a)의 예외적인 경우로서 NP「P' (a)N' 으로 표시하기로 한다.

- He  |  pushed 「**open**  ‖  the door.

「⑤ He | *pushed* 「*open* ‖ the door.   그는 | 밀었어 「열어 ‖ 문을.
 ⑤ He | *pushed* ‖ the door | *open*.   그는 | 밀었어 ‖ 문을 | 열어.
 ② He | *pushed* ‖ the door.   그는 | 밀었어 ‖ 문을.
 ① The door | *was open*.   문이 | 열려 있었어.

● 유형별 예문

「⑤ A a man | *will keep* 「*alive* ‖ a young cow and two goats.
 한 사람이 한 어린 암소와 두 양을 기를 것이다. (Isa7:21)
「⑤ Later he | *let* 「*loose* ‖ a hawk <which did not return>.
 나중에 그는 | 놓았다 「풀어 ‖ 〈되돌아 오지 않은〉 매를.
「⑤ You | *bring* 「*near* ‖ a reign of terror.
 너는 | 가져오는구나 「가까이 ‖ 공포의 통치를.
「⑤ He | *pulled* 「*open* ‖ a drawer.   그는 | 당겼어 「열어 ‖ 서랍을.


## 「⑤' NPN' 「P' (a)

- He | *left* ‖ home | *alone*.

다음은 「⑤' 형 NPN' 「P' (a)이다. P는 타동사, P'는 형용사이다. 두 문장으로 나뉘진다. 여기서 P'는 N을 서술한다. 「 표시는 이를 나타낸다. 즉, NPN' 「P' ⇨ NPN' +NP' 의 관계에 있다.

「⑤' He | *left* ‖ home 「*alone*.   그는 | 떠났어 ‖ 집을 「혼자.
 ② He | *left* ‖ home.   그는 | 떠났어 ‖ 집을.
 ① He | *was alone*.   그는 | 혼자였어.

● 유형별 예문

「⑤' No one | *left* ‖ his house 「*alive*.
 누구도 | 떠나지 못했어 ‖ 그의 집을 「살아서.
「⑤' He | *went* ‖ to the school 「*alone*.
 그는 | 갔어 ‖ 학교에 「혼자.

「⑤' It | serves ‖ him 「right (to receive that punishment).
　　그것(그런 처벌을 받는 것)은 | 대접해 ‖ 그를 「옳게　* 당연하다


## ⑦ NPP' P"(a)

NPP' P"는 NPP' 에 P"가 추가된 것이다.
P"는 주어와 내용이 같거나 주어에 대하여 서술하는 말이다.

- The door | got | pushed | **open**.
- He | stood | there | **alone**.

다음은 ⑦형 NPP' P"(a)이다. P"는 형용사 open이다. 세 문장으로 나눠진다. 즉 NPP' P" ⇨ NP+NP' +NP' 의 관계에 있다.

⑦ The door | got | pushed | **open**.　　　문이 | 되었어 | 밀려 | 열리게.
① The door | got.　　　　　　　　　　　　문이 | 되었어. *get 불완전자동사
① The door | was pushed.　　　　　　　　문이 | 밀렸어.
① The door | was **open**.　　　　　　　　문이 | 열려 있었어.

⑦ He | stood | there | **alone**.　　　　　그는 | 서있었어 | 거기에 | 혼자.
① He | stood.　　　　　　　　　　　　　그는 | 서있었어.
① He | was there.　　　　　　　　　　　그는 | 거기있었어.
① He | was **alone**.　　　　　　　　　　그는 | 혼자였어.

● 유형별 예문

⑦ He | was set | free | **alive**.　　　그는 | 됐어 | 자유롭게 | 산채로.
⑦ He | came | back | **alive**.　　　　그는 | 왔어 | 돌아 | 살아서.
⑦ He | rode | away | **alone**.　　　　그는 | 말 타고 | 사라졌어 | 홀로.
⑦ He | 'll get | along | **fine**.　　　　그는 | 될 거야 | 지내게 | 괜찮게.
⑦ He | came | home | **sick**.　　　　그는 | 왔어 | 집에 | 병들어.

# 소 사

## ① NP(p)

- He | was ***in***.
- He | was ***out***.

다음은 ①형 NP(p)이다. P는 'be+소사'이다.
소사는 전치사와 모양이 비슷하지만 목적어가 없는 점에서 다르다.

① He | was ***in***.　　　　　　　그는 | 안에 있었어.
① He | was ***out***.　　　　　　 그는 | 밖에 있었어.

● 유형별 예문

① He | is still ***about***.　　　　　그는 | 아직 근처에 있어.
① Nasty things | were ***about***.　더러운 것들이 | 근처에 있었어.
① He | 'll be soon ***across***.　　 그는 | 곧 건너편에 있을 거야.
① A lot of work | is ***ahead***.　　많은 일이 | 앞에 있어.
① He | will be ***along*** soon.　　그는 | 곧 따를 거야(올 거야).
① They | are ***apart***.　　　　　 그들은 | 떨어져 있어.
① She | was ***around***.　　　　　그녀는 | 주위에 있었어.
① The car | will be ***around***.　　차가 | 주위에 있게 될 거야.
① " | ***Aside***!"　　　　　　　　"| 옆으로!"
① She | was ***away***.　　　　　　그녀는 | 떠나 있었어.
① He | was ***back***.　　　　　　 그는 | 돌아와 있었어.
① He | was ***behind***.　　　　　 그는 | 뒤에 있었어.
① I | 'll not be ***by***.　　　　　　　난 | 옆에 안 있을 거야.
① He | was ***forth***.　　　　　　 그는 | 앞에 있었어.
① He | 's ***down***.　　　　　　　그는 | 아래에 있어/기분이 저조해.
① The house | was ***down***.　　집이 | 내려앉았어.
① Is John | ***in***.　　　　　　　　 존이 | 안에 있니?

① The report | was ***in***.　　　　　　보고서가 | 들어와 있어.* 제출되다
① " | ***Inside***, please."　　　　　　" | 안으로 들어와요."
① His arm | was ***off***.　　　　　　그의 팔이 | 끊어져 있었어.
① His jacket | was ***off***.　　　　　　그의 상의가 | 벗어져 있었어.
① The meeting | was ***off***.　　　　　회의가 | 중단(연기) 되었어.
① The pain | is ***off*** and ***on***.　　　통증이 | 들락날락 해.
① He | was ***on***.　　　　　　　　　그는 | 붙어 있었어.
① The light | was ***off/on***.　　　　　불이 | 꺼/켜져 있었어.
① He | was ***out***.　　　　　　　　　그는 | 탈진했다.
① My back | was ***out***.　　　　　　등이 | 삐어 있었어.
① The book | was ***out***.　　　　　그 책은 | 꺼내졌어.
① The war | was ***on***.　　　　　　전쟁이 | 붙었어.
① She | is ***outside***.　　　　　　　그녀가 | 바깥에 있어.
① I | 'll be right ***over***.　　　　　나 | 곧 그 쪽에 넘어/다가갈게.
① She | 's been ***past*** twice already.　그녀는 | 벌써 두 번 지나갔어.
① They | were ***together***.　　　　그들은 | 함께 있었어.
① His hands | were ***together***.　　그의 양손이 | 합쳐 있었다.*합장하다
① I | was ***through***.　　　　　　　나 | 전화 연결되었어/끝났어.
① She | was ***up***.　　　　　　　　그녀는 | 일어나 있었어.
① His hand | was ***up***.　　　　　　그의 손이 | 올라 있었어.

## ③ NPP' (p)

- He | came | ***in***.
- He | went | ***out***.

다음은 ③형 NPP' (p)이다. P는 자동사이다. 두 문장으로 나눠진다.
NPP' ⇨ NP+NP' 의 관계에 있다.

③ He | came | ***in***.　　　　　　　그는 | 왔어 | 안에.
① He | came.　　　　　　　　　　　그는 | 왔어.

## 34 • 단문홀수형 ➡ 소사

① He | was ***in***.  그는 | 안에 있었어.

③ He | went | ***out***.  그는 | 갔어 | 밖에.
① He | went.  그는 | 갔어.
① He | was ***out***.  그는 | 밖에 있었어.

● **유형별 예문**

③ He | walked | ***about*** a little.  그는 | 걸었어 | 근방에 약간.
③ The things | lay | ***about***.  물건들이 | 깔려 있었어 | 근방에.
③ He | came | ***across***.  그는 | 왔어 | 건너.
③ A lot of work | lay | ***ahead***.  많은 일들이 | 놓여 있었어 | 앞에.
③ He | will come | ***along***.  그는 | 올 거야 | 따라.
③ She | ran | ***around***.  그녀는 | 달렸어 | 주위로.
③ " | Stand | ***aside***!"  " | 서라 | 옆으로!"
③ She | went | ***away***.  그녀는 | 갔어 | 떠나.
③ He | came | ***back***.  그는 | 왔어 | 돌아.
③ He | fell | ***behind***.  그는 | 쳐졌어 | 뒤에.
③ Excuse me, I | can't get | ***by***.  실례해요, 나 지날 수 없겠군요.
③ He | came | ***forth***.  그는 | 왔어 | 앞에.
③ He | felt | ***down***.  그는 | 느꼈어 | 우울하게.
③ The house | fell | ***down***.  집이 | 무너져 | 내려앉았어.
③ | Get | ***inside***, quick.  | 와 | 안으로, 빨리.
③ His jacket | came | ***off***.  그의 상의가 | 되었어 | 벗어지게.
③ The pain | comes | ***off*** and ***on***.  통증이 | 와 | 들락날락.
③ The light | came | ***on***.  불이 | 왔어 | 켜져.
③ He | went | ***out***.  그는 | 되었어 | 탈진하게.
③ She | 's playing | ***outside***.  그녀는 | 놀고 있어 | 밖에서.
③ I | 'll come | ***over***.  내가 | 올 게 | 넘어/다가.
③ She | rustled | ***past***.  그녀가 | 스치며 | 지나갔어.
③ They | gathered | ***together***.  그들은 | 모였어 | 함께.
③ I | finally got | ***through***.  나는 | 결국 되었어 | 전화연결.
③ She | walked | ***up***.  그녀는 | 걸었다 | 위로.

③ His hand | went | ***up***.　　그의 손이 | 갔어 | 올라.

- He | *was brought* | ***in***.
- He | *was taken* | ***out***.

다음은 ③형 NPP' 이다. P는 수동태이다. 두 문장으로 나눠진다.
NPP' ⇨ NP+NP' 의 관계에 있다.

③ He | *was brought* | ***in***.　　그는 | 데려와 겼어 | 안에.
① He | *was brought*.　　　　　　그는 | 데려와 겼어.
① He | *was **in***.　　　　　　　그는 | 안에 있었어.

③ He | *was taken* | ***out***.　　그는 | 데려가겼어 | 밖에.
① He | *was taken*.　　　　　　　그는 | 데려가겼어.
① He | *was **out***.　　　　　　　그는 | 밖에 있었어.

● 유형별 예문

③ The things | *are scattered* | ***about***.
　물건들이 | 뿌려져 있어 | 근방에.
③ They | *are kept* | ***apart***.　　그들은 | 계속 있어 | 떨어져.
③ The car | *will be brought* | ***around***.
　차가 | (가져)오게 될 거야 | 주위에.
③ She | *was wanted* | ***around***.
　그녀는 | 원해졌어 | 주위에 있는 것이.
③ She | *was led* | ***away***.　　그녀는 | 인도되어졌어 | 떠나게.
③ He | *is wanted* | ***back***.　　그는 | 원해졌어 | 돌아오도록.
③ He | *was left* | ***behind***.　　그는 | 두어졌어 | 뒤에.
③ He | *was called* | ***forth***.　　그는 | 불려졌어 | 앞에.
③ The house | *was burned* | ***down***.
　그 집이 | 불타서 | 내려앉았어.

③ The report | *was turned* | ***in***.　　보고서가 | 되었어 | 들게(제출).
③ He | *was led* | ***inside***.　　그는 | 끌려갔어 | 안쪽에.
③ His jacket | *was taken* | ***off***.　　그의 상의가 | 제껴져 | 벗어졌어.
③ The meeting | *was called* | ***off***.
　　회의는 | 불러져 | 중단(연기)했어.
③ He | *was taken* | ***on***.　　그는 | 취해졌어 | 고용되어.
③ The light | *was turned* | ***off/on***.
　　불이 | (스위치가) 돌려져 | 꺼/켜졌어.
③ The war | *was brought* | ***on***.　　전쟁이 | 되었어 | 붙게.
③ He | *was tired* | ***out***.　　그는 | 지쳐 | 탈진했어.
③ My back | *was thrown* | ***out***.　　등이 | 되었어 | 삐게.
③ The book | *was taken* | ***out***.　　책이 | 꺼 | 내어졌어.
③ They | *were gathered* | ***together***.
　　그들은 | 모여졌어 | 함께.
③ His hands | *were put* | ***together***.
　　그의 양손이 | 놓여졌어 | 합쳐. *합장하다
③ She | *was helped* | ***up***.　　그녀는 | 도와졌어 | 일어나게.
③ His hand | *was put* | ***up***.　　그의 손이 | 졌다 | 올려.

## ⑤ NPN' P' (p)

- She | *brought* ‖ him | ***in***.

- She | *took* ‖ him | ***out***.

다음은 ⑤형 NPN' P' (p)이다. 두 문장으로 나눠진다.
즉 NPN' P' ⇨ NPN' +N' P' 의 관계에 있다.

⑤ She | *brought* | him | ***in***.　　그녀는 | 데려왔어 ‖ 그를 | 안에.
② She | *brought* | him.　　그녀는 | 데려왔어 ‖ 그를.
① He | *was **in***.　　그는 | 안에 있었어.

⑤ She | *took* ‖ him | ***out***.  그녀는 | 데려갔어 ‖ 그를 | 밖에.
② She | *took* ‖ him.  그녀는 | 데려갔어 ‖ 그를.
① He | *was **out***.  그는 | 밖에 있었어.

● **유형별 예문**

⑤ They | *scattered* ‖ nasty things | ***about***.
그들은 | 뿌렸어 ‖ 더러운 것들을 | 근방에.
⑤ I | *took* ‖ him | ***across***.
나는 | 데려갔어 ‖ 그를 | 건너로.
⑤ We | *'ve got* ‖ a lot of work | ***ahead***.
우리는 | 두고 있어 ‖ 많은 일을 | 앞에.
⑤ She | *'ll bring* ‖ him | ***along***.
그녀는 | 데려올 거야 ‖ 그를 | 따라.
⑤ The war | *keeps* ‖ them | ***apart***.
전쟁을 | 계속하여 ‖ 그들을 | 떼어놓아.
⑤ They | *wanted* ‖ her | ***around***.
그들은 | 원했어 ‖ 그녀를 | 주위에 있기.
⑤ I | *'ll bring* ‖ the car | ***around***.
내가 | 가져올게 ‖ 차를 | 주위에.
⑤ They | *led* ‖ her | ***away***.
그들은 | 인도했어 ‖ 그녀를 | 떠나게.
⑤ " | *Cast* ‖ it | ***aside***!  " | 던져라 ‖ 그것을 | 옆으로!"
⑤ I | *want* ‖ him | ***back***.  나는 | 원해 ‖ 그가 | 돌아오기.
⑤ | *Let* ‖ me | ***by***.   | 해줘 ‖ 나를 | 지나게.(앞지를 때)
⑤ She | *left* ‖ him | ***behind***.  그녀는 | 떠났어 ‖ 그를 | 뒤로하고.
⑤ They | *called* ‖ him | ***forth***.  그들은 | 불렀어 ‖ 그를 | 앞으로.
⑤ I | *knocked* ‖ him | ***down***.  내가 | 때려 ‖ 그를 | 눕혔어.
⑤ The news | *brought* ‖ him | ***down***.
그 뉴스가 | 했어 ‖ 그를 | 우울하게.
⑤ He | *burned* ‖ the house | ***down***.
그는 | 태웠어 ‖ 집을 | 내려앉게.
⑤ He | *took* ‖ his jacket | ***off***.  그는 | 잡아 ‖ 상의를 | 벗었어.

⑤ She | left ‖ the light | ***off/on***.   그녀는 | 두었어 ‖ 불을 | 꺼/켜.
⑤ She | turned ‖ the light | ***off/on***.
    그녀는 | (스위치를) 돌려 ‖ 불을 | 껐/켰어.
⑤ They | called ‖ the meeting | ***off***.
    그들은 | 불러 ‖ 회의를 | 중단(연기)했다.
⑤ We | turned ‖ the report | ***in***.
    우리는 | 하였어 ‖ 그 보고서를 | 들게(제출).
⑤ He | escorted ‖ her | ***inside***   그가 | 데려갔어 ‖ 그녀를 | 안에.
⑤ He | took ‖ him | ***on***.   그는 | 취했어 ‖ 그를 | 받아들여.
⑤ She | left ‖ the light | ***on***.   그녀는 | 두었어 ‖ 불을 | 켜.
⑤ He | turned ‖ the light | ***on***.   그는 | 돌려 ‖ 전등을 | 켰어.
⑤ They | brought ‖ the war | ***on***.   그들은 | 했어 ‖ 전쟁이 | 붙게.
⑤ They | tired ‖ him | ***out***.
    그들은 | 지치게 했어 ‖ 그를 | 탈진하게.
⑤ I | threw ‖ my back | ***out***.   나는 | 했어 ‖ 등을 | 삐게.
⑤ He | took ‖ her | ***outside***.   그는 | 데려갔어 ‖ 그녀를 | 밖에.
⑤ They | beckoned ‖ me | ***over***.
    그들이 | 눈짓했어 ‖ 나를 | 다가오라고.
⑤ He | led ‖ her | ***past***.   그가 | 인도했어 ‖ 그녀를 | 지나게.
⑤ I | gathered ‖ them | ***together***.   나는 | 모았어 ‖ 그들을 | 함께.
⑤ He | put ‖ his hand | ***together***.
    그는 | 놓았어 ‖ 양손을 | 합쳐. *합장하다
⑤ | Let ‖ me | ***through***.   | 해줘 ‖ 날 | 전화 연결/끝나게.
⑤ He | helped ‖ her | ***up***.   그는 | 도왔어 ‖ 그녀를 | 일어나게.
⑤ He | put ‖ his hand | ***up***.   그는 | 들었어 ‖ 손을 | 위로.

## 「⑤ NP「P' (p)N'

NP「P' N' 를 NPN' P' 로 바꿀 수 있는 경우이다.
NPN' P' (p)의 예외적인 경우로서 NP「P' (p)N' 으로 표시하기로 한다.

- He | took 「***off*** ‖ his jacket.

⌜⑤ He | took ⌜**off** ‖ his jacket.　　　그는 | 잡았어 ⌜벗어 ‖ 상의를.
⑤ He | took ‖ his jacket | **off**.　　　그는 | 잡았어 ‖ 상의를 | 벗어.
② He | took ‖ his jacket.　　　　　　그는 | 잡았어 ‖ 상의를.
① His jacket | was **off**.　　　　　　그의 상의가 | 벗어져 있었어.

● 유형별 예문

⌜⑤ " | Cast ⌜**aside** ‖ your prop!"　　" | 던져 ⌜옆으로 ‖ 버팀목을!"
⌜⑤ He | put ⌜**away** ‖ the chip　　　그는 | 놓았어 ⌜치워 ‖ 과자를.
⌜⑤ I | brought ⌜**back** ‖ the key.　　내가 | 가져왔어 ⌜되돌려 ‖ 열쇠를.
⌜⑤ They | brought ⌜**down** ‖ the ruler.
　　　　그들은 | 시켰어 ⌜하야 ‖ 통치자를.
⌜⑤ He | burned ⌜**down** ‖ the house. 그는 | 태웠어 ⌜내려앉게 ‖ 집을.
⌜⑤ They | called ⌜**forth** ‖ him.　　그들은 | 불렀어 ⌜앞으로 ‖ 그를.
⌜⑤ He | brought ⌜**in** ‖ those chairs.
　　　　그는 | 가져왔어 ⌜안에 ‖ 그 의자들을.
⌜⑤ We | turned ⌜**in** ‖ the report.
　　　　우리는 | 했어 ⌜들게 ‖ 보고서를. * 제출하다.
⌜⑤ They | called ⌜**off** ‖ the meeting.
　　　　그들은 | 불렀어 ⌜중단(연기)하여 ‖ 회의를.
⌜⑤ He | turned ⌜**on** ‖ the light.　　그는 | 돌렸어 ⌜켜 ‖ 불(전등)을.
⌜⑤ They | brought ⌜**on** ‖ the war.　그들은 | 했어 ⌜일어나게 ‖ 전쟁이.
⌜⑤ I | threw ⌜**out** ‖ my back.　　　나는 | 했어 ⌜삐게 ‖ 등을.
⌜⑤ He | took ⌜**out** ‖ the book.　　그는 | 취했어 ⌜밖으로 ‖ 그 책을.
⌜⑤ He | called ⌜**together** ‖ his relatives and close friends.
　　　　그는 | 불렀어 ⌜함께 ‖ 그의 친척과 친한 친구들을.
⌜⑤ I | pushed ⌜**past** ‖ a couple of cows.
　　　　나는 | 밀었어 ⌜지나게 ‖ 소 두 세 마리를.
⌜⑤ He | put ⌜**up** ‖ his hand.　　　그는 | 들었어 ⌜위로 ‖ 손을.

⌜⑤' NPN' ⌜P' (p)

- He | edged ‖ his way ⌜**inside**.

다음은 「⑤」형 NPN' 「P'」(p)이다. P는 타동사, P'는 소사이다. 두 문장으로 나눠진다. 여기서 P'는 N을 서술한다. 「 표시는 이를 나타낸다. 즉 NPN' 「P' ⇨ NPN' +NP' 의 관계에 있다.

「⑤」 He | *edged* ‖ his way 「***inside***.  그는 | 비스듬히 갔어 ‖ 길을 「안쪽에.
② He | *edged* ‖ his way.      그는 | 비스듬히 갔어 ‖ 길을.
① He | was ***inside***.        그는 | 안쪽에 있었어.

● 유형별 예문
「⑤」 She | *followed* ‖ him 「***in/out***.
   그녀는 | 따라 ‖ 그를 「들어왔어/나갔어.
「⑤」 The pain | *attacks* ‖ me 「***off*** and ***on***.
   통증이 | 공격해 ‖ 내게 「들락날락.

⑦ NPP' P"(p)

- They | *came* | *running* | ***in***.
- He | *looks* | *tired* | ***out***.

다음 문장은 ⑦형 NPP' P"(p)이다. 세 문장으로 나눠진다.
즉 NPP' P" ⇨ NP+NP' +NP" 의 관계에 있다.

⑦ They | *came* | *running* | ***in***.   그들은 | 왔어 | 달려 | 안에.
① They | *came*.                         그들은 | 왔어.
① They | *were running*.                 그들은 | 달리고 있었어.
① They | *were **in***.                  그들은 | 안에 있었어.

⑦ He | *looks* | *tired* | ***out***.    그는 | 보여 | 피로해 | 탈진해.
① He | *looks*.                          그는 | 보여.
① He | *is tired*.                       그는 | 피로해.
① He | *is **out***.                     그는 | 탈진했어.

● 유형별 예문
(P': 형용사)
⑦ I | sit | lazy | **by**.　　　난 | 앉아 있어 | 게으르게 | 곁에.
(P': 소사)
⑦ He | came | up | **behind**.　　그가 | 왔어 | 올라 | 뒤쫓아.
⑦ She | moved | back | **forward**.
　그녀는 | 이동했어 | 되돌아 | 앞(자리)에.
(P': 명사)
⑦ We |'re out | there | **together**.
　우리는 | 나가 있어 | 그곳에 | 함께.
(P': 동사)
⑦ Some gossip | got | passed | **along**.
　이상한 이야기가 | 되었어 | 지나 | 돌아다니게.
⑦ He | got | carried | **away**.
　그는 | 되었어 | 운반되어 | 가게.
　* '분위기에 휩쓸려 그랬다', '지나쳤다'
⑦ We | shall be speaking | sitting | **down**.
　우리는 | 말할 거야 | 앉아서 | 내려.
⑦ The panes | fell | crushing | **down**.
　유리창들이 | 떨어져 | 부서져 | 내렸어.
⑦ His arm | got | cut | **off**.
　그의 팔이 | 되었어 | 베어져 | 끊어지게.
⑦ He | got | taken | **on**.
　그는 | 졌어 | 취하여 | 고용되어.
⑦ She | came | clattering | **past**.
　그녀가 | 왔어 | 통통걸음으로 | 지나.
⑦ They | came | running | **up**.
　그들이 | 왔어 | 달려 | 위로.

# 명 사

## ① NP(n)

- He | was **king**.
- He | is **here**.
- It | was **my way**.

다음은 ①형 NP(n)이다. P는 'be+명사' 이다.

| | | | |
|---|---|---|---|
| ① He | was *king*. | 그는 | 왕이었어. |
| ① He | is *here*. | 그는 | 여기 있어. |
| ① It | was *my way*. | 그것은 | 내 방식이었어. |

### ● 유형별 예문

| | | | |
|---|---|---|---|
| ① They | are **man and wife** | 그들은 | 부부야. |
| ① He | was **a free man**. | 그는 | 자유인이었어. |
| ① He | was **a different person**. | 그는 | 다른 사람이었어. |
| ① He | was really **turkey**. | 그는 | 정말로 형편없는 녀석이야. |
| ① He | was **there**. | 그는 | 거기 있었어. |
| ① He | was **home**. | 그는 | 집에 있었어. |
| ① I | was **this way** too. | 나 | 역시 이런 식이었어. |
| ① I | ain't **that way**. | 나는 | 그런 게 아니야. |
| ① It | was | **that way**. | 그것은 | 그런 식이었어. |

## ③ NPP'(n)

- He | became | **king**.
- He | stays | **here**.
- It | happened | **that way**.

다음은 ③형 NPP'(n)이다. P는 동사, P'는 명사이다.
다음 두 문장으로 나눠진다. 즉 NPP' ⇨ NP+NP 의 관계에 있다.

③ He | became | **king**.       그는 | 되었어 | 왕이.
① He | became.                  그는 | 되었어.
① He | was **king**.             그는 | 왕이었어.

③ He | stays | **here**.         그는 | 머물어 | 여기에.
① He | stays.                    그는 | 머물어.
① He | is **here**.              그는 | 여기 있어.

③ It | happened | **that way**.  그것은 | 일어났어 | 그런 식으로.
① It | happened.                 그것은 | 작용했어.
① It | was **that way**.         그것은 | 그런 식이었어.

● **유형별 예문**

③ He | became | **a free man**.   그는 | 되었어 | 자유인이.
③ He | stayed | **home**.         그는 | 머물렀어 | 집에.
③ He | returned | **home**.       그는 | 돌아왔어 | 집에.
③ He | came | **here**.           그는 | 왔어 | 여기에.
③ I | did | **my way**.           나는 | 했어 | 내 방식으로.
③ It | acted | **that way**.      그것은 | 작용했어 | 그런 식으로.
③ I | never felt | **this way** before.
　나는 | 느껴본 적 없어 | 이런 기분 전에.

- He | was made | **king**.
- He | was put | **here**.
- It | was done | **my way**.

다음은 ③형 NPP'(n)이다. P는 수동태, P'는 명사이다. 다음 두 문장으로 나눠진다. 즉 NPP' ⇨ NP+NP 의 관계에 있다.

③ He | was made | **king**.　　　그는 | 만들어졌어 | 왕으로.
① He | was made.　　　　　　　그는 | 만들어졌어.
① He | was **king**.　　　　　　그는 | 왕이었어.

③ He | is put | **here**.　　　　그는 | 두어져 | 여기에.
① He | is put.　　　　　　　　그는 | 두어져.
① He | is here.　　　　　　　　그는 | 여기에 있어.

③ It | was done | **my way**.　그것은 | 행해졌어 | 내 방식으로.
① It | was done.　　　　　　　그것은 | 행해졌어.
① It | was **my way**.　　　　그것은 | 내 방식이었어.

● 유형별 예문

③ He | was made | **a free man**.　그는 | 만들어졌어 | 자유인으로.
③ He | was put | **here**.　　　　　그는 | 두어졌어 | 여기에.
③ He | was left | **home**.　　　　그는 | 두어졌어 | 집에.
③ It | was felt | **that way**.　　그것은 | 느껴졌어 | 그런 식으로.
③ It | was made | **this way**.　그것은 | 만들어졌어 | 이런 식으로.

## ⑤ NPN′ P′ (n)

- They | made ‖ him | **king**.
- They | put ‖ him | **here**.
- I | did ‖ it | **my way**.

다음은 ⑤형 NPN′ P′ (n)이다. P는 타동사, P′ 는 명사이다.
다음 두 문장으로 나뉘진다. 즉 NPN′ P′ ⇨ NPN′ +N′ P′ 의 관계에 있다.

⑤ They | made ‖ him | **king**.　그들은 | 만들었다 ‖ 그를 | 왕으로.
② They | made ‖ him.　　　　　그들은 | 만들었다 ‖ 그를.

① He | *was **king***.   그는 | 왕이었다.

⑤ They | *put* ‖ him | ***here***.   그들은 | 둔다 ‖ 그를 | 여기에.
② They | *put* ‖ him.   그들은 | 둔다 ‖ 그를...
① He | *is **here***.   그는 | 여기에 있다.

⑤ I | *did* ‖ it | ***my way***.   나는 | 했다 ‖ 그것을 | 내 방식으로.
② I | *did* ‖ it.   나는 | 했어 ‖ 그것을.
① It | ***was my way***.   그것은 | 내 방식이었어.

● 유형별 예문

⑤ I | *pronounce* ‖ You | ***man and wife***
나는 | 선포한다 ‖ 당신들을 | 부부로.
⑤ She | *made* ‖ him | ***a free man***.
그녀는 | 만들었어 ‖ 그를 | 자유인으로.
⑤ They | *put* ‖ him | ***here***.
그들은 | 두었어 ‖ 그를 | 여기에.
⑤ She | *left* ‖ him | ***home***.
그녀는 | 두었어 ‖ 그를 | 집에.
⑤ I | *felt* ‖ it | ***that way***.
나는 | 느꼈어 ‖ 그것을 | 이런 식으로.
⑤ I | *made* ‖ it | ***this way***.
나는 | 만들었어 ‖ 그것을 | 이런 식으로.

「⑤ NP「P' (n)N"

- They | *made*「***king*** ‖ of him.

다음은 「⑤형 NP「P' (n)N"이다. N'와 P'의 위치가 바뀐 것이다. 「표시는 P'가 N"을 서술함을 나타낸다. 다음 두 문장으로 나눠진다. 즉 NP「P' N" ⇨ NPN' P' ⇨NPN' +N' P'의 관계에 있다.

⑤ They | made 「*king* ‖ of him.　　그들은 | 만들었다 「왕으로 ‖ 그를.
⑤ They | made ‖ him | *king*.　　그들은 | 만들었어 ‖ 그를 | 왕으로.
② They | made ‖ him.　　　　　그들은 | 만들었어 ‖ 그를.
① He | was *king*.　　　　　　그는 | 왕이었어.

● 유형별 예문

(N' : 명사)
「⑤ He | *spreads* 「*everywhere* ‖ the fragrance of the knowledge of him.
　　그는 | 나타내신다 「어느 곳에나 ‖ 그리스도를 아는 향기를.
「⑤ | Let 「*there be* ‖ light.　　빛이 있으라.(Gel:3)

(N' : 전치사)
「⑤ She | *made* 「*a free man* ‖ of him.
　　그녀는 | 만들었어 「자유인으로 | 그를.
「⑤ You | *think* 「*nothing* ‖ of me.
　　너는 | 생각해 「나를 ‖ 아무 것도 아니라고.

## 「⑤' NPN' 「P' (n)

　- He | *quit* ‖ smoking 「***cold turkey***.

다음은 「⑤' 형 NPN' 「P' (n)이다. P는 타동사, P' 는 명사이다.
다음 두 문장으로 나눠진다. 즉 NPN' 「P' ⇨ NPN' +NP' 의 관계에 있다.

「⑤' He | *quit* ‖ smoking 「***cold turkey***.
　　그는 | 끊었어 ‖ 담배를 「금단현상이 생겼어.
② He | *quit* ‖ smoking.　　　그는 | 끊었어 ‖ 담배를.
① He | was ***cold turkey***.　　그는 | 금단현상이었어.

## ⑦ NPP' P"(n)

　- He | *returned* | home | ***a different person***.

```
- | Come | back | here!
```

다음은 ⑦형 NPP' P"(n)이다. P"는 명사이다. 다음 세 문장으로 나눌 수 있다. 즉 NPP' P" ⇨ NP+NP' +NP'의 관계에 있다.

⑦ He | returned | home | *a different person*.
　　그는 | 돌아왔어 | 집에 | 다른 사람(이 되어).
① He | returned.　　　　　　그는 | 돌아왔어.
① He | was home.　　　　　　그는 | 집에 있었어.
① He | was *a different person*.　그는 | 다른 사람이었어.

⑦ | Come | back | **here**!　　| 오라 | 뒤로/돌아 | 여기에!
① | Come!　　　　　　　　| 오라!
① | *Back!*　　　　　　　　| 뒤로!/돌아와!
① | *Here!*　　　　　　　　| 여기에!/이리와!

● 유형별 예문

(P' : 소사)
⑦ He | came | back | **here**.　　그는 | 왔어 | 돌아 | 여기에.
⑦ He | sprinted | back | **upstairs**.
　그는 | 달려서 | 돌아왔어 | 이층에.
⑦ They | hang | around | **here**.
　그들은 | 있어 | 서성거리고 | 여기서.

(P' : 명사)
⑦ He | came | home | *a free man*.
　그는 | 왔어 | 집에 | 자유인으로.
⑦ He | died | home | *a failure*.
　그는 | 죽었어 | 집에서 | 실패자로.
⑦ He | stayed | home | *a happy person*.
　그는 | 머물렀어 | 집에서 | 행복한 사람으로.

(P' : 전치사구)
⑦ The Lord | stood | by me | *everywhere*.

주님은 | 서 계셨어 | 내 곁에 | 어디서든지.
⑦ She | *walked* | *<u>out of</u> the detention center* | ***a free woman***.
　그녀는 | 걸었어 | 구치소 밖으로 | 자유인이 되어.
⑦ I | *can't agree* | *<u>with</u> you* | ***there***.
　나는 | 동의 못해 | 너와 | 그 점에.
**(P' : 동사)**
⑦ He | *got* | *made* | ***king***.
　그는 | 되었어 | 만들어지게 | 왕으로.
⑦ Most tourists | *come* | *shopping* | ***here***.
　대부분의 관광객들이 | 와 | 쇼핑 | 여기에.
⑦ Will | *is scared* | *standing* | ***there*** *(alone)*.
　윌은 | 놀라 | 서 있었어 | 거기에 (혼자).

## 전치사구

① NP(pr~)

- The book | was **in the box**.
- She | is **in trouble**.
- He | was **on his feet**.

다음은 ①형 NP이다. P는 'be+전치사구' 이다.

① The book | was **in the box**.    그 책은 | 상자 안에 있었어.
① She | is **in trouble**.    그녀는 | 곤경에 처해 있어.
① He | was **on his feet**.    그는 | 발로 일어나 있었어.

● 유형별 예문

① Her arms | were **about** his neck.
    그녀의 양팔은 | 그의 목 주변에 있었어. *감싸다
① He | was already **about** his business.
    그는 | 이미 그의 일을 시작했어.
① The moon | was **above** the horizon.
    달이 | 수평선 위쪽에 있었어
① Honor | is **above** life itself.
    명예는 | 목숨 그 자체보다 상위에 있어.
① She | was **across** the river.    그녀는 | 강 건너 있었어.
① The police | are **after** the him.    경찰은 | 그의 뒤에 있어.*추적하다
① The evidence | is **against** him.    그 증거는 | 그에게 불리해.
① They | were **along** the street.    그들은 | 도로에 연해 있었어.
① You | are **among** my best friends.
    너는 | 나의 가장 친한 친구 중에 있어.*포함되다
① They | were **around** him.    그들은 | 그를 둘러싸고 있었어.
① The axe | is **at** the root of the tree.

도끼가 | 나무 뿌리에 근접하여 있어.
① He | was **before** the king.　　그는 | 왕 앞에 있었어.
① His cloak | was **beside** me.　　그의 겉옷이 | 내 곁에 있었어.
① It | is **between** the two of us.　그것은 | 우리 둘 사이에 있어.
① Her bag | was **behind** the counter.
　　그녀의 가방은 | 카운터 뒤에 있었어.
① She | was **by** the door.　　그녀는 | 문 옆에 있었어.
① The doll | was **for** her daughter.
　　그 인형은 | 그녀를 위한 것이었어.
① The letter | was **from** my uncle.
　　그 편지는 | 삼촌으로부터 온 것이었어.
① My destiny | is **in** your hands.　내 운명은 | 네 손안에 있어.
① They | were | **in** Galilee.　　그들은 | 갈릴리지방에 있었어.
① He | was **in** the room.　　그는 | 방안에 있었어.
① Who | 's **in** line?　　누가 | 줄 서 있니?
① He | was **off** the team.　　그는 | 그 팀에서 빠져있었어.
① The joke | was **on** me.　　그 농담은 | 내게 빗댄 것이었어.
① His eyes | were **on** her.　　그의 눈은 | 그녀에게 (가) 있었어.
① He | is **on** the team.　　그는 | 그 팀에 속해 있어.
① I | was **on** foot.　　나는 | 도보였다/일어서 있었어.
① He | was **on** his knees.　　그는 | 무릎에 붙어 있었어. *꿇다
① She | was **on** the phone.　　그녀는 | 전화 받고 있었어.
① He | was **on** his horse.　　그는 | 말에 타(붙어) 있었어.
① He | was **on** his way.　　그는 | 가는/오는 도중에 있었어.
① Her hands | were **over** her face.
　　그녀의 손들은 | 그녀 얼굴 위에 있었어.
① She | was **past** them.　　그녀는 | 그들을 지나 있었어.
① He | was **through** this before.　그는 | 전에 이것을 통과하였어.
① He | was **under** guard.　　그는 | 감시 하에 있었어.
① The child | was **with** his mother. 그 애는 | 엄마와 같이 있었어.
① His pants | were **without** a wrinkle.
　　그의 바지는 | 주름 하나 없었어.

## ③ NPP'(pr~)

- She | gets | **_in trouble_**.
- He | got | **_on his feet_**.

다음은 ③형 NPP'(pr~)이다. P는 자동사, P'는 전치사구이다. 다음 두 문장으로 나눠진다. 즉 NPP' ⇨ NP+NP'의 관계에 있다.

③ She | gets | **_in trouble_**.   그녀는 | 돼 | 곤경에 처하게.
① She | gets.   그녀는 | 돼.
① She | is **_in trouble_**.   그녀는 | 곤경에 처해 있어.

③ He | got | **_on his feet_**.   그는 | 되었어 | 제발로 서게.
① He | got.   그는 | 되었어.
① He | was **_on his feet_**.   그는 | 제발로 섰다.

● 유형별 예문

③ He | went | **_about his business_**.
  그는 | 갔어 | 그의 일을 하러.
③ The moon | has risen | **_above the horizon_**.
  달이 | 떴어 | 수평선 위쪽에.
③ She | lives | **_across the river_**.
  그녀가 | 살아 | 강 건너편에.
③ The police | got/went/made | **_after him_**.
  경찰은 | 추적했어 | 그의 뒤를.
③ They | walked | **_along the street_**.
  그들은 | 걸었어 | 도로를 연해.
③ You | count | **_among my best friends_**.
  너는 | 치부돼 | 나의 가장 친한 친구 중에.
③ They | gathered | **_around him_**.
  그들은 | 모였어 | 그의 주위에.

③ They | sat | **_around the tree_**.  그들은 | 앉았어 | 나무 주위에.
③ She | shouted | **_at him_**.  그녀는 | 질책했어 | 그에게.
③ She | fell | **_at his feet_**.  그녀는 | 넘어졌어 | 그의 발 곁에.
③ He | knelt | **_before the king_**.  그는 | 무릎 꿇었어 | 왕 앞에서.
③ It | lies | **_between the two of us_**.
 그것은 | 놓여 있어 | 우리 둘 사이에.
③ She | stood | **_by the door_**.  그녀는 | 서 있었어 | 문 옆에.
③ The letter | came | **_from my uncle_**.
 그 편지는 | 왔어 | 삼촌으로부터.
③ He | got | **_off the team_**.  그는 | 되었어 | 팀에서 빠지게.
③ He | fell | **_on his knees_**.  그는 | 쓰러졌어 | 무릎을 꿇어.
③ He | came | **_on his horse_**.  그는 | 왔어 | 말에 타고.
③ His eyes | fell | **_on her_**.  그의 눈길이 | 떨어졌어 | 그녀에게.
③ He | plays | **_on the team_**.  그는 | 뛰고 있어 | 그 팀에서.
③ She | talked | **_on the phone_**.  그녀는 | 말했어 | 전화로.
③ He | went | **_on his way_**.  그는 | 갔어 | 그의 길을.
③ A shadow of sorrow | passed | **_over her face_**.
 슬픔의 그림자가 | 지나갔다 | 그녀의 얼굴 위에 (스쳐).
③ She | walked | **_past them_**.  그는 | 걸어갔어 | 그들을 지나.
③ He | went | **_through this_**.  그는 | 갔어 | 이것을 통과해.
③ He | travelled | **_under guard_**.  그는 | 여행했어 | 감시하에.
③ The child | came | **_with his mother_**.
 그 애는 | 왔어 | 엄마와 같이.

- The book | was put | **_in the box_**.
- He | was helped | **_on his feet_**.

다음은 ③형 NPP' 이다. P는 수동형, P' 는 전치사구이다. 다음 두 문장으로 나눠 진다. 즉 NPP' ⇨ NP+NP' 의 관계에 있다.

③ The book | *was put* | ***in the box***.
　그 책은 | 놓여져 있었어 | 상자 안에.
① The book | *was put*.　　　　　그 책은 | 놓여져 있었어.
① The book | *was **in the box***.　그 책은 | 상자 안에 있었어.

③ He | *was helped* | ***on his feet***.
　그는 | 도와줬어 | 제발로 서게.
① He | *was helped*.　　　　그는 | 도와줬어.
① He | *was **on his feet***　그는 | 발로 서게 되었어.

● 유형별 예문

③ Her arms | *were thrown* | ***about** his neck*.
　그녀의 양팔이 | 던져졌어 | 그의 목 주변에.* 감싸다.
③ Honor | *is valued* | ***above** life itself*.
　명예는 | 존중돼 | 목숨 그 자체보다.
③ The evidence | *was heard* | ***against** him*.
　그 증거는 | 들렸어 | 그에게 불리하다고.
③ The ribbon | *was tied* | ***around** the tree*.
　그 리본은 | 매여 있어. 나무 주위에.
③ The axe | *was laid* | ***at** the root of the tree*.
　도끼가 | 놓여 있었어 | 뿌리에 근접하여.
③ He | *was brought* | ***before** the king*.
　그는 | 데려와 졌어 | 왕 앞에.
③ Her bag | *was left* | ***behind** the counter*.
　그녀의 가방은 | 두어졌어 | 카운터 뒤에.
③ His cloak | *was left* | ***beside** me*.
　그의 겉옷이 | 두어져 있었어 | 내 곁에.
③ The doll | *was made* | ***for** her daughter*.
　그 인형은 | 만들어졌어 | 그녀의 딸을 위해.
③ He | *was kept* | ***off** the team*.
　그는 | 계속 되어졌어 | 팀에서 빠져있게.
③ The joke | *was played* | ***on** me*.

그 농담은 | 말해졌어 | 나를 빗대어.
③ He | *is wanted* | ***on the team***.
그는 | 원해져 | 그 팀에 두기로.
③ Her hands | *were put* | ***over her face***.
그녀 손들이 | 놓여있었어 | 그녀 얼굴 위에.
③ She | *was led* | ***past them***.
그녀는 | 인도되었어 | 그들을 지나.
③ He | *was kept* | ***under guard***.
그는 | 계속 지켜졌어 | 감시하에.
③ The child | *was seen* | ***with his mother***.
그 애는 | 보였어 | 엄마와 같이 있는 것이.
③ His pants | *were pressed* | ***without a wrinkle***.
그의 바지는 | 다려졌어 | 주름 하나 없이.


- She | *was **away*** | ***in Galilee***.

다음은 ③형 NPP' 이다. P는 be+비(非)동사술어이다. 두 문장으로 나눠진다. 즉 NPP' ⇨ NP+NP' 의 관계에 있다.

③ She | *was **away*** | ***in Galilee***.
그녀는 | 떠나 있었어 | 갈릴리지방에.
① She | *was **away***.                     그녀는 | 떠나있어.
① She | *was **in Galilee***.              그녀는 | 갈릴리지방에 있었어.

● 유형별 예문
(P: 형용사)
③ He | *is powerful* | ***among you***.       그는 | 강하시다 | 너희 안에서.
③ Who | *'s next* | ***in line***?            누가 | 다음 | 차례니?
③ He | *is sick* | ***in bed***.              그는 | 아파 | 침대에 있어.

(P: 명사)

③ You | 're a cut | **_above/below_** him.
　　너는 그보다 한 수 위/아래야.

③ The criminal | is somewhere | **_out there_**.
　　범인은 | 어딘가 | 저기에 있어.

(P: 전치사구)

③ I | am **_on_** trial | **_before you_** today.
　　나는 | 재판입니다 | 오늘 당신 앞에서.

## ⑤ NPN' P' (pr~)

- He | put ‖ the book | **_in the box_**.
- You | get ‖ her | **_in trouble_**.
- She | helped ‖ him | **_on his feet_**.

다음은 ⑤형 NPN' P' (pr~)이다. P는 타동사 put, P'는 전치사구이다. 다음 두 문장으로 나눠진다. 즉 NPN' P' ⇨ NPN' +N' P' 의 관계에 있다.

⑤ He | put ‖ the book | **_in the box_**.
　　그는 | 놓았어 ‖ 그 책을 | 상자 안에.
② He | put ‖ the book.　　　　그는 | 놓았어 ‖ 그 책을.
① The book | was **_in the box_**.　그 책은 | 상자 안에 있었어.

⑤ You | get ‖ her | **_in trouble_**.
　　너는 | 해 ‖ 그녀를 | 곤경에 처하게.
② You | get ‖ her.　　　　　　너는 | 상태에 둬 ‖ 그녀를.
① She | is **_in trouble_**.　　　　그녀는 | 곤경어 있어.

⑤ She | helped ‖ him | **_on his feet_**.
　　그녀는 | 도왔어 ‖ 그를 | 제발로 서게.
② She | helped ‖ **him**.　　　　그녀는 | 도왔어 ‖ 그를.

① He | was **on** his feet.    그는 | 발로 서있었어.

● 유형별 예문

⑤ She | put ‖ her arms | **about** his neck.
그녀는 | 두었어 ‖ 양팔을 | 그의 목 주변에.* 감싸다
⑤ They | let ‖ him | **about** his business.
그들은 | 했어 ‖ 그를 | 그의 일을 하게.
⑤ We | saw ‖ the moon | **above** horizon.
우리는 | 보았어 ‖ 달을 | 수평선 위의.
⑤ I | value ‖ honor | **above** life.
나는 | 존중해 ‖ 명예를 | 목숨보다 위로.
⑤ I | saw ‖ her | **across** the river.
나는 | 보았어 ‖ 그녀를 | 강 건너편에 있는.
⑤ They | sent ‖ the police | **after** him.
그들은 | 보냈어 ‖ 경찰을 | 그를 추적하게.
⑤ I | heard ‖ the evidence | **against** him.
나는 | 들었어 ‖ 그 증거가 | 그에게 불리다고.
⑤ He | led ‖ them | **along** the street.
그는 | 인도했어 ‖ 그들을 | 도로를 연해.
⑤ I | count ‖ you | **among** my best friends.
나는 | 계산해 ‖ 너를 | 나의 가장 친한 친구 중에.
⑤ He | gathered ‖ men | **around** him.
그가 | 모았어 ‖ 사람들을 | 그의 주위에.
⑤ He | laid ‖ the axe | **at** the root of the tree.
그는 | 놓았어 ‖ 도끼를 | 나무 뿌리에 근접하게.
⑤ They | brought ‖ him | **before** the king.
그들은 | 데려왔어 ‖ 그를 | 왕 앞에.
⑤ She | left ‖ her bag | **behind** the counter.
그녀는 | 두었어 ‖ 그녀의 가방을 | 카운터 뒤에.
⑤ He | left ‖ his cloak | **beside** me.
그가 | 두었어 ‖ 겉옷을 | 내 곁에.
⑤ | Just keep ‖ it | **between** the two of us.

| 꼭 지켜라 ‖ 그것을 | 우리 둘 사이에. * 비밀을 지켜라

⑤ He | *left* ‖ her | ***by the door***.
그는 | 두었어 ‖ 그녀를 | 문 옆에.

⑤ She | *made* ‖ the doll | ***for her daughter***.
그녀는 | 만들었어 ‖ 그 인형을 | 그녀 딸을 위해.

⑤ I | *received* ‖ the letter | ***from my uncle***.
나는 | 받았어 ‖ 그 편지를 | 삼촌으로부터.

⑤ He | *could leave* ‖ him | ***in the car***.
그는 | 둘 수 있었어 ‖ 그를 | 차안에.

⑤ They | *kept* ‖ him | ***off the team***.
그들은 | 유지했어 ‖ 그를 | 팀에서 빠져있게.

⑤ She | *put* ‖ the coat | ***on him***.
그는 | 입혔어 ‖ 코트를 | 그에게 덮어.

⑤ He | *played* ‖ the joke | ***on me***.
그는 | 놀렸어 ‖ 농담으로 | 내게.

⑤ He | *fixed* ‖ his eyes | ***on her***.
그는 | 고정했어 ‖ 그의 눈을 | 그녀에게.

⑤ They | *want* ‖ him | ***on the team***.
그들은 | 원해 ‖ 그를 | 그 팀에 두기로.

⑤ They | *got* ‖ him | ***on his feet***.
그들은 | 했어 ‖ 그를 | 제 발로 서게.

⑤ They | *got* ‖ him | ***on his knees***.
그들은 | 했어 ‖ 그를 | 무릎 꿇게.

⑤ He | *called* ‖ her | ***on the phone***.
그는 | 불렀어 ‖ 그녀를 | 전화로.

⑤ They | *put* ‖ him | ***on his horse***.
그들은 | 놓았어 ‖ 그를 | 그의 말에 태워.

⑤ They | *sent* ‖ him | ***on his way***.
그들은 | 보냈어 ‖ 그를 | 그의 길로.

⑤ They | *left* ‖ him | ***out of the club***.
그들은 | 두었어 ‖ 그를 | 클럽밖에.

⑤ She | *put* ‖ her hands | ***over her face***.

그녀는 | 두었어 ‖ 그녀의 손들을 | 그녀 얼굴에 덮어.
⑤ He | *left* ‖ a tiny patch | __under the window__.
그는 | 두었어 ‖ 작은 판자조각을 | 창 밑에.
⑤ They | *kept* ‖ him | __under guard__.
그들은 | 계속 지켰어 ‖ 그를 | 감시 하에.
⑤ I | *saw* ‖ him | __through this__.
나는 | 봤어 ‖ 그가 | 이것을 통과함을.
⑤ He | *led* ‖ her | __past them__.
그는 | 인도했어 ‖ 그녀를 | 그들을 지나.
⑤ They | *saw* ‖ the child | __with his mother__.
그들은 | 보았어 ‖ 그 아이가 | 엄마와 같이 있는 것을.
⑤ He | *pressed* ‖ his pants | __without a wrinkle__.
그는 | 다렸어 ‖ 바지를 | 주름 하나 없이.

## 「⑤ NP「P' (pr~)N'

NP「P' N' 를 NPN' P' 로 바꿀 수 있는 경우이다.
NPN' P' (pr~)의 예외적인 경우로서 NP「P' (pr~)N' 으로 표시하기로 한다.

- I | place 「*in your hands* ‖ my destiny.

「⑤ I | *place* 「__in your hands__ ‖ my destiny.
  나는 | 둬 「네 손안에 ‖ 나의 운명을.
 ⑤ I | *place* ‖ my destiny | __in your hands__.
  나는 | 둬 ‖ 나의 운명을 | 네 손안에.
 ② I | *place* ‖ my destiny.      나는 | 둬 ‖ 나의 운명을.
 ① My destiny | *is __in your hands__*.   내 운명은 | 네 손안에 있어.

● **유형별 예문**

「⑤ | *Take* 「__as your king__ ‖ the youngest of these three knights.

│ 취해라 「너희들의 왕으로 ‖ 이 세 기사 중 가장 젊은 사람을.
「⑤ The knight │ had 「*at his side* ‖ the scabbard.
　그 기사는 │ 찼어 「그의 허리에 ‖ 칼집을.
「⑤ They │ saw 「***before them*** ‖ a brilliantly lit chamber.
　그들은 │ 보았어 「그들 앞에 ‖ 한 찬란하게 빛나는 방을.
「⑤ I │ took 「***for my belief*** ‖ the advice of my father.
　나는 │ 여겼어 「나의 신념으로 ‖ 아버지의 충고를.
「⑤ I │ found 「***in the kitchen*** ‖ the letter <I thought I had burnt>.
　나는 │ 발견했어 「부엌에서 ‖ <내가 태웠다고 생각한> 편지를.
「⑤ He │ was holding 「***in his hands*** ‖ a large notebook and pencil.
　그는 │ 들고 있었어 「양손에 ‖ 큰 공책과 연필을.
「⑤ He │ put 「***on Bilbo*** ‖ a small coat of mail.
　그는 │ 입혔어 「빌보에게(덮어) ‖ 작은 갑옷을.
「⑤ I │ had 「***with me*** ‖ neither mechanic nor any passengers.
　나는 │ 없었어 「내 곁에 ‖ 정비공이나 다른 탑승객이.

## 「⑤' NPN' 「P' (pr~)

- He │ 's reading ‖ a book 「***in the room***.

다음은 「⑤' 형 NPN' 「P' 이다. 다음 두 문장으로 나눠진다. P' 은 N' 을 서술한다. 「 표시는 이를 나타낸다. 즉 NPN' 「P' ⇨ NPN' +NP' 의 관계에 있다.

「⑤' He │ 's reading ‖ a book 「***in the room***.
　그는 │ 읽고 있어 ‖ 책을 「방에서.
② He │ 's reading ‖ a book.　　그는 │ 읽고 있어 ‖ 책을.
① He │ 's ***in the room***.　　그는 │ 방에 있어.

● **유형별 예문**

「⑤' He │ took ‖ a position 「***across the table***.
　그는 │ 잡았어 ‖ 자리를 「테이블 건너에.

「⑤' I | *will complete* ‖ it 「***at home***.
　　나는 | 마칠 거야 ‖ 그것을 「집에서.
「⑤' She | *left* ‖ them 「***in tears***.
　　그녀는 | 떠났어 ‖ 그들을 「울면서.
「⑤' He | *would not say* ‖ anything 「***in a hurry***.
　　그는 | 말하려 하지 않았어 ‖ 아무 것도 「급하게는.
「⑤' He | *lost* ‖ his way 「***in the forest***.
　　그는 | 잃었어 ‖ 길을 「숲 속에서.
「⑤' I | *got* ‖ to the office 「***on time***.
　　나는 | 도착했어 ‖ 사무실에 「정시에.
「⑤' He | *squeezed* ‖ his way 「***past the people***.
　　그는 | 비집고 갔어 ‖ 길을 「사람들을 지나.
「⑤' What *are* you | *doing* ‖ ∨ 「***up there***?.
　　무엇을 너 | 하고 있니 ‖ ∨「그 위에서?
「⑤' I | *will attend* ‖ the camp 「***with you***.
　　나는 | 참석할 거야 ‖ 그 캠프에 「너와 함께.

## ⑦ NPP' P"(pr~)

| - They | *came* | together | ***in Galilee***. |
| - I | *'ll get* | there | ***on foot***. |

다음은 ⑦형 NPP' P"(pr~)이다. P"는 전치사구이다. 세 문장으로 나눠진다. 즉 NPP' P" ⇨ NP+NP' +NP"의 관계에 있다.

⑦ They | *came* | together | ***in Galilee***.
　　그들은 | 왔어 | 함께 | 갈릴리 안에.
① They | *came*.　　　　　　　그들은 | 왔어.
① They | *were* together.　　　그들은 | 함께였어.
① They | *were* | ***in Galilee***.　그들은 | 갈릴리 안에 있었어.

⑦ I | 'll get | there | **on foot**.
　난 | 갈 수 있어 | 거기에 | 걸어.
① I | 'll get.　　　　　　　나는 | 될 거야.
① I | 'll be there.　　　　　난 | 거기 있을거야.
① I | 'll be **on foot**.　　　난 | 걸어갈거야.

● 유형별 예문
(P': 형용사)
⑦ He | fell | dead | **at the feet of Isolt**.
　그는 | 넘어져 | 죽었어 | Isolt 발 곁에.
⑦ The spider | lay | dead | **beside him**.
　그 거미는 | 누워있었어 | 죽은 채 | 그의 옆에.
⑦ She | stood | alone | **by the door**.
　그녀는 | 서 있었어 | 혼자 | 문옆에.
⑦ He | was left | alone | **in the room**.
　그는 | 남겨졌어 | 혼자 | 방안에.
⑦ She | became | quite emotional | **on the phone**.
　그녀는 | 되었어 | 매우 감정적이 | 전화 중.

(P': 소사)
⑦ What | 's going | on | **between you two**?
　무슨 일이 | 되고 있니 | 진행 | 너희 둘 사이에?
⑦ He | fell | forward | **over Merry**.
　그는 | 앞으로 | 넘어졌어 | Merry 위에.
⑦ She | walked | in | **past them**.
　그는 | 걸었어 | 안으로 | 그들을 지나.
⑦ She | broke | down | **under the burden of sorrow**.
　그녀는 | 애통해 | 기진했어 | 슬픔의 부담하에.

(P': 명사)
⑦ She | went | cold turkey | **off heroin**.
　그녀는 | 되었어 | 금단증상이 | 헤로인에서 끊어져.
⑦ You | belong | here | **with me**.
　너는 | 속해 | 여기에 | 나와 함께.

(P': 전치사구)

⑦ A few pedestrians | walked | in pairs | **along** Union.
약간의 보행자들이 | 걸었어 | 짝을 지어 | Union가를 연해.

⑦ Another bed | is set | beside him | **for** his servant.
다른 침대가 | 놓여졌어 | 그의 옆에 | 그의 하인을 위해.

⑦ He | works | as a staff writer | **for** the New York Times.
그는 | 일해 | 스탭 기자로 | 뉴욕 타임즈를 위해.

⑦ They | came | on foot | **from** all over the country.
그들은 | 왔어 | 도보로 | 전국 방방곡곡에서.

⑦ He | came | riding | **through** the forest.
그는 | 왔어 | 말을 타고 | 숲을 통해.

⑦ She | scrambled | through the hole | **after** him.
그녀는 | 기어올라 | 그 구멍을 통과하여 | 그를 좇았어.

(P': 동사)

⑦ They | were kept | separated | **in** the small room.
그들은 | 계속하여 | 격리되었다 | 작은 방에서.

〈관련문형〉 P, P': as/~for~/like~의 경우

as~/for~/like~ 세 가지는 밀접하게 연관되므로 여기서 따로 다룬다.

## ① NP(pr~)

- He | was **(like)** a genius.

① He | was **(like)** a genius.    그는 | 천재였어(같았어).

he가 실제로 천재면 명사 a genius, 아니면 like a genius가 된다.

● 유형별 예문
(as~)
① His words | were **as follows**:    그의 말은 | 다음과 같았어:
① The cells | are **as real**.    (꾸민) 감방들은 | 진짜 같았어.
(for~)
① This | can't be **for real**.    이게 | 사실일 수 없어.
(like~)
① The child | is **like her father**.    그녀는 | 아버지와 닮았어.
① You | 've been **like that** before.    너는 | 전에도 그랬어.

③ NPP'(pr~)

- He | talked | **like a genius**.

③ He | talked | **like a genius**.    그는 | 말했어 | 천재처럼.
① He | talked.    그는 | 말했어.
① He | was (**like**) a genius.    그는 | 천재였어(같았어).

● 유형별 예문
(as~)
③ He | acted | **as chairman**.    그는 | 행세했어 | 의장으로.
③ He | appeared | **as a pinch hitter**.
   그는 | 등장했어 | 대타로.
(for~)
③ He | passes | **for a learned man** <in the village>.
   그는 | 통해 | 마을에서 학자로.
③ The flesh | counts | **for nothing**.
   육체는 | 치부돼 | 아무 것도 아닌 것으로.
(like~)
③ I | drink | **like a fish**.    나는 | 술 마셔 | 물고기처럼.
③ He | looks | **just like his father**. 그는 | 꼭 같아 | 자기 아빠. *닮다

③ It | seems | *like good idea*.    그건 | 같아 | 좋은 생각.
③ I | worked | *like a slave*.    나는 | 일했어 | 노예처럼.

- He | *was regarded* | **as a genius**.

③ He | *was regarded* | **as a genius**.
  그는 | 간주되어졌어 | 천재로.
① He | *was regarded*.    그는 | 간주되었어.
① He | *was (like) a genius*.    그는 | 천재였어(같았어).

● 유형별 예문
(as~)
③ You | *will henceforth known* | **as Sir John Ryan**.
  당신은 | 앞으로는 알려질 것이야 | 존 라이안 경으로.
③ This box | *can be used* | **as a table**.
  이 상자는 | 쓸 수 있어 | 테이블로.
③ The operation | *is proceeding* | **as scheduled**.
  작전이 | 진행되고 있어 | 계획대로.
(like~)
③ Land | *cannot be treated* | **like any other commercial commodity**.
  토지는 | 다뤄져서는 안 돼 | 다른 상업적 물품처럼.

- He | *is famous* | **as a statesman**.

③ He | *is famous* | **as a statesman**.
  그는 | 유명해 | 정치가로서.
① He | *is famous*.    그는 | 유명해.
① He | *is a statesman*.    그는 | 정치가야.

● 유형별 예문
③ She | *is dumb* | **as a rock**.    그녀는 | 말이 없어 | 바위처럼.

③ You | are delicate and beautiful | *like a rose*.
너는 | 우아하고 아름다워 | 장미처럼.

## ⑤ NPN'P'(pr~)

- We | *regarded* ‖ him | *as a genius*.

⑤ We | *regarded* ‖ him | *as a genius*.
   우리는 | 간주했어 ‖ 그를 | 천재로.
② We | *regarded* ‖ him.            우리는 | 간주했어 ‖ 그를.
① He | *was (like) a genius*.       그는 | 천재였어(같았어).

● 유형별 예문

(as~)
⑤ They | *elected* ‖ him | *as chairman*.
   그들은 | 뽑았어 ‖ 그를 | 의장으로.
⑤ He | *left* ‖ it | *as a monument*.
   그는 | 남겼어 ‖ 그것을 | 기념비처럼.
⑤ | *Don't treat* ‖ this | *as unimportant*.
   | 다루지 마라 ‖ 이것을 | 중요하지 않다고.
⑤ We | *regarded* ‖ the money | *as gone*.
   우리는 | 간주했어 ‖ 돈이 | 사라졌다고.
☞ NPN'(pr~)P'(pr~)
⑤ I | *looked* ‖ **on** him | *as a genius*.
   우리는 | 보았어 ‖ 그를 | 천재로.
⑤ I | *think* ‖ **of** her | *as a friend*.
   나는 | 생각해 ‖ 그녀를 | 친구로.
⑤ He | *had referred* ‖ **to** her | *as a dear friend*.
   그는 | 언급했어 ‖ 그녀를 | 소중한 친구라고.
⑤ They | *look* ‖ **upon** me | *as an alien*.
   그들은 | 여겼어 ‖ 나를 | 타국 사람으로.

(as~/for~)
⑤ They | chose ‖ him | **_as/for_ their leader**.
　그들은 | 뽑았어 ‖ 그를 | 그들의 지도자로.
⑤ I | know ‖ it | **_as/for_ a fact**.　　나는 | 알아 ‖ 그것을 | 사실로.
(as~/like~)
⑤ They | treat ‖ him | **_as/like_ a child**.
　그들은 | 취급해 ‖ 그를 | 바보처럼.
(for~)
⑤ I | was playing ‖ him | **_for_ a fool**.
　나는 | 놀렸어 ‖ 그를 | 바보처럼.
⑤ I | took ‖ him | **_for_ his brother**.
　나는 | 오인했어 ‖ 그를 | 그의 형제로.
⑤ I | took ‖ you | **_for_ dead**.　　나는 | 알았어 ‖ 네가 | 죽은 줄.
(like~)
⑤ He | carries ‖ himself | **_like_ a soldier**.
　그는 | 행동해 ‖ 자신이 | 군인처럼.
⑤ | Make ‖ me | **_like_ one of your hired men**.
　| 만들어요 ‖ 나를 | 당신의 품꾼 중 하나로.

「⑤' NPN' 「P'(pr~)

- I | ate ‖ pizza | **_like_ a pig**.

「⑤' I | ate ‖ pizza 「**_like_ a pig**.
　나는 | 먹었어 ‖ 피자를 「돼지처럼.
② I | ate ‖ pizza.　　　　나는 | 먹었어 ‖ 피자를.
① I | was **_like_ a pig**.　　나는 | 돼지 같았어.

● 유형별 예문
「⑤' I | read(know) ‖ him 「**_like_ a book**.
　나는 | 읽어(알아) ‖ 그를 「책처럼. * 속셈을 알다

## ⑦ NPP'P"(pr~)

- He | crawled | on all fours | like a dazed beast.

⑦ He | crawled | on all fours | like a dazed beast.
　그는 | 기었어 | 네 발로 | 정신나간 짐승처럼.
① He | crawled.　　　　　　　그는 | 기었어.
① He | was on all fours.　　　그는 | 네 발로 있었어.
① He | was like a dazed beast.　그는 | 정신나간 짐승 같았어.

● 유형별 예문
(as~)
⑦ Friday | dawned | sullen and sodden | as the rest of the week.
　금요일이 | 밝았어 | 음침하고 흐린 | 지난 며칠처럼.
⑦ Kerry | came | home | as an angry vet.
　Kerry는 | 왔어 | 집에 | 화난 제대군인처럼.
⑦ He | became | free | as a bird.
　그는 | 되었어 | 자유롭게 | 새처럼.
(like~)
⑦ Questions | exploded | inside Harry's head | like fireworks.
　질문들이 | 폭발했어(떠올랐어) | Harry의 머리 안에 | 불꽃처럼.
⑦ He | was trampled | on the ground | like a rose.
　그는 | 짓밟혔어 | 땅위에 | 한 떨기 장미꽃처럼.
⑦ Cal Lee | walked | through his front door | like a free man.
　Cal Lee는 | 걸었어 | 앞문을 통해 | 자유인처럼.

# 복합전치사구

① NP(cpr~)

- He | was **out of the house**.

다음은 ①형 NP이다. P는 'be+복합전치사구'이다.

① He | was **out of the house**.    그는 | 집에서 나와 있었어.

● 유형별 예문
① Everybody | is **off about** something.
  모두가 | 무언가에 대해 어긋났다.
① What are you | **on about** V?   너 | 무슨 말이니?
① I | was **up about** it.    나는 | 그것에 대해 고조되었다.
① They | were **up against** a killer ⟨with the intelligence to think and plan⟩.
  그들은 | ⟨생각하고 계획하는 지능을 가진⟩ 살인자와 직면했다.
① He | was **down as** a great president.
  그는 | 위대한 대통령으로 기록되었다.
① Soon she | was **back at** her sewing machine.
  곧 그녀는 | 그녀 재봉틀에 되돌아왔다.
① He | was **up behind** me.    그는 | 내 뒤에 가까이 있었다.
① I | 'm **in for** trouble.    나 | 곤란하게 되겠군.
① Mary | is **in for** Peggy tonight. 메리가 | 페기를 대신해 오늘밤.
① We | were **out for** lunch.    우리는 | 점심하러 나갔다.
① He | was **up for** a new appointment.
  그는 | 새로운 임명직에 대한 후보였다.
① | **Away from** me!    | 내게서 떠나라!
① I | wasn't **back from** the war. 난 | 전쟁터에서 돌아오지 않았어.

① She | was **off from me**.   그녀는 | 나로부터 떨어져 있었다.
① The letters | are **away in the box**.
   편지는 | 상자에 버려져 있어.
① Snape | was now **back in his office**.
   스네이프는 | 이제 그의 사무실에 돌아와 있었다.
① What are you doing here? You | should be **down in the shelter**.
   너 여기서 뭘해? 넌 | 대피소에 내려가 있어야 해.
① Three boys | were **ahead of us**. 세 소년이 | 우리 앞에 있어.
① I | 'm **off of you** (*for life*).   난 | 너와 절교야 (평생).
① Now hands | **off of me**.   이제 손 | 떼.
① This book | is **out of print**.   이 책은 | 절판이야.
① Now I | am **back on my feet**.   이제 나는 | 다시 내 발로 섰다.
① They | are **down on the beach**. 그들은 | 해변에 내려가 있어.
① I | wasn't **in on his plan**.   난 | 그의 계획과 무관해(몰라).
① You | were **out on us**.   넌 | 우릴 밟고 나갔다. ＊배신하다
① My feet | are **up on the desk**.   내 발들이 | 책상 위에 올려 있다.
① I | will be **back to you**.   나는 | 네게 돌아올 거야.
① I | 'm **off to school now**.   난 | 지금 학교에 가.
① I | am **on to you**.   난 | 너를 주목해.
① The feds | must be **onto me**.   연방경찰이 | 날 주목하고 있어.
① It | 's **up to you**.   그건 | 네게 달려 있어.
① He | is **down upon the pavement**.
   그는 | 보도 위에 앉아 있다.
① He | was **about with Freud** *for a time*.
   그는 | 한 때 프로이드에 열중했다.
① I | am **along with him**.   나는 | 그와 같이 있다.
① Normally Keith | is **around with the group** *for most of the time*.
   통상 키드는 | 대부분의 시간 그 그룹과 같이 지낸다.
① He | was **away with the kid**.   그는 | 아이를 데리고 떠나있었다.
① | **Away with it**!   | 그것을 치워라! 그만둬라!
① | **Down with your weapons**!   | 무기들 내려라!
① He | 's still **down with fever**.   그는 | 여전히 열병이야.

① I | am __in with__ him.  난 | 그와 친한 사이야.
① | __Off with__ his head!  | 그의 목을 쳐라.
① | __Off with__ your hat.  | 모자를 벗어요.
① | __On with__ you!  | 너 시작(계속)해!
① Are you | __through with__ your work?  너 | 일 끝났니?

## ③ NPP'(cpr~)

- He | walked | __out of the house.__

다음은 ③형 NPP'(cpr~)이다. P는 자동사, P'는 복합전치사구이다. 다음 두 문장으로 나눠진다. 즉 NPP' => NP+NP'의 관계에 있다.

③ He | walked | __out of the house.__  그는 | 걸었어 | 집에서 나와.
① He | walked.  그는 | 걸었어.
① He | was __out of the house.__  그는 | 집에서 나와 있었어.

● 유형별 예문

③ He | was always going | __off about__ things (for no reason).
　그는 | 항상 있었다 | (이유 없이) 화내고.
③ They | were going | __on about__ yesterday's lessons.
　그들은 | 하고 있었다 | 어제 수업에 대해 계속 이야기.
③ I | 've come | __up against__ someone <I can't quite handle>.
　나는 <내가 어쩌지 못할> 사람과 대립하게 됐다.
③ He | won't go | __down as__ a great president.
　그는 | 되지 않을 것이다 | 위대한 대통령으로 기록.
③ Reply logically. | Don't hit | __back at__ them in anger.
　논리적으로 응수해라. | 하지 마라 | 그들에 화내며 반격.
③ He | came | __up behind__ him.  그는 | 왔다 | 그의 뒤에 가까이.
③ Her work | came | __in for__ criticism.
　그녀의 일은 | 되었다 | 비난받게.

③ Mary | *is filling* | ***in for Peggy*** *tonight*.
　오늘 저녁은 메리가 페기를 대신한다.
③ He | *just stepped* | ***out for lunch***.
　그는 | 갔어요 | 방금 점심 식사하러 나.
③ He | *comes* | ***up for reelection*** (in Dec).
　그는 (12월에) 재선에 도전한다.
③ | *Get* | ***away from me***. 　　| 가라 | 내게서 떠나.
③ Frank | *was come* | ***back from the war***.
　프랭크는 | 왔다 | 전쟁에서 돌아.
③ | *Stand* | ***off from me***. 　　| 서라 | 내게서 떨어져.
③ | *Get* | ***back in the cart***. 　차로 돌아가.
③ They | *settled* | ***down in the boat***.
　그들은 | 자리잡았다 | 배 안에 내려.
③ Now he | *moved* | *way* ***ahead of others***.
　그는 | 움직였어 | 다른 선수보다 한참 앞서.
③ | *Get* | ***off of me***. 　　　| 떨어져라 | 내게서.
③ He | *walked* | ***out of the house***. 그는 | 걸었어 | 집에서 나와.
③ Willy | *got* | ***back on his feet*** when he found a good job.
　윌리는 좋은 직장을 찾아서 다시 자립했다.
③ I | *lay* | ***down on the soft grass***.
　나는 | 누웠다 | 부드러운 풀밭 표면에 내려.
③ Let me [ | *get* | ***in on the secret***].
　내가 [그 비밀을 알아내도록] 해줘.
③ She | *ran* | ***out on him*** the very day before the wedding.
　그녀는 결혼식 바로 전날, 그를 버리고 달아났다.
③ The work | *is piling* | ***up on my desk***.
　일거리가 | 쌓여 있다 | 책상 위에.
③ I | *'ll get* | ***back to you*** {*as soon*} as I can.
　난 할 수 있다면 곧 네게 돌아올게.
③ It's time ⟨*we* | *got* | ***off to school***⟩.
　⟨학교에 갈⟩ 시간이다.
③ | *Don't be coming* | ***on to me***. | 두지 마라 | 내게 관심.

③ I | got | **onto the new job.**     난 | 익숙해졌다 | 새 일에.
③ It | depends | **up to you** [to accept it or not].
　 [그것을 수용하고 않고는 | 달려 있다 | 네게.
③ He | sat | **down upon the end of the pine bench.**
　 그는 | 앉았다 | 소나무 벤치의 끝에.
③ You always seem [ | *to go* | **about with bad boys**].
　 넌 [나쁜 친구들과 어울리는 것] 같더군.
③ Do you | get | **along with your classmates**?
　 너 | 지내니(어울리니) | 동급생들과 같이?
③ Meg | has been going | **around with Tom** lately.
　 멕은 | 다니고 있다 | 최근 톰과 어울려.
③ Will you | come | **away with me**?
　 너 | 오지 않을래 | 나와 같이 떠나?
③ | Get | **away with it**!      | 해라 | 그걸 없애도록.
③ | Put | **down with your weapons**!  | 놓아라 | 무기들 내려.
③ She | came | **down with the flu.**  그녀는 | 됐다 | 독감에 걸리게.
③ He | will get | **in with that teacher.**
　 그는 | 친해질 것이다 | 그 선생과.
③ | Cut | **off with his head**!   | 잘라라 | 그의 목을 끊어.
③ | Go | **on with you**!      | 해라 | 너 계속! *힘내라!
③ I intend [ | *to go* | **through with the project**].
　 그 계획을 끝내 완수할 작정이야.

- He | *was thrown* | **out of the house.**

다음은 ③형 NPP' 이다. P는 수동형, P' 는 전치사구이다. 다음 두 문장으로 나눠진다. 즉 NPP' =>NP+NP' 의 관계에 있다.

③ He | *was thrown* | **out of the house.**
　 그는 | 내팽개쳐졌어 | 집밖으로.
① He | *was thrown.*           그는 | 내팽개쳐졌어.
① He | *was* **out of the house.**   그는 | 집에서 나와 있었어.

● 유형별 예문

③ Everybody | is pissed | **off about** something.
　모두가 | 화나게 된다 | 무언가에 대해.
③ I | 'm keyed | **up about** the job interview next week.
　난 | 하게 돼 | 다음 주 취업 면접에 대해 흥분.
③ A lot of the travelers | had been turned | **back at** the border.
　여행객 대다수가 국경에서 입국을 허가받지 못했다.
③ The rest of your gear | is squared | **away in** this duffel.
　나머지 장구는 | 준비되어 있다 | 이 더플백에 넣어.
③ The toys | had all been put | **back in** the cupboard.
　장난감들이 | 모두 놓여졌다 | 찬장 안에 다시.
③ The king | was taken | **down in** the ship.
　그 왕은 | 놓여졌다 | 배 안에 내려.
③ He | was pulled | **out of** the house.
　그는 | 끌어내어졌어 | 집밖으로.
③ After the typhoon, we | were thrown | **back on** our resources.
　태풍 이후, 우리는 | 되어졌다 | 우리 자원에 의지하도록.
③ Sarah | was brought | **back to** reality by the news.
　사라는 그 소식을 듣고 제 정신을 차렸다.
③ Harry | was led | **off to** their underground vaults.
　해리는 | 인도되었다 | 그들의 지하금고에.
③ All the old regulations | were done | **away with** ( | ).
　모든 옛 규정은 사라져 버렸다.
③ Mr. Smith | has been struck | **down with** a mysterious disease.
　스미스 씨는 알 수 없는 병에 걸렸다.
③ I | was let | **off with** a fine. 나는 | 풀려났다 | 벌금만 내고.

74 • 단문홀수형 ➡ 복합전치사구

- I | am fresh | **out of the army.**

다음은 ③형 NPP' 이다. P는 be+비(非)동사술어이다. 두 문장으로 나눠진다. 즉 NPP' =>NP+NP' 의 관계에 있다.

③ I | 'm fresh | **out of the army.**
　난 | 얼마 안 돼 | 제대한 지.
① I | 'm fresh.
　난 | 얼마 안 돼.
① I | 'm **out of the army.**
　난 | 제대했어.

● 유형별 예문

(P: 형용사)
③ You and I | are safe | **away from cities.**
　너와 나는 | 안전하다 | 도시에서 사라져야. (CN215)
③ He seems [ | to be hard | **up for money** ].
　그는 [돈에 곤란을 받고 있는 듯] 하다.
(P: 소사)
③ I will hide it [ | away | **along with** all the things
⟨left unsaid and undone between us⟩]. 나는 우리 사이에 말하지 못한 것
　들, 하지 못한 일들을 모두와 함께 숨겨둘 것이다.
(P: 명사)
③ Oh, there you | are ∨ | **out of it.**
　바로 그거야, 네가 잘못된 점은
(P: 전치사구)
③ What's he | after ∨ | **apart from followers**?
　그는 | 무엇을 원하나요 | 추종자 말고? (5HP96)

⑤  NPN' P' (cpr~)

- She | *threw* ‖ him | ***out of the house.***

다음은 ⑤형 NPN' P' (cpr~)이다. P는 타동사 put, P'는 복합전치사구이다. 다음 두 문장으로 나눠진다. 즉 NPN' P' =>NPN' +N' P' 의 관계에 있다.

⑤ She | *threw* ‖ him | ***out of the house.***
　　그녀는 | 내팽개쳤어 ‖ 그를 | 집밖으로.
② She | *threw* ‖ him.　　　그녀는 | 내팽개쳤어 ‖ 그를.
① He | was ***out of the house.***　그는 | 집에서 나와 있었어.

● 유형별 예문

⑤ They | *really pissed* ‖ me | ***off about*** something.
　　그들은 | 정말로 화나게 했다 ‖ 나를 | 무언가에 대해.
⑤ You stuck to your guns and | *kept* ‖ me | ***on about*** this.
　　너는 네 총에 집착하고  계속 이것에 대해 날 다그쳤다.
⑤ Stop [| *working* ‖ yourself | ***up about*** something so unimportant]. 그렇게 대수롭지 않은 일에 흥분 좀 하지 마.
⑤ You | *put* ‖ them | ***up against*** the team <with the best record>.
　　너는 | 했다 ‖ 그들을 | <가장 좋은 기록을 가진> 팀과 대전하게.
⑤ The teachers | *soon marked* ‖ me | ***down as*** a troublemaker.
　　교사들은 | 기록해 두었다 ‖ 곧 나를 | 말썽꾸러기로
⑤ They | *brought* ‖ him | ***back at*** home.
　　그들은 | 데려왔다 ‖ 그를 | 다시 집으로.
⑤ I | *then took* ‖ him | ***up behind*** me.
　　나는 | 그때 데려갔다 ‖ 그를 | 내 뒤로 위로.
⑤ He | *let* ‖ her | ***in for*** trouble.
　　그는 | 했다 ‖ 그녀에게 | 어려움을 겪게. ＊ 폐를 끼치다
⑤ They | *put* ‖ him | ***in for*** the chair.
　　그들은 그를 의장으로 선출했다.

⑤ I | *'ll take* ‖ her | ***out for* dinner.**
　나는 그녀를 데리고 나가서 저녁 먹으려해.
⑤ I | *would like to bring* ‖ Kelly | ***up for* vice president.**
　나는 켈리를 부회장 후보로 내세우고 싶어.
⑤ They'll | *take* ‖ you | ***away from* me.**
　그들은 | 갈 것이다 ‖ 너를 | 내게서 빼앗아.
⑤ His wife was grateful [ | *to have* ‖ him | ***back from* the war**].
　그의 아내는 [그를 전쟁에서 귀환하게 되어] 감사했다.
⑤ The company | *separated* ‖ our department | ***off from* the rest.**
　회사는 우리 부서를 나머지 부서와 분리시켰다.
⑤ She | *put* ‖ it(=the shadow) | ***away in* a drawer.**
　그녀는 | 넣었다 ‖ 그것(피터 그림자)을 | 서랍 속에 치워.
⑤ | *Put* ‖ the toy | ***back in* its box.**
　| 넣어라 ‖ 그 장난감을 | 상자에 다시 집어.
⑤ Sir Bedivere | *took* ‖ the king | ***down in* the ship.**
　베디비어경은 | 놓았다 ‖ 왕을 | 배 안에 내려.
⑤ I | *will send* ‖ my messenger | ***ahead of* you.**
　내가 | 보낼 것이다 ‖ 내 사자를 | 네 앞서.(Mk1:2)
⑤ | *Get* ‖ your hands | ***off of* me.**
　| 하라 ‖ 네 손을 | 내게서 떨어지게.
⑤ They | *left* ‖ him | ***out of* the club.**
　그들은 | 두었어 ‖ 그를 | 클럽밖에.
⑤ The publisher | *declared* ‖ the book | ***out of* print.**
　편집자는 | 선언했다 ‖ 그 책이 | 절판이라고.
⑤ Harry | *set* ‖ her | ***back on* her feet.**
　해리는 그녀를 제발로 다시 서게 했다.
⑤ He | *laid* ‖ him | ***down on* the ground.**
　그는 | 눕혔다 ‖ 그를 | 땅 표면에 내려.
⑤ Can you | *fill* ‖ me | ***in on* this**?
　너는 | 알려주겠니 ‖ 내게 | 이것에 관해 자세히.
⑤ | *Don't take* ‖ your anger | ***out on* me.**
　| 마라 ‖ 네 화를 | 내게 분출하지.

⑤ He | *put* ‖ his feet | **up on the coffee table**.
그는 | 놓았다 ‖ 발을 | 커피 테이블 위에 올려.
⑤ I | *sent* ‖ him(the horse) | **back to his master**.
나는 | 보냈어 ‖ 그 말을 | 주인에게 돌려.
⑤ They | *sent* ‖ Saul | **off to Tarsus**.
그들은 | 보냈어 ‖ 사울을 | 다소로.(Ac9:30)
⑤ I'll visit her and | *put* ‖ her | **onto the job**.
나는 그녀를 방문하여 그녀를 그 일에 종사하도록 하겠다.
⑤ I | *'ll leave* ‖ it | **up to you**.
난 | 맡기겠다 ‖ 그걸 | 당신에게. *알아서 해라.
⑤ | *Chain* ‖ him | **down upon the bars**.
| 사슬로 묶어라 ‖ 그를 | 막대기들 위에 내려.
⑤ I agree [Warren | *shouldn't be messing* ‖ him | **about with a Skelton rematch**]. 나는 동의해 [워렌이 스켈톤 재시합으로 그를 괴롭히지 않아야 한다고].
⑤ | *Please take* ‖ me | **along with you**.
| 데려가 줘요 ‖ 나를 | 당신과 함께.
⑤ She | *sent* ‖ him | **away with me**.
그녀는 | 보냈다 ‖ 그를 | 나를 딸려.
⑤ They | *did* | the regulations | **away with** ∩.
그들은 | 했다 ‖ 그 규정들을 | 없어지게. *∩=regulations
⑤ He | *helped* ‖ her | **down with a heavy box**.
그는 | 도왔다 ‖ 그녀를 | 무거운 상자를 내려놓는 것을.
⑤ (It) | *Gets* ‖ him | **in with the right people**.
(그건) | 한다 ‖ 그를 | 필요로 하는 사람과 친하게.
⑤ He | *helped* ‖ me | **off with my coat**.
그는 | 도와주었다 ‖ 내가 | 코트 벗는 것을.
⑤ | *Let* ‖ him | **on with me!** | 해요 ‖ 그를 | 나와 함께 계속하게.
⑤ The captain | *helped* ‖ him | **on with his coat**.
그 (해군)대령은 | 도왔다 ‖ 그를 | 그의 코트를 입게.
⑤ She | *helped* ‖ him | **through with his work**.
그녀는 | 도왔다 ‖ 그를 | 그의 일을 끝내게.

## 「⑤ NP「P'(cpr~)N'

NP「P' N'」를 NPN' P' 로 바꿀 수 있는 경우이다.
NPN' P' (cpr~)의 예외적인 경우로서 NP「P' (cpr~)N' 으로 표시하기로 한다.

### ● 유형별 예문

「⑤ He | brought 「*up against them* || the king of Babylonians,...
　　하나님이 갈대아 왕의 손에 저희를 다 붙이시매 (2ch 36:17)
「⑤ The besieged | poured 「*down upon their unsheltered foes* ||
　　a shower of arrows and stones and boiling pitch and oil.
　　수성군은 | 부었다 「방호되지 않은 적들 위에 내려 || 화살과 돌의
　　비와, 끓는 역청과 기름을.
「⑤ I | was carried 「*about with me* || my eternal hell.
　　나는 | 지워져 있었다 「내게 || 영원한 지옥이.
「⑤ I | will bring 「*along* || the tools *with me*.
　　내가 | 가져올 게 「함께 || 도구들.
「⑤ Bill | loaded 「*down* || his wife | *with all the shopping*.
　　빌은 아내에게 쇼핑한 물건을 전부 들게 했다.


## ⑦ NPP' P"(cpr~)

- He || ' ll get | thrown | **out of the court.**

다음은 ⑦형 NPP' P"(cpr~)이다. P"는 복합전명구이다. 세 문장으로 나눠진다.
즉 NPP' P"=>NP+NP' +NP"의 관계에 있다.

⑦ He | ' ll get | thrown | **out of the court.**
　그는 | 버릴 거야 | 내팽개쳐 | 법정 밖으로.
① He | ' ll get.　　　　　　　그는 | 될 거야.

① He | 'll be thrown.              그는 | 내팽개쳐질 거야.
① He | 'll be **out of the court**.   그는 | 법정밖에 있게 될 거야.

● 유형별 예문

⑦ We | 've got | close | **in on** it.
  우리는 | 한다 | 가까이 | 그것에 접근해야.
⑦ They | keep | going | **on about** [how it's the time to think about their future]. 그들은 | 계속하여 | 말하고 있었다 | [그들의 장래에 대해 생각해야 할 때라고].
⑦ She | gets | too worked | **up about** work.
  그녀는 | 있다 | 너무 열중해(흥분해) | 공부에 대해.
⑦ The tower | was seen | standing | **up against the sky**.
  그 탑이 | 보였다 | 서 있는 것이 | 하늘을 배경으로 우뚝 솟아.
⑦ Hermione | came | running | **up behind** them.
  허미온은 | 왔다 | 달려 | 그들의 뒤에 바짝.
⑦ The opposition candidate | came | **out** | **ahead of** the incumbent president in the presidential election.
  야당후보가 | 되었다 | 나게 | 앞서 | 대선에서 현직 대통령을.
⑦ He | 'll get | thrown | **out of the court**.
  그는 | 버릴 거야 | 내팽개쳐 | 법정 밖으로.
⑦ I | swam | as a dog | **back to the mainland**.
  나는 | 수영하여 | 개의 모습으로 | 본토에 돌아왔다.
⑦ I | just got | wised | **up to** something funny last few days.
  나는 | 되었다 | 알아차리게 | 지난 며칠 이상한 것을.
⑦ Horses | came | trotting | **along with them**.
  말들이 | 왔다 | 달려 | 그들을 따라.
⑦ The Mistress told me [ | not to stay | fooling | **around with** anyone]. 마님은 내가 [누구와도 어울려 빈둥거리지 말라고] 말했다.

# 동 사

## ① NP(v)

- The door | was **shut**.
- I | was **waiting**.
- He | was **to wait**.
- (You) | **go**.

다음은 ①형 NP(v)이다. P는 '(be)+비정형동사이다.

① The door | was **shut**.            문이 | 닫혔어.
① I | was **waiting**.                나는 | 기다리고 있었어.
① He | was **to wait**.               그는 | 기다리게 되어있었어.
① (You) | **go**.                     (너) | 가라.

● 유형별 예문
(P': ~ed)
① The house | was **deserted**.       그 집은 | 황폐했어.
① The door | was **pushed**.          문이 | 밀어졌어.
① He | was **taken**.                 그가 | 취해졌어.
① His jacket | was **taken**.         그의 상의가 | 잡혀졌어.
① He | was **tired**.                 그는 | 지쳤어.
(P': ~ing)
① They | were **running**.            그들은 | 달리고 있었어.
① The engine | was **running**.       엔진은 | 작동하고 있었어.
① We | were **shopping**.             우리는 | 물건 사고 있었어.
① Everyone | was **talking**.         모두가 | 이야기하고 있었어.
① I | was **thinking**.               나는 | 생각하고 있었어.

(P': to~)
① He | was **to go**.　　　　　　그는 | 가려/가야했어.
① He | is **to succeed**.　　　　 그는 | 성공하게 되어있어.
① I  | am **to blame**.(=to be blamed)　내가 | 잘못이야.
(P': ~ 정형 포함)
① | *Don't ask*, you | *don't get*.　구하지 않으면, 얻지 못해.
① He | *came*.　　　그는 | 왔어.
① He | *stood*.　　　그는 | 서있었어.
① He | *left*.　　　그는 | 떠났어.
① He | *returned*.　그는 | 돌아왔어.

## ③ NPP'(v)

- The door | remained | **shut**.
- I | stood | **waiting**.
- He | stopped | **to wait**.
- (You) | go | **get**.

다음은 ③형 NPP'(v)이다. P 자동사, P' 비정형동사이다. 다음 두 문장으로 나눠진다. 즉 NPP' ⇨ NP+NP' 의 관계에 있다.

③ The door | *remained* | **shut**.　문이 | 그대로였어 | 닫힌 채.
① The door | *remained*.　　　　　문이 | 그대로였어.
① The door | *was* **shut**.　　　　문이 | 닫혔어.

③ I | *stood* | **waiting**.　　나는 | 서 있었어 | 기다리면서.
① I | *stood*.　　　　　　　　나는 | 서 있었어.
① I | *was* **waiting**.　　　　나는 | 기다리고 있었어.

③ He | *stopped* | **to wait**.　그는 | 정지했어 | 기다리려.

① He | stopped.　　　　　　그는 | 정지했어.
① He | was to wait.　　　　그는 | 기다리려 했어.

③ | Go | get.　　　　　　가서 | 잡아라.
① | Go.　　　　　　　　　| 가라.
① | Get.　　　　　　　　　| 잡아라.

● 유형별 예문
(P': ~ed)
③ | Get | lost (= out of my face).　사라져라.
③ The door | got | pushed.　문이 | 되었어 | 밀리게.
③ He | got | taken.
　　그는 | 되었어 | 취해지게.(잡혀졌다)
③ He | looks | tired.　　그는 | 보여 | 피로해.
(P': ~ing)
③ We | went | shopping.　우리는 | 갔어 | 물건 사러.
③ They | came | running.　그들은 | 왔어 | 달려.
③ The engine | kept | running.
　　엔진은 | 계속하여 | 작동하고 있었다.
③ Everyone | got | talking.　모두가 | 되었어 | 이야기하게.
③ I | got | thinking.　　　나는 | 되었어 | 생각하게.
(P': to~)
③ I | feel | to blame.　　나는 | 느껴 | 잘못했다고.
③ He | had | to go.　　　그는 | 했어 | 가야.
③ I | promised | to come.　나는 | 약속했어 | 오기로.
(P': ~)
③ I | 'll come | visit soon.　내가 | 올게 | 곧 방문하러.

- The door | was kept | **shut**.

- I | (was) kept | **waiting**.

- He | *was told* | ***to wait***.
- You | *are let* | ***(to) go***.

다음은 ③형 NPP' 이다. P는 수동형, P'는 비정형동사이다. 다음 두 문장으로 나뉘진다. 즉 NPP' ⇨ NP+NP'의 관계에 있다.

③ The door | *was kept* | ***shut***.   문이 | 유지되었어 | 닫힌 채.
① The door | *was kept*.              문이 | 유지되었어.
① The door | *was **shut***.           문이 | 닫혔어.

③ I | *(was) kept* | ***waiting***.   나는 | 계속 했어 | 기다리기.
① I | *(was) kept*.                 나는 | 계속 했어.
① I | *was **waiting***.             나는 | 기다리고 있었어.

③ He | *was told* | ***to wait***.   그는 | 말해졌어 | 기다리라고.
① He | *was told*.                 그는 | 말해졌어.
① He | *was to **wait***.            그는 | 기다리게 되어있어.

③ You | *are let* | ***(to) go***.   너는 | 허용돼 | 가도록.
① You | *are let*.                 너는 | 허용돼.
① (You) | ***go***.                 (너) | 가라.

● **유형별 예문**

(P' : ~ed)
③ The house | *was left* | ***deserted***.
  그 집은 | 버려졌어 | 황폐한 채.
③ One brief case | *was slammed* | ***shut***.
  한 서류함이 | 털썩 | 닫혔어.

(P' : ~ing)
③ One person | *was left* | ***standing***.
  한 사람이 | 남겨졌어 | 서 있게.

③ They | were seen | **smiling**.  그들은 | 보였어 | 웃고 있는 것이.
③ The engine | was left | **running**.
  엔진은 | 두어졌다 | 작동하도록.
(P': to~)
③ Man | is doomed | **to die**.  사람은 | 운명 지워 있어 | 죽게.
③ I | am inclined | **to go**.  나는 | 생각이 있어 | 갈.
③ He | was made | **to go**.  그는 | 되었어 | 가게.
(P': ~)
③ I | was never let | **(to) go**.
  나는 | 허용되지 않았어 | 가도록

- She | *is out* | **shopping**.

다음은 ③형 NPP' 이다. P는 'be+술어', P' 는 비정형동사이다. 다음 두 문장으로 나눠진다. 즉 NPP' ⇨ NP+NP' 의 관계에 있다.

③ She | *is out* | **shopping**.  그녀는 | 밖에서 | 쇼핑하고 있어.
① She | *is out*.  그녀는 | 밖에 있어(외출해 있어).
① She | is **shopping**.  그녀는 | 쇼핑하고 있다.

● 유형별 예문
(P': ing)
③ She | is busy | **shopping**.  그녀는 | 바빠 | 쇼핑하면서.
③ He | was *out* | **hunting**.  그는 | 외출하여 | 사냥하고 있어.
③ You | should be home | **resting**. 너는 | 집에서 | 쉬어야 해.
(P': to~)
③ They | were free | **to go**.  그들은 | 자유였어 | 가는 것이.
③ I | am anxious | **to go**.  나는 | 갈망해 | 가기를.
③ He | is likely | **to do** well.  그는 | 같아 보여 | 잘 할 것.
③ He | is sure | **to succeed**.  그는 | 확실해 | 성공할 것이.
③ He | was *in* no hurry | **to leave**. 그는 | 급하지 않았어 | 떠남이.

## ⑤ NPN' P' (v)

- He | *kept* ‖ the door | ***shut***.
- He | *kept* ‖ me | ***waiting***.
- I | *told* ‖ him | ***to wait***.
- I | *let* ‖ you | ***go***.

다음은 ⑤형 NPN' P' (v)이다. P는 타동사, P' 는 비정형동사이다. 다음 두 문장으로 나눠진다. 즉 NPN' P' ⇨ NPN' +N' P' 의 관계에 있다.

⑤ He | *kept* ‖ the door | ***shut***.   그는 | 유지했어 ‖ 문이 | 닫히게.
② He | *kept* ‖ the door.   그는 | 유지했어 ‖ 문을.
① The door | *was **shut***.   문이 | 닫혔어.

⑤ He | *kept* ‖ me | ***waiting***.   그는 | 계속 했어 ‖ 나를 | 기다리게.
② He | *kept* ‖ me.   그는 | 지켰어 ‖ 나를.
① I | *was **waiting***.   나는 | 기다리고 있었어.

⑤ I | *told* ‖ him | ***to wait***.   나는 | 말했어 ‖ 그를 | 기다리라고.
② I | *told* ‖ him.   나는 | 말했어 ‖ 그에게.
① He | *was **to wait***.   그는 | 기다리게 되어 있어.

⑤ I | *let* ‖ you | ***go***.   나는 | 허락해 ‖ 너를 | 가게.
② I | *let* ‖ you.   나는 | 허락해 ‖ 너를.
① (You) | ***go***.   너 | 가라.

● 유형별 예문

(P' : ~ed)
⑤ I | *felt* ‖ myself | ***watched*** all the while.
   나는 | 느꼈어 ‖ 자신이 | 감시당함을 줄곧.
⑤ I | *heard* ‖ my name | ***called***.   나는 | 들었어 ‖ 이름이 | 불림을.

⑤ I | had ‖ my hair | *cut*.　　　나는 머리를 깎았어.
⑤ | *Keep* ‖ your fingers | *crossed*.　행운을 빌어줘요.
⑤ She | *left* ‖ the house | *deserted*.
　그녀는 | 버려두었어 ‖ 그 집을 | 황폐한 채로.
(P': ~ing)
⑤ She | *saw* ‖ us | *fighting*.
　그녀는 | 봤어 ‖ 우리 | 싸우는 것.
⑤ She | *took* ‖ them | *shopping*.
　그녀는 | 데려갔어 ‖ 그들을 | 쇼핑하게.
⑤ She | *left* ‖ the engine | *running*.
　그녀는 | 두었어 ‖ 엔진을 | 작동하도록.
⑤ He | *got* ‖ everyone | *talking*.
　그는 | 했어 ‖ 모두가 | 이야기하게.
⑤ It | *got* ‖ me | *thinking*.
　그것(일)이 | 했어 ‖ 나를 | 생각하게.
(P': to~)
⑤ He | *left* ‖ her | *to die*.　　그는 | 놔두었어 ‖ 그녀가 | 죽게.
⑤ We | *expected* ‖ him | *to come*. 우리는 | 기대해 ‖ 그가 | 오기를.
⑤ He | *advised* ‖ me | *to study*.　그는 | 충고했어 ‖ 나를 | 공부하게.
⑤ You | *'ll only have* ‖ yourself | *to blame*.
　넌 | 전적으로 해야 할 거야 ‖ 네 자신이 | 책임지게.
⑤ She | *encouraged* ‖ him | *to write/try* again.
　그녀는 | 격려했어 ‖ 그를 | 편지 쓰도록/다시 해보도록.
⑤ *Do* you | *want* ‖ me | *to stay*? 너 | 바라니 ‖ 나 | 머무르는 것?
(P': ~)
⑤ I | *bade* ‖ him | *go*.　　　나는 | 일렀어 ‖ 그에게 | 가라고.
⑤ We | *felt* ‖ the house | *shake*.　우린 | 느꼈어 ‖ 집이 | 흔들림을.
⑤ She | *heard* ‖ the door | *open*. 그녀는 | 들었어 ‖ 문이 | 열림을.
⑤ | *Let* ‖ my people | *go*.　　| 해라 ‖ 내 백성을 | 가게.
⑤ I | *'ll let* ‖ you | *know*.　　내가 | 줄게 ‖ 네게 | 알려.
⑤ She | *listen* ‖ to him | *speak*. 그녀는 | 들었어 ‖ 그가 | 말하는 것.
⑤ I | *made* ‖ him | *fall*.　　　내가 | 했어 ‖ 그를 | 넘어지게.

⑤ No one | saw ‖ him | *go*.　　내가 | 했어 ‖ 그를 | 넘어지게.
⑤ I | *saw* ‖ it | *happen*.　　난 | 봤어 ‖ 그것이 | 일어난 것을.
⑤ He | helped ‖ him | *(to) rule well*.
　　그는 | 도왔어 ‖ 그가 | 잘 다스리게.

## 「⑤ NP「P'(v)N'

NP「P' N' 를 NPN' P' 로 바꿀 수 있는 경우이다.
NPN' P'(v)의 예외적인 경우로서 NP「P'(v)N' 으로 표시하기로 한다.

- He | pushed 「shut ‖ the door.
- I | let 「go ‖ of you.

「⑤ He | *pushed* 「*shut* ‖ the door.　　그는 | 밀었어 「닫아 ‖ 문을.
⑤ He | *pushed* ‖ the door | *shut*.　　그는 | 밀었어 ‖ 문을 | 닫아.
② He | *pushed* ‖ the door.　　　　　　그는 | 밀었어 ‖ 문을.
① The door | *was shut*.　　　　　　　문이 | 닫혀 있었어.

「⑤ I | *let* 「*go* ‖ of you.　　나는 | 허락해 「가게 ‖ 너를.
⑤ I | *let* ‖ you | *go*.　　　나는 | 허락해 ‖ 너를 | 가게.
② I | *let* ‖ you.　　　　　　나는 | 허락해 ‖ 너를.
① | *Go*.　　　　　　　　　　 | 가라.

● 유형별 예문

(N' : 명사)

「⑤ He | *helped* 「*open* ‖ the door.　　그는 | 도왔어 「열리게 ‖ 문이.
「⑤ He | *let* 「*fall* ‖ his mace.　　　　그는 | 했어 「떨어지게 ‖ 철퇴가.
「⑤ He | *let* 「*slip* ‖ the secret.　　　그는 | 했어 「누설되게 ‖ 비밀이.
「⑤ You | *must make* 「*known* ‖ your views.
　　너는 | 해야 해 「알려지게 ‖ 네 견해가.

(N':전치사)
「⑤ She | let 「go ‖ of me.       그녀는 | 해주었어 「가게 ‖ 나를.
「⑤ He | let 「go ‖ (of) my hand.  그는 | 놓았어 「가게 ‖ 내 손을.
「⑤ | Don't let 「go ‖ of it.      | 마라 「가게(놓지) ‖ 그것을.

## 「⑤' NPN' 「P' (v)

- They | left ‖ the hospital 「completely **cured**.
- I | promised ‖ him 「**to come**.

다음은 「⑤' 형 NPN' 「P' (v)이다. P는 정형동사, P'는 비정형동사이다. 다음 두 문장으로 나눠진다. 여기서 P'는 N을 서술한다. 「 표시는 이를 나타낸다. 즉 NPN' 「P' ⇨ NPN' +NP' 의 관계에 있다.

「⑤' They | left ‖ the hospital 「completely **cured**.
       그들은 | 떠났어 ‖ 병원을 「완치되어.
② They | left ‖ the hospital.   그들은 | 떠났다 ‖ 병원을.
① They | was completely **cured**.  그들은 | 완치되었어.

「⑤' I | promised ‖ him 「**to come**.  나는 | 약속했어 ‖ 그에게 「온다고.
② I | promised ‖ him.           나는 | 약속했어 ‖ 그에게
① I | was **to come**.          나는 | 오려고 했어.

● 유형별 예문

「⑤' He | went ‖ to the church 「**to pray**.
     그는 | 갔다 ‖ 그 교회에 「기도하러.

## ⑦ NPP' P"(v)

- This man | stands | *before you* | ***healed***.
- She | *stood* | *there* | ***laughing***.
- He | *made* | *ready* | ***to fight***.

다음은 ⑦형 NPP' P"(v)이다. P"는 비정형동사이다. 다음 세 문장으로 나눠진다. 즉 NPP' P" ⇨ NP+NP' +NP"의 관계에 있다.

⑦ This man | *stands* | *before you* | ***healed***.
　이 사람이 | 서 있어 | 너희 앞에 | 치료되어.
① This man | *stands*.　　　　　이 사람이 | 서 있어.
① This man | *is before you*.　　이 사람이 | 너희 앞에 있어.
① This man | *is **healed***.　　　이 사람이 | 치료되어 있어.

⑦ She | *stood* | *there* | ***laughing***.
　그녀는 | 서있었어 | 거기에 | 웃으면서.
① She | *stood*.　　　　　그녀는 | 서있었어.
① She | *was there*.　　　그녀는 | 거기에 있었어.
① She | *was **laughing***.　그녀는 | 웃고 있었어.

⑦ He | *made* | *ready* | ***to fight***.　그는 | 했어 | 준비 | 싸우려고.
① He | *made*.　　　　　그는 | 했어.
① He | *was ready*.　　　그는 | 준비되었어.
① He | *was **to fight***.　그는 | 싸우려고 했어.

● 유형별 예문

(P": ~ed)
⑦ He | *passed* | *out* | ***drunk***.　그는 | 버렸어 | 의식잃어 | 술취해.
⑦ She | *came* | *home* | ***elated***.　그녀는 | 왔어 | 집에 | 기뻐하며.

⑦ He | *was carried* | *home* | **drunk**.
　그는 | 옮겨졌어 | 집에 | 술에 취해.
⑦ The whole crowd | *was on its feet,* | *watching,* | **terrified**.
　모든 군중들은 | 일어서 있었어 | 바라보면서 | 겁에 질려.
⑦ The details | *are better* | *left* | **unsaid**.
　상세한 것은 | 좋겠어 | 두는 것이 | 말하지 않고
(P": ~ing)
⑦ I | *was caught* | *red-handed* | **cheating** ( | *on the test*).
　나는 | 잡혔어 | 현장에서 | 커닝 중 ( | 시험 중).
⑦ The delegates | *was dragged* | *away* | **kicking and screaming**.
　국회의원들은 | 끌려서 | 떨어졌어 | 발로 차고 비명을 지르면서.
⑦ He | *went* | *out* | **hunting/shopping/swimming**.
　그는 | 갔어 | 나 | 사냥/쇼핑/수영하러.
⑦ He | *got* | *up* | **trembling**.
　그는 | 되었어 | 일어나게 | 떨면서.
⑦ He | *sat* | *at the desk* | **working**.
　그는 | 앉아 있었어 | 책상에 | 일하면서.
(P": to~)
⑦ He | *worked* | *hard* | *only* **to fail**.
　그는 | 일했으나 | 열심히 | 실패했어.
⑦ The linguist | *stood* | *by* | **to translate**.
　통역사가 | 서 있었어 | 옆에 | 통역하려고.
⑦ I | *am going* | *out* | **to fish**.
　나는 | 가려해 | 밖에 | 고기 잡으러.
⑦ He | *went* | *there* | **to drink**.
　그는 | 갔어 | 거기에 | (술) 마시려.

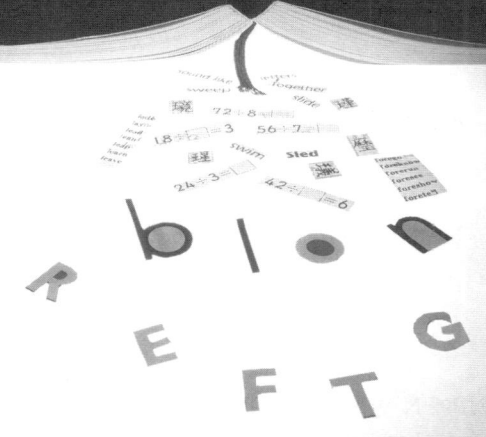

# 단문 짝수형

명사 ············································ 92

전치사구 ····································· 100

복합전치사구 ······························· 109

동사 ············································ 113

# 명 사

## ② NPN'

NPN' 은 기본형 NP에 N' 이 단순 추가된 것이다.
필수 N' 을 목적어, 임의 N' 를 부사어라고 부른다.

- She | *gave* ‖ **a doll**.
- He | *went* ‖ **that way**.

다음은 ② NPN' (n)이다. P는 동사, N' 는 명사이다.
다음과 같이 나눠진다. 즉 NPN' ⇨ NP+N' 의 관계에 있다.

② My aunt | *gave* ‖ **a doll**.  내 숙모는 | 주었어 ‖ 한 인형을.
① My aunt | *gave*.+ **a doll**  내 숙모는 | 주었어. + 한 인형

② He | *went* ‖ **that way**.  그는 | 갔다 ‖ 그 길로.
① He | *went*.+ **that way**  그는 | 갔다.+ 그 길

● 유형별 예문
(사람/호칭)
② This dress | *becomes* ‖ **you**.  이 옷은 | 어울려 ‖ 네게.
② We | *called* ‖ **him**.  우리는 | 불렀어/전화했어 ‖ 그를.
② I | *owe* ‖ **you**.  내가 | 신세졌어 ‖ 네게.
② She | *paid* ‖ **him**.  그녀는 | 지불했어 ‖ 그에게.
② I | '*m telling* ‖ **you**.  나는 | 말해 ‖ 네게. *정말이다
② I | '*ll write* ‖ (**to**) **you**.  나 | 편지할게 ‖ 네게.*to:BrE
(물건/부속물/형상)
② She | *left* ‖ **some food**.  그녀는 | 남겼어 ‖ 약간의 음식을.
② He | *will pay* ‖ **the money**.  그가 | 지불할 거야 ‖ 그 돈을.
② I | '*ll write* ‖ **a letter**.  나 | 쓸게 ‖ 편지를.

(관념/현상/활동)
② Can I | ask ‖ **some questions**? 나 | 해도 되니 ‖ 몇 가지 질문?
② He | *has changed* ‖ **a lot**. 그는 | (사람이) 변했다 ‖ 많이.
② The book | *cost* ‖ **$10.00**. 그 책은 | 비용이 들어 ‖ 10달러.
② I | *felt* ‖ **an earthquake** last night.
  나는 | 느꼈어 ‖ 지진을 지난 밤.
② I | *gave* ‖ **a 110%** 나는 | 쏟았어 ‖ 110%.
② He | *nodded* ‖ **(in) agreement**. 그는 | 끄덕였어 ‖ 동의표시로.
② The door | *opened* ‖ **halfway**. 문이 | 열렸어 ‖ 반쯤.
② I | *didn't sleep* ‖ **a wink** last night.
  나는 | 붙이지 못했어 ‖ 눈 한번 지난 밤.
② He | *talks* ‖ **a great game**. 그는 | 말만 그럴 듯 해
② We | *walked* ‖ **five miles**. 우리는 | 걸었어 ‖ 5마일을.
② This box | *weighs* ‖ **five kilos**. 이 상자는 | 무게가 나가 ‖ 5킬로.

(장소/위치/정착물)
② He | *climbed* ‖ **the mountain**. 그는 | 올랐어 ‖ 그 산을.
② We | *'re getting* ‖ **nowhere**. 우리는 | 없어 ‖ 아무 요점도.
② The ride | *was even more intimidating* ‖ **this close**.
  그 놀이기구는 | 더욱 위협적이었어 ‖ 이렇게 가까이에서는.
② | *Look* ‖ **here**! | 봐라 ‖ 여기를.
② The ship | *made* ‖ **port**. 그 배는 | 갔어 ‖ 항구로.
② I | *walked* ‖ **a long distance** today.
  나는 | 걸었어 ‖ 긴 거리를 오늘.
② He | *walked* ‖ **the floors/halls**. 그는 | 걸었다 ‖ 마루/홀을.

(way)
② Has anyone | *come* ‖ **this way**? 누가 | 왔었니 ‖ 이 길로.
② You | *'ve come* ‖ **a long way**. 넌 | 왔어 ‖ 먼 길을.
② Are you | *going* ‖ **my way**? 너 | 가니 ‖ 내 방향으로?
② He | *was now looking* ‖ **their way**.
  그는 | 지금 보고 있었어 ‖ 그들 쪽을.

(시간)
② | *Act* ‖ **your age**.　　　　| 해라 ‖ 나이 값을.
② They | *have lost* ‖ **the day**.　그들은 | 패했어 ‖ 그 날.


- I | *was given* ‖ **a doll**.
- A doll | *was given* ‖ **me**.
- She | *was treated* ‖ **that way**.

다음은 ② NPN'(n)이다. P는 수동형, N'는 명사이다.
다음과 같이 나눠진다. 즉 NPN' ⇨ NP+N'의 관계에 있다.

② I | *was given* ‖ **a doll**.　　나는 | 주어졌어 ‖ 한 인형이.
① I | *was given*. + **a doll**　　나는 | 주어졌어. + 한 인형

② A doll | *was given*. ‖ **me**.　한 인형이 | 주어졌어 ‖ 내게.
① A doll | *was given*. + **me**　한 인형이 | 주어졌어. + 내게

② She | *was treated* ‖ **that way**.　그녀는 | 취급되었어 ‖ 그런 식으로.
① She | *was treated*. + **that way**　그녀는 | 취급되었어. + 그런 식

● 유형별 예문
(사람/호칭)
② Wisdom and knowledge | *will be given* ‖ **you**.
　지혜와 지식이 | 주어질 것이다 ‖ 네게.
② His crime | *was forgiven* ‖ **him** (for his minority).
　그의 죄가 | 용서받았어 ‖ 그에게 (미성년자라는 이유로).
(물건/부속물)
② He | *has been sent* ‖ **a book**.　그에게 | 보내졌어 ‖ 책이.
② He | *was served* ‖ **coffee** {and} | *offered* ‖ **a pastry**.
　그는 | 대접받았어 ‖ 커피를 {그리고} | 권유받았어 ‖ 빵과자를.

(관념/현상/활동)
② He | *was given* ‖ **antibiotics treatment**.
   그는 | 주어졌어 ‖ 항생제 치료가.
② He | *had been denied* ‖ **a normal life**.
   그는 | 거부되었어 ‖ 정상적 삶이.
(장소/위치)
② She | *has been offered* ‖ **this position**.
   그녀는 | 제의되었어 ‖ 이 지위가.


- He | *was lucky* ‖ **that way**.


다음은 ②형 NPN'(n)이다. P: be+형용사, N' : 명사구이다.
다음과 같이 나눠진다. 즉 NPN' ⇨ NP+N' 의 관계에 있다.

② He | *was lucky* ‖ **that way**.    그는 | 운이 좋았다 ‖ 그런 식으로.
① He | *was lucky*. + **that way**    그는 | 운이 좋았다.+ 그런 식

● 유형별 예문
② You | *are wonderful* ‖ **just the way** <you are>.
   너는 | 멋져 ‖ <너의 지금> 바로 그대로가.
② He | *'s somebody/nobody* ‖ **here**.
   그는 | 대단한/별 볼일 없는 자야 ‖ 여기서.
② You | *'re in danger* ‖ **here**.    너는 | 위험해 ‖ 여기서.
② We | *'re with you* ‖ **all that way**.
   우리는 | 너를 지지해 ‖ 전폭적으로.

## ④ NPN′N″

NPN′N″은 NPN′에 N″이 단순 추가된 것이다. 필수적 N′을 간접목적어, N″를 직접목적어라고 부른다. 임의적 N′, N″는 부사어라고 부른다.

> - She | *gave* ‖ me ‖ **a doll**.

다음은 ④ NPN′N″이다. P는 동사, N′는 명사이다.
다음과 같이 나눠진다. 즉 NPN′N″ ⇨ NPN″+N′의 관계에 있다.

④ My aunt | *gave* ‖ **me** ‖ **a doll**.
　네 숙모가 | 주었어 ‖ 내게 ‖ 한 인형을.
② My aunt | *gave* ‖ **me**. + **a doll**
　내 숙모는 | 주었어 ‖ 내게. + 한 인형

● 유형별 예문

**(물건/부속물)**

④ He | *showed* ‖ me ‖ **a photo.**
　그는 | 보여줬어 ‖ 내게 ‖ 사진을.
cf④ He | *showed* ‖ **a photo** ‖ *to* me.
　그는 | 보여줬어 ‖ 사진을 ‖ 내게.
④ I | *bought* ‖ her ‖ **a hat.**
　나는 | 사줬어 ‖ 그녀에게 ‖ 모자를
cf⑤ I | *bought* ‖ **a hat** | *for her*.
　나는 | 사줬어 ‖ 모자를 | 그녀를 위해.
④ She | *left* ‖ him ‖ **some food.**
　그녀는 | 남겼어 ‖ 그에게 ‖ 약간의 음식을.
④ Can't you | *lend* ‖ me ‖ **some money**?
　너는 | 빌려주겠니 ‖ 내게 ‖ 돈 좀?
④ Can you | *pass* ‖ (to) me ‖ **the sugar**, please?
　설탕 좀 넘겨주시겠어요?
④ He | *presented* ‖ me ‖ **a nice gift.**

그는 | 선사했어 ‖ 내게 ‖ 멋진 선물을.
④ I | *sold* ‖ him ‖ **the painting**.
　나는 | 팔았어 ‖ 그에게 ‖ 그 그림을.
(기능/형상/무체물/에너지)
④ | *Please drop* ‖ me ‖ **a line**.　| 보내 줘 ‖ 내게 ‖ 편지 한 줄.
④ | *Pay* ‖ him ‖ **money**.　　　| 주어라 ‖ 그녀에게 ‖ 돈을.
④ He | *wrote* ‖ me ‖ **a letter**.　그는 | 썼어 ‖ 내게 ‖ 편지를.
(관념/현상/활동)
④ I | *asked* ‖ him ‖ **a question.**
　나는 | 물었어 ‖ 그에게 ‖ 질문을.
cf④ I | *asked* ‖ **a question** ‖ <u>of</u> him.
　나는 | 물었어 ‖ 질문을 ‖ 그에게.
④ He | *played* ‖ me ‖ **a mean trick.**
　그는 | 놀았아 ‖ 내게 ‖ 비열한 짓을.
cf⑤ He | *played* ‖ **a mean trick** ‖ <u>on</u> *me*.
　그는 | 놀았어 ‖ 비열한 짓을 ‖ 내게.
④ She | *sang* ‖ her baby ‖ **a song.**
　그녀는 | 불러주었어 ‖ 아기에게 ‖ 노래를.
cf④ She | *sang* ‖ **a song** ‖ <u>to</u> her baby.
　그녀는 | 불러주었어 ‖ 노래를 ‖ 아기에게.
cf⑤ She | *sang* ‖ **a song** | <u>for</u> *her baby*.
　그녀는 | 불러주었어 ‖ 노래를 | 아기를 위해.
④ He | *called* ‖ her ‖ **a bad name.**
　그는 | 불렀어 ‖ 그녀에게 ‖ 나쁜 이름을. * 욕설하다
④ I | *caused* ‖ you ‖ **more pain.**
　나는 | 초래했어 ‖ 네게 ‖ 더 고통을.
④ He | *denies* ‖ his son ‖ **nothing.**
　그는 | 거절하지 않아 ‖ 아들에게 ‖ 아무 것도.
④ You | *denied* ‖ me ‖ **a normal life.**
　그는 | 거부했어 ‖ 내게 ‖ 정상적 삶을.
④ It | *will do* ‖ you ‖ **no harm.**
　그것은 | 끼치지 않을 거야 ‖ 네게 ‖ 해를.

④ I | *'ve done* ‖ you ‖ **wrong**.　　난 | 했어 ‖ 네게 ‖ 잘못을.
④ *Can* I | *give* ‖ you ‖ **a ride**?　　나 | 태워줄까 ‖ 네게 ‖ 차를?
④ | *Please give* ‖ your wife ‖ **my regards**.
　　| 전해 주세요 ‖ 당신 부인께 ‖ 안부.
④ He | *granted* ‖ us ‖ **our request**.
　　그는 | 허락했어 ‖ 우리에게 ‖ 우리 요구를.
④ I | *can guarantee* ‖ you ‖ **a good price**.
　　나는 | 보증할 수 있어 ‖ 네게 ‖ 적당한 가격을.
④ He | *offered* ‖ me ‖ **his help**.　　그는 | 제의했어 ‖ 내게 ‖ 도움을.
④ I | *owe* ‖ you ‖ **a debt**.　　나는 | 있어 ‖ 네게 ‖ 빚진 게.
④ The gods | *sent* ‖ you ‖ **a blessing**.
　　신들이 | 보냈어 ‖ 네게 ‖ 축복을.
④ The teacher | *told* ‖ us ‖ **a detective story**.
　　그 교사는 | 해줬어 ‖ 우리에게 ‖ 탐정이야기를.
④ | *Please tell* ‖ me ‖ **your name**.
　　| 말해줘요 ‖ 내게 ‖ 당신 이름을.
④ She | *wrote* ‖ me ‖ **an account of her journey**.
　　그녀는 | 편지했어 ‖ 내게 ‖ 여행에 관한 이야기를.
④ We | *wish* ‖ you ‖ **a merry chrismas.**
　　우리는 | 원해 ‖ 내게 ‖ 즐거운 성탄을.

## ⑥ NPP' N'

NPP' N' 은 NPP' 에 N' 이 추가된 것이다.

- He | *seemed* | *lucky* ‖ **that way**.

다음은 ⑥ NPP' N' 이다. P는 동사, P' 는 형용사, N' 는 명사이다.
다음과 같이 나눠진다. 즉 NPP' N' ⇨ NPP' +N' 의 관계에 있다.

⑥ He | *seemed* | *lucky* ‖ **that way**.
　　그는 | 보였어 | 운이 좋아 ‖ 그런 식으로.

③ He | *seemed* | *lucky*. + **that way**
　그는 | 보였어 | 운이 좋아. + 그런 식

● 유형별 예문
(P': 형용사)
⑥ He | *made* | *good* ‖ **the loss**.
　그는 | 했다 | 보충되게 ‖ 손실을.
⑥ David | *made* | *good* ‖ **his escape**.
　다윗은 | 되었다 | 성공하게 ‖ 탈출에.
(P': 소사)
⑥ Uncle Vernon | *backed* | *away* ‖ **several pace**.
　버논 삼촌은 | 뒤로 섰다 | 물러 ‖ 몇 걸음.
⑥ Shall the shadow | *go* | *forward* ‖ **ten steps**?
　그림자가 | 가게 할까 | 앞으로 ‖ 열 걸음? (2Ki20:9)
⑥ The rope | *came* | *off* ‖ **itself**.
　밧줄은 | 왔어 | 풀어져 ‖ 저절로.
(P': 명사)
⑥ He | *came* | *home* ‖ **three hours ·after**.
　그는 | 왔어 | 집에 ‖ 세 시간 후에.
(P': 전치사구)
⑥ My birthday | *falls* | *on a Sunday* ‖ **this year**.
　내 생일은 | 해당된다 | 금년에는 ‖ 일요일에.
⑥ They | *were left* | *in doubt* ‖ barley **a second** <longer>.
　그들은 1초도 지나지 않아 의심을 품게 되었다.
(P': 동사)
⑥ Your faith in God | *has become* | *known* ‖ **everywhere**.
　너희의 하나님 안의 믿음이 | 되었어 | 알려지게 ‖ 각처에.
⑥ She | *got* | *offered* ‖ **a teaching position** at the University.
　그녀는 | 되었어 | 제의 받게 ‖ 그 대학에서 교수 자리를.
⑥ He | *makes* | *believe* ‖ **it**.　그는 | 했어 | 믿도록 ‖ 그것을.
　☞ 이경우는 makes 다음에 us를 보충하면 ⑤ [ ]형이 된다.

## 전치사구

### ② NPN' (pr~)

- He | took ‖ **to the park**.
- He | drank ‖ **from the stream**.

다음은 ② NPN' (pr~)이다. P는 자동사(vi), N'는 전치사구이다.
다음과 같이 나눠진다. 즉 NPN' ⇨ NP+N' 의 관계에 있다.

② He | took ‖ **to the park**.        그는 | 나아갔어 ‖ 공원에.
① He | took. + **to the park**         그는 | 나아갔어. + 공원에.

② He | drank ‖ **from the stream**.   그는 | 마셨어 ‖ 시내로부터.
① He | drank. + **from the stream**   그는 | 마셨어. + 시내로부터

● 유형별 예문

② He | told ‖ **about/of the war**.   그는 | 이야기했어 ‖ 전쟁에 관해.
② She | shoot ‖ **at him**.           그녀는 | 발사했어 ‖ 그에 근접하여.
② I | have to go ‖ **by the book**.   나는 | 가야(해야) 해 ‖ 법대로.
② He | asked/shouted ‖ **for quiet**.
   그는 | 요구했어/소리쳤어 ‖ 조용히 하라고.
② He | is drinking ‖ **from the glass**.
   그는 | 마시고 있어 ‖ 컵으로부터.
② He | looked ‖ **in my face**.       그는 | 보았어 ‖ 내 얼굴 안을(드려)
② He | stepped ‖ **into the water**.  그는 | 발을 디뎠어 ‖ 물 안으로.
② I | have hit ‖ **on a good idea**.
   나는 | 부딪혔어(우연히 떠올랐어) ‖ 좋은 생각에.
② He | is climbing ‖ **onto the roof**.   그는 | 올라가고 있어 ‖ 지붕 위로.
② He | climbed ‖ **over the wall**.   그는 | 넘었어 ‖ 벽 위를.
② He | left ‖ **through the back door**. 그는 | 떠났어 ‖ 뒷문을 통해.

② He | *went* ‖ **to the park**.　　그는 | 갔어 ‖ 공원에.
② He | *fought* ‖ **with** his sword.　그는 | 싸웠어 ‖ 그의 검으로.


- He | *was taken* ‖ **to the park**.

- Her baby | *was saved* ‖ **from the fire**.

다음은 ② NPN' (pr~)이다. P는 수동형, N'는 전치사구이다.
다음과 같이 나눠진다. 즉 NPN' ⇨ NP+N' 의 관계에 있다.

② The boy | *was taken* ‖ **to the park**.
　　그 소년은 | 데려 가졌어 ‖ 공원에.
① The boy | *was taken*. + **to the park**
　　그 소년은 | 데려 가졌어. + 공원에


② The baby | *was saved* ‖ **from the fire**.
　　그 아기는 | 구해졌어 ‖ 화재로부터.
① The baby | *was saved*. + **from the fire**
　　그 아기는 | 구해졌어. + 화재로부터

● 유형별 예문

② I | *was told* ‖ **about/of the war**.
　　나는 | 들었어 ‖ 전쟁에 대해/을.
② A ball | *was thrown* ‖ **at him**.
　　공 한 개가 | 던져졌어 ‖ 그에 근접(겨냥)하여.
② A person | *should not be judged* ‖ **by appearance**.
　　사람은 | 판단되어서는 안돼 ‖ 외모로.
② I | *was struck* ‖ **in the face**.
　　나는 | 맞았어 ‖ 얼굴에.
② It | *was thrown* ‖ **into the water**.
　　그것은 | 던져졌어 ‖ 물 안으로.

② She | *was kissed* ‖ **on** the forehead.
  그녀는 | 키스 받았어 ‖ 이마에.
② He | *was led* ‖ **through** the back door.
  그는 | 인도되었어 ‖ 뒷문을 통해.
② A doll | *was given* ‖ **to** me.
  한 인형이 | 주어졌어 ‖ 내게.
② We | *shall be helped* ‖ **with** his magic.
  우리는 | 도움 받을 거야 ‖ 그의 마법으로.

- I | *am hungry* ‖ **to** death.
- He | *is weak* ‖ **from** the hunger.

다음은 ② NPN' (pr~)이다. P는 be+술어, N'는 전치사구이다. 다음과 같이 나눠진다. 즉 NPN' ⇨ NP+N'의 관계에 있다.

② I | *'m hungry* ‖ **to** death.    난 | 배고파 ‖ 죽을 지경이야.
① I | *'m hungry*. + **to** death    난 | 배고파. + 죽을 지경에.

② He | *is weak* ‖ **from** the hunger.
  그는 | 쇠약해 ‖ 굶주림으로 인해.
① He | *is weak*.+ **from** the hunger
  그는 | 쇠약해. + 굶주림으로 인해

● 유형별 예문

(P: 형용사)
② He | *is good* ‖ **at** heart.    그는 | 좋아 ‖ 마음에서(마음씨).
② In that way, you | *'re no different* ‖ **from** Harry.
  그런 면에서, 너는 | 다를 바 없어 ‖ 해리와.
② He | *is lame* ‖ **in** the right leg.    그는 | 절어 ‖ 오른발이.
② I | *am fond* ‖ **of** music.    나는 | 좋아해 ‖ 음악을.

② He │ *is short* ‖ **on brains**.   그는 │ 모자라 ‖ 머리가.
② We │ *are low* ‖ **on gas**.   우린 │ 거의 다 떨어졌어 ‖ 가솔린이.
② He │ *'s blind* ‖ **to her faults**.   그는 │ 어둡다 ‖ 그녀 결점에.
② *Are* you │ *happy* ‖ **with the house**?
너는 │ 만족하니 ‖ 집에.

(P: 소사)

② We │ *are ahead* ‖ **by five points**.
우리는 │ 앞서 있어 ‖ 5점차로.
② Eggs │ *are a bit down* ‖ **from last week**.
달걀이 │ 지난주에 비해 약간 내려있어.
② Are you │ *on* ‖ **for lunch** today?
너 │ 그대로지 ‖ 오늘 점심약속?

(P: 명사)

② That │ *'s news* ‖ **to me**.
그것은 │ 새로워 ‖ 내게.
② My office │ *is next door* ‖ **to the bank**.
내 사무실은 │ 이웃이야 ‖ 그 은행에.

(P: 전치사구)

② He │ *is on the run* ‖ **from the mob**.
그는 │ 도망치고 있어 ‖ 폭도로부터.
② This dress │ *is on sale* ‖ **for $10**.
이 옷은 │ 할인판매야 ‖ 10불에.
② This book │ *is of great interest* ‖ **to us**.
이 책은 │ 매우 흥미 있어 ‖ 우리에게.
② He │ *is on the telephone* ‖ **to her**.
그는 │ 전화 중이야 ‖ 그녀에게.

## ④ NPN' N"(pr~)

- He | took ‖ the boy ‖ **to the park**.
- He | drank ‖ water ‖ **from the stream**.

다음은 ④ NPN' N"(pr~)이다. P는 타동사, N' 는 전치사구이다. 다음과 같이 나눠진다. 즉 NPN' N" ⇨ NPN' +NPN" 의 관계에 있다.

④ He | took | the boy ‖ **to the park**.
그는 | 데려갔어 ‖ 그 소년을 ‖ 공원에.
② He | took ‖ the boy. + **to the park**
그는 | 데려갔어 ‖ 그 소년을.+ 공원에

④ He | drank ‖ water ‖ **from the stream**.
그는 | 마셨어 ‖ 물을 ‖ 시내로부터.
② He | drank ‖ water. + **from the stream**
그는 | 마셨어 ‖ 물을.+ 시내로부터

● 유형별 예문

(N': noun, N": pr+noun)
④ He | told ‖ me ‖ **about** the war.
그는 | 이야기했어 ‖ 내게 ‖ 전쟁에 관해.
④ She | hit ‖ him ‖ **about** the face.
그는| 쳤다 ‖ 그를 ‖ 얼굴 부근을.
④ She | seized ‖ Ron ‖ **above** the elbow.
그녀는| 잡았다 ‖ 론을 ‖ 팔꿈치 위를.
④ They | made ‖ their way ‖ **across** the grounds.
그들은 | 갔다 ‖ 길을 ‖ 운동장을 가로질러.
④ I | bear ‖ no grudge ‖ **against** him.
나는 | 품지 않아 ‖ 원한을 ‖ 그에게.
④ Harry | grabbed ‖ him ‖ **around** the knees.
해리는 | 잡았다 ‖ 그를 ‖ 무릎 주변을.

④ The boy │ *threw* ‖ a ball ‖ **at** him.
그 소년이 │ 던졌어 ‖ 공을 ‖ 그에 근접(겨냥)하여.

④ You │ *hit* ‖ me ‖ **below the belt.**
너는 │ 쳤다 ‖ 나를 ‖ 벨트아래를. *반칙하다

④ He │ *caught* ‖ me ‖ **by the collar/hand.**
그는 │ 잡았어 ‖ 나를 ‖ 멱살/손을.

④ She │ *saved* ‖ her baby ‖ **from the fire.**
그녀는 │ 구해줬어 ‖ 그녀 아기를 ‖ 화재로부터.

④ I │ *charged* ‖ her ‖ **for dinner.**
나는 │ 부담시겼어 ‖ 그녀에게 ‖ 저녁 값을.

④ He │ *struck* ‖ me ‖ **in the face.**
그는 │ 쳤어 ‖ 나를 ‖ 얼굴을.

④ He │ *threw* ‖ it ‖ **into the water.**
그는 │ 던졌어 ‖ 그것을 ‖ 물 속으로.

④ I │ *asked* ‖ a question ‖ **of** him.
나는 │ 했어 ‖ 질문을 ‖ 그에게.

④ He │ *kissed* ‖ her ‖ **on the forehead.**
그는 │ 키스했어 ‖ 그녀를 ‖ 이마에.

④ She │ *was kissing* ‖ him ‖ **all over his face.**
그녀는 │ 키스하고 있었다 ‖ 그를 ‖ 온 얼굴을.

④ They │ *led* ‖ the way ‖ **through the back door.**
그들은 │ 인도했어 ‖ 길을 ‖ 뒷문을 통해.

④ My aunt │ *gave* ‖ a doll ‖ **to** me.
내 숙모는 │ 주었어 ‖ 한 인형을 ‖ 내게.

④ She │ *left* ‖ the problem ‖ **to** him.
그녀는 │ 맡겼어 ‖ 그 문제를 ‖ 그에게.

④ She │ *sang* ‖ a song ‖ **to her baby.**
그녀는 │ 불러주었어 ‖ 노래를 ‖ 아기에게.

④ I │ *saw* ‖ my friend ‖ **to the station.**
나는 │ 배웅했다 ‖ 친구를 ‖ 역까지.

④ He │ *made* ‖ his way ‖ **to Jerusalem.**
그는 │ 향했다 ‖ 노정을 ‖ 예루살렘으로.

④ Sikes │ *caught* ‖ him ‖ **under the arms.**
시크스가 │ 잡았다 ‖ 그를 ‖ 겨드랑이를.

④ He | *presented* ‖ me ‖ **(with) a nice gift**.
　그는 | 선사했어 ‖ 내게 ‖ 멋진 선물을.
④ He | *will help* ‖ us ‖ **with his magic**.
　그는 | 도울 거야 ‖ 우리를 ‖ 그의 마법으로.
(N', N": pr+noun)
④ I | *heard* ‖ **of you** ‖ **through** Mr. John.
　나는 | 들었어 ‖ 너에 관해 ‖ 존 씨를 통해.
④ I | *talked* ‖ **to him** ‖ **about it**.
　나는 | 말했다 ‖ 그에게 ‖ 그것에 관해
④ He | *apologized* ‖ **to her** ‖ **for his rudeness**.
　그는 | 사과했어 ‖ 그녀에게 ‖ 그의 무례함을.
④ You both | *come* ‖ **to me** ‖ **with this bad blood**.
　너희 두 사람이 ‖ 내게 왔어 ‖ 이런 불화를 가지고.
④ She | *served* ‖ **with tea and toast** ‖ **to us**.
　그녀는 | 내왔어 ‖ 우리에게 ‖ 차와 토스트를.

## ⑥ NPP' N' (pr~)

- The truth | *became* ‖ *known* ‖ **to us**.
- He | *seemed* ‖ *free* ‖ **from** pain.

다음은 ⑥ NPP' N' (pr~)이다. P, P'는 동사, N'는 전치사구이다. 다음과 같이 나눠진다. 즉 NPP' N' ⇨ NPP' +N'의 관계에 있다.

⑥ The truth | *became* | *known* ‖ **to us all**.
　진실이 | 되었어 | 알려지게 ‖ 우리 모두에게.
③ The truth | *became* | *known*.+ **to us all**
　진실이 | 되었어 ‖ 알려지게.+ 우리 모두에게.
⑥ He | *seemed* | *free* ‖ **from** pain.
　그는 | 보였어 | 자유로워 ‖ 고통에서.
③ He | *seemed* | *free*.+ **from** pain.
　그는 | 보였어 ‖ 자유로워.+ 고통에서

● 유형별 예문
(P': 형용사)
⑥ I | got | so mad ‖ **at** you.
　나는 | 되었어 | 매우 화나게 ‖ 네게 접하여.
⑥ Wisdom | is proved | right ‖ **by** all her children.
　지혜는 | 입증돼 | 옳다고 ‖ 지혜로운 행동에 의해.(Lk7:35)
⑥ He | was made | responsible ‖ **for** all <that was done there>.
　그는 | 되었어 | 책임지게 ‖ 〈거기서 된〉 모든 것에 대해.
⑥ He | became | free ‖ **from** lust and desires.
　그는 | 되었어 | 자유롭게 ‖ 탐욕으로부터.
⑥ He | went | red ‖ **in** the face.
　그는 | 되었어 | 붉게 ‖ 얼굴이.
⑥ He | had become | aware ‖ **of** the city.
　그는 | 되었어 | 알게 ‖ 그 도시에 관해.
⑥ The dress | looks | good ‖ **on** you.
　그 옷은 | 보여 | 좋아 ‖ 당신이 입으니.
⑥ We | are running | low ‖ **on** gas.
　우리는 | 가고 있어 | 떨어져 ‖ 가솔린이.
⑥ I | did | terrible ‖ **on** this exam.
　나는 | 했어 | 엉망으로 ‖ 이 시험에.
⑥ I | feel | comfortable ‖ **with** you.
　나는 | 느껴 | 편안하게 ‖ 너와는.

(P': 소사)
⑥ | Stand | _by_ ‖ **for** trouble.
　 | 서라 | 옆에 ‖ 곤경을 향해.
⑥ He | stepped | _out_ ‖ **for** lunch.
　그는 | 갔어 | 밖에 ‖ 점심 먹으러.
⑥ I | sat | _up_ ‖ late **into** the night.
　나는 | 앉았어 | 일어나 ‖ 밤늦도록.
⑥ Love | will wear | _out_ ‖ **of** itself.
　사랑은 | 닳아 | 없어질 거야 ‖ 저절로.

(P': 명사)
⑥ They | *pose* | *a threat* ‖ **for us all**.
　그들은 | 돼 | 위협이 ‖ 우리 모두에게.
⑥ Bylon | *fell* | *victim* ‖ **to Alzheimer's disease**.
　바이론은 | 되었어 | 희생 ‖ 알즈하이머 병에.

(P': 전치사구)
⑥ Some food | *was left* | *for him* ‖ **by her**.
　약간의 음식이 | 남겨졌어 | 그를 위해 ‖ 그녀에 의해.
⑥ I | *feel* | *of no use* ‖ **to anybody**.
　나는 | 느껴 | 쓸모 없다고 ‖ 아무에게도.
⑥ Water | *gushed* | *forth* ‖ **from a hole in the rock**.
　물이 | 분출했어 | 앞으로 ‖ 그 바위의 한 구멍으로부터.

(P': 동사)
⑥ I | *got* | *tired* ‖ **of the work**.
　나는 | 되었어 | 지치게 ‖ 일에서.
⑥ We | *became/got/grew/* | *accustomed* ‖ **to the noise**.
　우리는 | 되었어 | 길들려지게 ‖ 소음에.
⑥ The little pigs | *came* | *running* ‖ **to their mother**.
　어린 돼지들은 | 왔어 | 달려서 ‖ 어미돼지에게.

## 복합전치사구

② NPN' (cpr~)

- He | looked | **out of the room.**

다음은 ② NPN' (cpr~)이다. P는 자동사(vi), N'는 복합전치사구이다. 다음과 같이 나눠진다. 즉 NPN' => NP+N' 의 관계에 있다.

② He  | *looked* ‖ **out of** the window.    그는 | 보았다 ‖ 창 밖을.
① He  | *looked*. + **out of** the windwow.    그는 | 보았다.+ 창 밖.

● 유형별 예문

② People | *looked* ‖ **around at** them.
   그들은 | 보았다 ‖ 그들 주위를 돌아.
② He | *looked* ‖ **back at** Sirius's letter.
   그는 | 보았다 ‖ 시리우스의 편지를 다시.
② They | *were looking* ‖ **out at** the misty grounds.
   그는 | 보고 있었다 ‖ 안개낀 정원을 내다.
② Pettigrew | *was staring* ‖ **up at** them.
   페티그루는 | 보고 있었다 ‖ 그들을 올려.
② He | *looked* ‖ **back down** the tunnel.
   그는 | 보았다 ‖ 터널을 다시 내려.
② I | *can't look* ‖ **away from** this microscope for five more minutes.  나는 | 눈을 뗄 수 없어 ‖ 현미경으로부터 5분 동안.
② Harry | *looked* ‖ **up from** the letter.
   해리는 | 보았다 ‖ 편지로부터 위로 쳐다.
② She | *looked* ‖ **out in** the garden.
   그녀는 | 보았다 ‖ 정원 안을 내다.
② She | *looked* ‖ **up in** the trees.   그녀는 | 보았다 ‖ 숲속 위를.

② I | 'm living ‖ **out of** a suitcase.
　난 가방 하나만 들고 이리저리 옮겨 살아.
② He | looked ‖ **back on** his youth.
　그는 | 회상했어 ‖ 그의 젊은 시절을.
② You | must not look ‖ **down on** the poor.
　너 | 경멸해서 안 돼 ‖ 가난한 자를.
② I | 'm just going ‖ **across to** the post office.
　난 | 가고 있다 ‖ 우체국으로 건너.
② He | looked ‖ **back to me.**　　그는 | 보았다 ‖ 날 향해 돌아.
② How dare you | talk ‖ **back to me**?
　어떻게 감히 네가 | 말해 ‖ 내게 되돌아? ＊말대꾸
② I | 'm coming ‖ **down to** you.　　나는 | 오고 있어 ‖ 네게 내려.
② So, | hold ‖ **on to** your hat. You got that?
　자, | 붙잡아 ‖ 네 모자를. 알았나? ＊단단히 준비해라.
② | Come ‖ **over to** Macedonia.　| 오라 ‖ 마케도니아로 넘어.
② A stranger | came ‖ **up to me.**　한 나그네가 | 왔다 ‖ 나를 향해.
② We all | look ‖ **up to** him.　　우리 모두 | 존경해 ‖ 그를.

- A lot of treasure | was brought ‖ **over to** this country.

다음은 ② NPN' (cpr~)이다. P는 수동형, N'는 복합전치사구이다.
다음과 같이 나눠진다. 즉 NPN' => NP+N'의 관계에 있다.

② A lot of treasure | was brought ‖ **over to** this country.
　많은 보물들이 | 보내졌다 ‖ 이 나라에 넘겨.
① A lot of treasure | was brought. + **over to** this country.
　많은 보물들이 | 보내졌다. + 이 나라에 넘겨.

● 유형별 예문

② The money | would be passed ‖ **on to** those in need.
　그 돈은 | 전달될 거야 ‖ 가난한 사람에게.

② Hong Kong | *was handed* ‖ **over to China in 1997.**
  홍콩은 | 넘겨졌어 ‖ 1997년 중국에.
② It | *was covered* ‖ **over with cloth.**
  그것은 | 덮여 있었다 ‖ 위에 천으로.

## ④ NPN' N"(cpr~)

- He | *led* ‖ his way ‖ **out of the door.**

다음은 ④ NPN' N"(cpr~)이다. P는 타동사, N' 는 복합전치사구이다. 다음과 같이 나눠진다. 즉 NPN' N"=> NPN' +N"의 관계에 있다.

④ He | *led* ‖ the way ‖ **out of the door.**
  그는 | 인도했다 ‖ 길을 ‖ 문 밖으로.
② He | *led* ‖ the way... + **out of the door.**
  그는 | 인도했다 ‖ 길을... + 문 밖으로.

● 유형별 예문

④ They | *made* ‖ their way ‖ **around at the walls.**
  그들은 | 향했다 ‖ 길을 ‖ 벽을 돌아.
④ I | *shot* ‖ it ‖ **back at him.** 나는 | 쐈다 ‖ 그걸 | 그에게 돌려.
④ He | *made* ‖ his way ‖ **out at the big gates.**
  그는 | 갔다 ‖ 길을 ‖ 큰 문들 근처로 나.
④ They | *led* ‖ the way ‖ **back down the ladder.**
  그들은 | 갔다 ‖ 길을 ‖ 다시 사다리 아래로.
④ He | *made* ‖ his way ‖ **away from the traffic.**
  그는 | 갔다 ‖ 그의 길을 ‖ 교통을 피해.
④ He | *made* ‖ his way ‖ **back from the toilet.**
  그는 | 갔다 ‖ 길을 ‖ 화장실에서 되돌아.
④ He | *made* ‖ his way ‖ **out in front of the crowd.**
  그는 | 갔다 ‖ 그의 길을 ‖ 군중 전면에 나서서.

④ Did you | look ‖ it ‖ **up in** the (telephone) directory?
전화번호부에서 찾아 보았니?
④ He | *swiftly made* ‖ his way ‖ **up in the company.**
그는 | 신속히 갔다 ‖ 가도를 ‖ 회사에서 출세.
④ She | *threw* ‖ it ‖ far **away into the water.**
그녀는 | 던졌다 ‖ 그것을 ‖ 멀리 물 속으로.
④ He | *led* ‖ the way ‖ **back into the trees.**
그는 | 인도했다 ‖ 길을 ‖ 숲 속으로 되돌아.
④ I | *helped* ‖ her ‖ **out of pity.**
나는 | 도왔어 ‖ 그녀를 ‖ 동정심에서.
④ They | *made* ‖ their way ‖ **across to the Griffindor table.**
그들은 | 갔다 ‖ 길을 ‖ 그리핀도 테이블로 건너.
④ He | *made* ‖ *his way* ‖ **down to the staff room.**
그는 | 갔다 ‖ 길을 ‖ 교무실에 내려.
④ They | *sent* ‖ it ‖ **on to Director Boylds.**
그들이 그것을 보일즈 국장에게 올렸어요.
④ They | *gave* ‖ him ‖ **over to the police.**
그들은 | 넘겨주었어 ‖ 그를 ‖ 경찰에.
④ He | *made* ‖ his way ‖ **up to the main farmhouse.**
그는 | 나아갔다 ‖ 길을 ‖ 주된 농가들 위로.
④ We | *'ll take* ‖ him ‖ **up to the castle.**
우린 | 데려갈 것이다 ‖ 그를 성으로.
④ She | *covered* ‖ it ‖ **over with cloth.**
그녀는 | 덮었다 ‖ 그것을 ‖ 천을 위로.

## ⑥ NPP'N'(cpr~)

● 유형별 예문

⑥ I | *feel* | *pumped* ‖ **up in the lower abdomen.**
난 아랫배가 요동을 치는 것 같아요.

# 동 사

## ② NPN'

- I | like ‖ **swimming**.
- I | want ‖ **to go**.
- They | cannot refrain ‖ **from** quarreling.

다음은 ② NPN' (v)이다. P는 타동사, N'는 비정형동사이다. 다음과 같이 나눠진다. 즉 NPN' ⇨ NP+N' 의 관계에 있다.

② I | like ‖ **swimming**.              나는 | 좋아해 ‖ 수영함을.
① I | like. + **swimming**              나는 | 좋아해. + 수영함

② I | want ‖ **to go**.                 나는 | 원해 ‖ 가기를.
① I | want. + **to go**                 나는 | 원해. + 가기

② They | cannot refrain ‖ **from** quarreling.
  그들은 | 억제할 수 없어 ‖ 다툼으로부터.
① They | cannot refrain. + **from** quarreling
  그들은 | 억제할 수 없어. + 다툼으로부터

● 유형별 예문
  (N' : ~ing)
  ② I | did ‖ **shopping** yesterday.      나는 | 했어 ‖ 쇼핑을 어제.
  ② He | likes ‖ **walking**.              그는 | 좋아해 ‖ 걷는 것을.
  ② He | stopped ‖ **smoking**.            그는 | 그쳤다 ‖ 담배 피우는 것을.
  ② My shoes | want ‖ **mending/to be mended**.
    내 구두는 | 필요해 ‖ 수선함이/수선해지기가.
  (N' : to~)
  ② We | agreed ‖ **to start** early.      우린 | 합의했어 ‖ 일찍 출발하기.

② I | *beg* ‖ **to differ**.  나는 | 부탁해 ‖ (의견) 달리하기.
② She | *began* ‖ **to cry**.  그녀는 | 시작했다 ‖ 울기.
② We | *'ve decided* ‖ not **to go**.  우리는 | 결정했다 ‖ 가지 않기로.
② I | *expect* ‖ **to succeed**.  나는 | 기대해 ‖ 성공하기를.
② She | *began* ‖ **to cry**.  그녀는 | 시작했다 ‖ 울기.
② We | *concluded* ‖ not **to go**.  우리는 | 결정했다 ‖ 가지 않기로.
② The orchestra | *continued* ‖ **to play**.
  오케스트라는 | 계속했어 ‖ 연주하기를.
② We | *'ve decided* ‖ not **to go**.  우리는 | 결정했다 ‖ 가지 않기로.
② He | *did not fear* ‖ **to die**.  그는 | 두려워하지 않았다 ‖ 죽기를.
② She | *is learning* ‖ **to swim**.  그녀는 | 배우고 있다 ‖ 수영하기를.
② We | *need* ‖ **to talk**.  우리는 | 필요해 ‖ 대화하기가.
② I | *propose* ‖ **to start/starting** early.
  나는 | 제안해 ‖ 일찍 출발하기를/출발함을.
② He | *refused* ‖ **to submit**.  그는 | 거절했어 ‖ 항복하기를.
② He | *said* ‖ not **to worry**.  그는 | 말했어 ‖ 걱정하지 말기를.
(N': pr + ~ing)
② She | *thought* ‖ **about** leaving.  그녀는 | 생각했다 ‖ 떠남에 관해.
② He | *responded* ‖ **by** laughing.  그는 | 대꾸했다 ‖ 웃음으로.
② He | *was speaking* ‖ **of** skiing.  그는 | 말하고 있었어 ‖ 스키에 관해.
② We | *agreed* ‖ **on** starting early.  우리는 | 합의했어 ‖ 일찍 출발에.
② The writer | *spoke* ‖ **on** reading.  저자는 | 이야기했다 ‖ 독서에 관해.
② He | *fell* ‖ **to** crying.  그는 | 갑자기 시작했어 ‖ 울기.
② He | *pretends* ‖ **to** great learning.  그는 | 가장한다 ‖ 학식 많음처럼.
② | *Look* ‖ **upon** my suffering.  | 보소서 ‖ 나의 고통함을.
② They | *never meet* ‖ **without** quarreling.
  그들은 | 결코 안 만나 ‖ 다툼없이는. *만날 때는 항상 다툰다

- The day | *was spent* ‖ **swimming**.
- They | *can't be stopped* ‖ **from** quarreling.

다음은 ② NPN' (v)이다. P는 be+수동태, N'는 비정형동사 또는 전치사+비정형동사의 결합이다. 다음과 같이 분석된다. 즉 NPN' ⇨ NP+N' 의 관계에 있다.

② The day | was spent ‖ **swimming.**
그 날은 | 보내졌어 ‖ 수영함으로.
② The day | was spent.+ **swimming**
그 날은 | 보내졌어. + 수영함

② They | can't be stopped ‖ **from quarreling.**
그들은 | 중지될 수 없어 ‖ 다툼으로부터.
② They | can't be stopped.+ **from quarreling**
그들은 | 중지될 수 없어.+ 다툼으로부터

● 유형별 예문

(N' : ~ing)
② The day | was spent ‖ **shopping.**     그 날은 | 보내졌어 ‖ 쇼핑으로.
(N' : pr+~ing)
② He | was punished ‖ **for stealing**.
그는 | 처벌당했다 ‖ 도둑질함에 대해.
② All of his money | was lost ‖ **from** unsuitable and excessive **trading**.
그의 돈 모두는 | 잃어졌어 ‖ 부적절하고 과도한 거래로.
② He | was absorbed ‖ **in reading**.     그는 | 열중했어 ‖ 독서에.
② A lot of money | was spent ‖ **on advertising**.
많은 돈이 | 쓰였어 ‖ 광고하는 것에.
② Her free time | was devoted ‖ **to skiing**.
그녀의 자유시간은 | 쏟아졌어 ‖ 스키하는 것에.

- He | is hard ‖ **to please**.
- I | am hard ‖ **of hearing**.

다음은 ② NPN'(v)이다. P는 be+술어, N'는 비정형동사 또는 전치사+비정형동사의 결합이다. 다음과 같이 분석된다. 즉 NPN' ⇨ NP+N' 의 관계에 있다.

② He | is hard ‖ **to please**.   그는 | 어려워 ‖ 즐겁게 하기가.
① He | is hard. + **to please**    그는 | 어려워.+ 즐겁게 하기

② I | am hard ‖ **of** hearing.   나는 | 힘들어 ‖ 들음에.
① I | am hard. + **of** hearing    나는 | 힘들어.+ 들음에

● 유형별 예문
   (N': to~)
② We | are afraid ‖ **to do so**.   우리는 | 두려워 ‖ 그렇게 하기.
② He | is ambitious ‖ **to succeed**.   그는 | 갈망해 ‖ 성공하기.
② He | must be crazy ‖ **to say so**.   그는 | 미쳤어 ‖ 그렇게 말하니.
② I | 'd be glad ‖ **to help**.   나는 | 기뻐 ‖ 돕는 것이.
② You | were right ‖ **to refuse**.   너는 | 옳았어 ‖ 거절한 것이.
   (N': pr~+~ing)
② He | is poor ‖ **at** swimming.   그는 | 서툴러 ‖ 수영함에.
② I | 'm not too bad ‖ **at** singing.   나는 | 썩 나쁘지 않다 ‖ 노래함에.
② He | is far above me ‖ **in** skiing.
   그는 | 나보다 훨씬 뛰어나 ‖ 스키함에.
② He | was afraid ‖ **of** dying.   그는 | 두려워 해 ‖ 죽음에.
② I | am fond ‖ **of** fishing.   나는 | 좋아해 ‖ 고기잡음을.
② He | is quick ‖ **of** understanding.   그는 | 빨라 ‖ 이해함이.
② He | is sure ‖ **of** succeeding.   그는 | 확신한다 ‖ 성공을.
② The accident | is due ‖ **to** his careless driving.
   사고는 | 기인해 ‖ 그의 부주의한 운전함에.

## ④ NPN' N"

- I | *had* ‖ a good time ‖ **swimming**.
- He | *can't stop* ‖ them ‖ **from quarreling**.

다음은 ④ NPN' N"(v)이다. P는 술어동사, N"는 비정형동사 또는 '전치사+비정형동사'의 결합이다. 다음과 같이 나눠진다. 즉 NPN' N" ⇨ NPN' +NPN"의 관계에 있다.

④ I | *had* ‖ a good time ‖ **swimming**.
　나는 | 가졌어 ‖ 좋은 시간을 ‖ 수영함으로.
② I | *had* ‖ a good time.+ **swimming**
　나는 | 가졌어 ‖ 좋은 시간을. +수영함

④ He | *can't stop* ‖ them ‖ **from quarreling**
　그는 | 중지할 수 없었다 ‖ 그들을 ‖ 다툼에서.
② He | *can't stop* ‖ them. + **from quarreling**
　그는 | 중지할 수 없었다 ‖ 그들을. + 다툼에서

● 유형별 예문

(N": ~ing)
④ He | *had* ‖ trouble ‖ **walking**.　그는 | 있었어 ‖ 곤란이 ‖ 걷는 것에.
④ I | *spent* ‖ the day ‖ **shopping**.　나는 | 보냈어 | 하루를 ‖ 쇼핑에.
④ He | *took* ‖ his time ‖ **walking**.
　그는 | 취했어 ‖ 그의 시간을 ‖ 걷는 것에.
(N": pr + ~ing)
④ He | *earns* ‖ his living ‖ **by teaching**.
　그는 | 번다 ‖ 생계비를 ‖ 가르치는 것으로.
④ I | *'m going to scold* ‖ my kid ‖ **for stealing**.
　나는 | 꾸짖으려고 해 ‖ 내 아이를 ‖ 도둑질한 것에 대해.

④ He | got ‖ a big kick ‖ **from /out of** surfing.
그는 | 가졌어 ‖ 큰 즐거움을 ‖ 파도 타는 것에서.
④ He | has ‖ difficulty ‖ **in hearing**.
그는 | 있어 ‖ 어려움이 ‖ 들음에.* 귀가 멀다
④ They | spent ‖ a lot of money ‖ **on advertising**.
그들은 | 지출했어 ‖ 많은 돈을 ‖ 광고하는 것에.
④ She | devoted ‖ her free time ‖ **to skiing**.
그녀는 | 쏟았어 ‖ 그녀의 자유시간을 ‖ 스키하는 것에.

## ⑥ NPP' N'

NPP' N' 은 NPP' 에 N' 이 추가된 것이다.

- I | just got | done ‖ **dancing**.

- I | got | talked ‖ **into** working.

다음은 ⑥ NPP' N' (prv)이다. P, P' 는 동사, N' 는 비정형동사 또는 '전치사+비정형동사' 이다. 다음과 같이 나뉘진다. 즉 NPP' N' ⇨ NPP' +N' 의 관계에 있다.

⑥ I | just got | done ‖ **dancing**.
나는 | 방금 되었어 | 마치게 ‖ 춤추는 것.
③ I | just got | done. + **dancing**
나는 | 방금 되었어 | 마치게. +춤추는 것.

⑥ I | got | talked ‖ **into** working.
나는 | 되었어 | 말듣게 ‖ 일하는 것에(일하라고).
③ I | got | talked. + **into** working
나는 | 되었어 | 말듣게.+ 일하는 것에

● 유형별 예문

⑥ She | went | in ‖ **without** knocking.
그녀는 | 갔어 | 들어 ‖ 노크 없이.

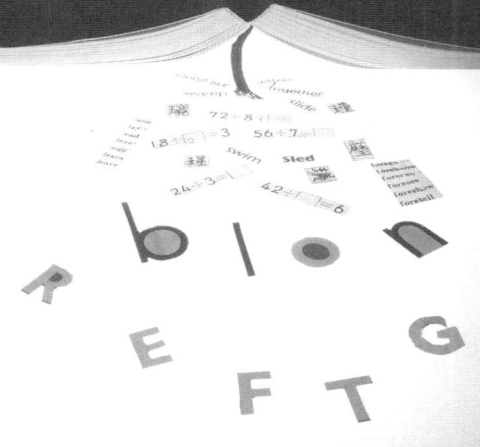

# 복문 홀수형

비정형절 ················ 120

정형절 ················ 139

## 비정형절

### ① [ ] NP[nfc]

홀수형 [ ]NP[nfc]는 P의 재료가 비정형절인 경우이다.
비정형절(non-finite clause)은 준동사 등이 주된 문장의 요소가 됨과 아울러 종된 문장에서 자신의 요소를 취하는 것이다.

준동사 to~와 ~ing의 의미상 차이는 미연(未然)과 실현(實現)이다. 전자는 행위의 미실현, 관념상의 실현, 동시실현를 포함하며, 후자는 행위가 현실적으로 이루어지고 있거나 이미 이루어진 것을 포함한다.

- Your views | must be [**known** *to* us].
- He | was [**working** *at* his desk].
- He | was [**to buy** some fruit].
- He | was [**alone** *in* the room].
- He | is **above** [**condoning** criminal behavior].

다음은 ①[ ]형 NP[nfc]이다. [ ] 안 부분은 다음과 같이 분석된다.

    ①[ ] Your views | must be [**known** *to* us].
        네 견해가 | 돼야 해 | [우리에게 알려지게].
    [②] [your view | (is) **known** ‖ *to* us].
        [네 견해가 | 알려져(있다) ‖ 우리에게].

    ①[ ] He | was [**working** *at* his desk].
        그는 | [책상에서 공부하고] 있었어.
    [③] [he | was **working** | *at* his desk].
        [그가 | 공부하고 (있었다) | 책상에서].

①[ ] He | was [***to buy*** *some fruit*].
　　　　그는 | [약간의 과일을 사려고] 있었어.
　[②] [he | ***buys*** ‖ some fruit]
　　　　[그가 | 사다 ‖ 약간의 과일을]

①[ ] He | was [***alone*** *in the room*].
　　　　그는 | [홀로 방안에] 있었다.
　[③] [he | was ***alone*** | *in the room*].
　　　　[그는 | 홀로 있었다 | 방안에]

①[ ] He | was ***above*** [***condoning*** *criminal behavior*].
　　　　그는 | [범죄행위를 용납하지] 않는 것이었어.
　[②] [he | ***condones*** ‖ criminal behavior].
　　　　[그가 | 용납하다 ‖ 범죄행위를]

단문과 마찬가지로 복문도 2진법코드에 따른다. 단문과 달리 표현의 독특성으로 인해 구글에서 직접 대응 예문을 찾기 어려운 경우가 있었다. 이에 따라 재료별 유형 중 직접 대응 예문은 †, 간접 대응 예문은 ‡ 표시하여 구별하기로 한다.

● **유형별 예문**

《P: nfc》
(~ed)
①[②] This opera | was [***sung*** *in Italian*]. †
　　　　이 오페라는 | [이탈리아어로 불려]졌어.
①[②] His name | was [***written*** *in his place*]. †
　　　　그의 이름이 | [그의 자리에 쓰여져] 있었어.
①[③] No one else | was [***inclined*** *to go*]. †
　　　　어느 누구도 | [가려고 하지] 않았어.
①[③] He | was [***killed*** *before my eyes*]. †
　　　　그는 | [내 눈앞에서 살해되어] 졌어.
①[③] My mind | was [***set*** *on you*]. †
　　　　내 마음은 | [네게 놓여져] 있었어.

(~ing)
①[②] She | was [*entering* the room]. †
그녀가 | [방에 들어가고] 있었어.
①[②] She | was [*smiling at* me].
그녀는 | [내게 미소짓고] 있었어.
①[②] He | was [*stealing* the money]. †
그는 | [돈을 훔치고] 있었어.
①[②] Someone | was [*touching* my back]. †
누군가 | [내 등을 만지고] 있었어.
①[③] I | am [*going* crazy]. †    나는 | [미쳐 가고] 있어.
(to~)
①[①] I | am | [*to be late*].    나는 | [늦게 되어] 있어. †
①[①] No one else | was [*to go*]. †
누구도 | [가게 되어] 있지 않았어.
①[②] We | were [*to comply with* his request]. †
우리는 | [그의 요청을 따르게 되어] 있었어.
①[②] She | was [*to marry* him]. †
그녀는 | [그와 결혼하게 되어] 있었어.
①[③] He | was [*never to return* home]. ‡
그는 | [다시는 집에 돌아오지 못할 운명]이었어.
①[③] He | is | [*not to stay* out late]. †
그는 | [늦게 외출해서는 안되게 되어] 있었어.
①[⑤] You | are [*not to leave* me alone]. †
너는 | [나를 홀로 두지 말게 되어] 있어.
①[「⑤] A hammer | is [*to knock in* nails]. †
망치는 | [못을 박게 되어] 있어.
(non-verb)
①[②] Nothing | is [*wrong with* him]. †
아무것도 | [그에게 잘못이] 없어.
①[③] It | is [*on my tape for* my collection] † .
그것은 | [수집을 위해 내 테이프에 녹취되어] 있어.

《P: pr+nfc》

①[②] He | was **against** [*having* children]. †
　　　　그는 | [아이를 가지는 것에] 반대했어.

①[②] This knife | is **for** [*cutting* papers]. †
　　　　이 칼은 | [종이를 자르기] 위한 것이야.

①[②] The girl | was **like** [*having* long hair]. †
　　　　그 소녀는 | [긴 머리를 하고 있는 것] 같았어.

①[②] He | was **as** [*if dazed* by his unexpected fortune]. †
　　　　그는 | [마치 기대치 않은 행운에 멍한 것] 같았어.

①[②] She | was **as** [*if to say* 'No']. †
　　　　그녀는 | 「마치 [마치 '아니' 라고 말하려는 것] 같았어.

①[③] I | am **like** [*going* crazy]. †
　　　　나는 | [미치게 되려는 것] 같아.


## ③ [ ] NPP' [nfc]

NPP' [nfc]는 P' 의 재료가 비정형절인 경우이다

- It | got | [**known** to the world].
- He | kept | [**working** at his desk].
- He | seemed | [**to buy** some fruit].
- He | stood | [**alone** in the room].

다음은 ③[ ]형 NPP' [ ]이다. P는 자동사이다. 다음과 같이 분석된다. 즉 NPP' [nfc] ⇨ NP+NP' [nfc]의 관계에 있다.

③[ ] Your view | got | [**known** to the world].
　　　　네 견해가 | 되었어 | [세상에 알려지게].
①　　 Your view | got.　　　　네 견해가 | 되었어.

① [ ]  Your view | was [**known** <u>to</u> the world].
        네 견해가 | [세상에 알려]졌어.
   [②] [your view | was **known** ‖ <u>to</u> us]
        [네 견해가 | 알려졌다 ‖ 우리에게].

③ [ ]  He | kept | [**working** <u>at</u> his desk].
        그는 | 계속하여 | [책상에서 공부하고 (있었어)].
①       He | kept.                 그는 | 계속하였어.
① [ ]  He | was [**working** <u>at</u> his desk].
        그는 | [책상에서 공부하고] 있었어.
   [③] [he | was **working** | <u>at</u> his desk].
        [그가 | 공부하고 있었다 | 책상에서].

③ [ ]  He | seemed | [**to buy** some fruit].
        그는 | 같았어 | [약간의 과일을 사려하는 것].
①       He | seemed.            그는 | 같았어.
① [ ]  He | was [**to buy** some fruit].
        그는 | [약간의 과일을 사려하고] 있었어.
   [②] [he | **buys** ‖ some fruit]
        [그가 | 사다 ‖ 약간의 과일을].

③ [ ]  He | stood | [**alone** <u>in</u> the room].
        그는 | 서 있었어 | [홀로 방안에].
① [ ]  He | stood.              그는 | 서 있었어.
① [ ]  He | was [**alone** <u>in</u> the room].
        그는 | [홀로 방안에] 있었어.
   [③] [he | was **alone** | <u>in</u> the room].
        [그는 | 홀로 있었다 | 방안에].

● 유형별 예문
⟨P': nfc⟩
(~ed)

③[②] His name | got | [*written in his place*]. †
　　　　그의 이름이 | 되었어 | [그의 자리에 쓰여지게].
③[③] No one else | *seemed* | [*inclined to go*]. †
　　　　어느 누구도 | 보이지 않았어 | [가려는 것처럼].
(~ing)
③[②] She | *lay* | [*smiling at me*]. ‡
　　　　그녀는 | 누워 있었어 | [내게 미소하며].
③[③] I | *seemed* | [*going crazy*]. †
　　　　나는 | 같아 | [미쳐 가는 것].
⑦[⑤] She | *sat up* | [*waiting for him to come*]. ‡
　　　　그녀는 | 자지 않고 있었어 | [그녀가 오기를 기다리면서].
(to~)
③[①] She | *seemed* | [*to be angry*]. †
　　　　그녀는 | 보였어 | [화난 것으로].
③[①] Each | *aims* | [*to be among 16 teams*].
　　　　각 국가가 | 목표한다 | [16강 진출을].
③[①] The goldfish | *needs* | [*to be fed*].
　　　　그 금붕어는 | 필요해 | [사육이].
③[②] I | *now come* | [*to consider the next subject*].
　　　　나는 | 이제 하게 돼 | [다음 문제를 생각하게].
③[②] People | *are getting* | [*to expect it*].
　　　　사람들은 | 돼 | [그것을 기대하게].
③[③] I | *can't wait* | [*to be together again with you*].
　　　　나는 어서 빨리 [너와 다시 함께 지내고 싶어].
③[③] He | *was dying* | [*to become a lawyer*].
　　　　그는 | 안달이었어 | [변호사가 되고 싶어].
③[⑤] She | *seemed* | [*to have things very much under control*].
　　　　그녀는 | 보였어 | [충분히 앞가림을 하고 있는 것으로].
③[「⑤] He *seems* | [*to make nothing of lying*].
　　　　그는 | 보였어 | [거짓말을 아무렇지 않게 생각하는 것으로].
(~)
③[②] I | '*ll come* | [*find you*]. 　　나 | 올게 | [널 찾으러].

③[②] I | feel | [***like** something light*].
　　　　나는 | 싶어 | [무언가 가벼운 것을 들까].
③[②] I | 'll go | [***get** the other thing*].
　　　　나는 | 갈 거야 | [다른 것을 가지러].
(non-verb)
③[③] He | went | [***away** hungry*]. †
　　　　그는 | 갔어 | [굶주린 채 떠나].
③[③] He | got | [***here** on time*]. †
　　　　그는 | 왔어 | [여기에 제 시간에].
《P': pr+nfc》
③[②] She | decided | ***against*** [*having children*]. †
　　　　그녀는 | 결정했어 | [아이를 갖지] 않기로.
②[②] He | shrugged | ***as*** [*if to say, "Why bother?"*] †
　　　　그는 | 어깨를 들썩했어 | [마치 "왜 고민해?" 말하는 것]처럼.
③[②] She | stood | ***as*** [*if waiting for someone*]. †
　　　　그녀는 | 서 있었어 | [마치 누구를 기다리는 것]처럼.
③[③] I | feel | ***like*** [*going crazy*]. †
　　　　나는 | 느껴 | [미치게 되는 것] 같이.

- Your views | must be made | [**known** _to_ us].
- He | was found | [**working** _at_ his desk].
- He | was sent | [**to buy** some fruit].
- He | was left | [**alone** _in_ the room].

다음은 ③[ ]형 NPP' [nfc]이다. P는 수동형이다. 두 문장으로 나눠진다.
즉 NPP' [nfc]⇨NP+NP' [nfc]의 관계에 있다.

③[ ] Your views | must be made | [***known** to us*].
　　　　네 견해가 | 만들어져야 해 | [우리에게 알려지게].
①　　　 Your views | must be made. 네 견해가 | 만들어져야 해.

①[ ] Your views | is [**known** _to_ us].
　　　　네 견해가 | [우리에게 알려져]있어.
　[②] [your view | is **known** ‖ _to_ us]
　　　　[네 견해가 | 알려져(있다) ‖ 우리에게].

③[ ] He | was found | [**working** _at_ his desk]. †
　　　　그는 | 보여졌어 | [그의 책상에서 공부하는 것]].
①　　　He | was found.　　　　그는 | 보여졌어.
①[ ] He | was [**working** _at_ his desk].
　　　　그는 | [책상에서 공부하고] 있었어.
　[③] [he | was **working** | _at_ his desk].
　　　　[그가 | 공부하고 (있었다) | 책상에서].

③[ ] He | was sent | [**to buy** some fruit].
　　　　그는 | 보내졌어 | [약간의 과일을 사도록].
①　　　He | was sent.　　　　그는 | 보내어졌어.
①[ ] He | was [**to buy** some fruit].
　　　　그는 | [과일을 사도록 되어] 있었어.
　[②] [he | **buys** ‖ some fruit]
　　　　[그가 | 사다 ‖ 약간의 과일을]

③[ ] He | was left | [**alone** _in_ the room].
　　　　그는 | 남겨졌다 | [홀로 방안에].
①　　　He | was left.　　　　그는 | 남겨졌어.
①[ ] He | was [**alone** _in_ the room].
　　　　그는 | [홀로 방안에] 있었다.
　[③] [he | was **alone** | _in_ the room].
　　　　[그는 | 홀로 있었다 | 방안에]

● 유형별 예문

《P': nfc》

(~ed)

③[②] This opera | *was heard* | [***sung** in* Italian]. †
　　　　이 오페라는 | 상연되었어 | [이탈리아어로 불려져].

③[③] He | *was seen* | [***killed** before* my eyes]. †
　　　　그는 | 보여졌어 | [내 눈앞에서 살해당하는 것이].

(~ing)

③[②] He | *was caught* | [***stealing** the money*]. †
　　　　그는 | 잡혔어 | [돈을 훔치는 것이].

③[②] She | *was seen* | [***entering** the room*]. †
　　　　그녀가 | 보였어 | [방에 들어가는 것이]

③[③] I | *was left* | [***waiting** outside*]. †
　　　　나는 | 버려졌어 | [밖에서 기다리게].

(to~)

③[①] The plan | *was felt* | [***to be** unwise*]. †
　　　　그 계획은 | 느껴졌어 | [현명치 못하다고].

③[②] She | *was asked* | [***to marry** him*]. †
　　　　그녀는 | 청해졌어 | [그와 결혼해달라고].

③[②] We | *were forced* | [***to comply** with his request*]. †
　　　　우리는 | 강요되었어 | [그의 요청을 따르는 것이].

③[②] He | *was seen* | [***to cross** the street*]. †
　　　　그는 | 보였어 | [거리를 횡단하는 것이].

③[③] He | *is not allowed* | [***to stay** out late*]. †
　　　　그는 | 허용되지 않아 | [늦게 외출함이].

③[④] I | *was obliged* | [***to do** it against my will*].
　　　　나는 | 강제되었어 | [내 뜻에 반해 그것을 하도록].

③[⑤] You | *are begged* ( ‖ ) *of* | [*not **to leave** me alone*]. †
　　　　너는 | 간청 받아 | [나를 홀로 두지 말 것을].

③[「⑤] A hammer | *is used* | [***to knock** in nails*]. †
　　　　망치는 | 사용돼 | [못을 박는 데에].

⟨~⟩
③[②] You | *will be let* | [ *go from* my class room]. ‡
　　　　 넌 | 될 거야 | [내 반으로부터 가게].
③[②] He | *will be made* | [*do it at* once]. †
　　　　 넌 | 될 거야 | [그것을 당장 하게].
⟨non-verb⟩
③[②] Nothing | *is found* | [*wrong with* him]. †
　　　　 아무 것도 | 찾아지지 않아 | [그에게 잘못이].
③[③] It | *is wanted* | [*on my tape for* my collection]. †
　　　　 그것은 | 원해져 | [수집을 위해 테이프에 녹취되게].
⟨P': pr+nfc⟩
③[②] This knife | *is used* | *for* [*cutting* papers]. †
　　　　 이 칼은 | 사용돼 | [종이를 자르기] 위해.
③[②] The girl | *was represented* | *as* [*having* long hair]. †
　　　　 그 소녀는 | 진술되어졌어 | [긴 머리를 한 것]으로.


- He | *was out* | [*to buy* some fruit].

다음은 ③[ ]형 NPP'이다. P는 be+비동사술어(non-verb predicative)이다. 두 문장으로 나눠진다. 즉 NPP'[ ] ⇨ NP+NP'[ ]의 관계에 있다.

③[ ] He | *was out* | [*to buy* some fruit].
　　　　 그는 | 밖에 있었어 | [약간의 과일을 사려고].
① 　　　He | *was out*. 　　　　그는 | 밖에 있었어.
①[ ] He | *was* [*to buy* some fruit].
　　　　 그는 | [과일을 사려고] 있었어.
　[②] [he | *buys* ‖ some fruit]
　　　　 [그가 | 사다 ‖ 약간의 과일을]

## ● 유형별 예문

《P: nfc》

(~ing)
③[②]  The farmer | is busy | [**sowing** seeds].
　　　 그 농부는 | 바빠 | [씨를 뿌리느라].

③[②]  John | is <u>on</u> the phone | [**asking** <u>to</u> you].
　　　 존이 | 전화야 | [너를 찾는].

(to~)
③[①]  I | am anxious | [**to be** a lawyer].
　　　 나는 | 소원해 | [변호사이기를].

③[①]  I | am bound | [**to be** late]. †
　　　 나는 | 되어 있어 | [늦어지게].

③[③]  I | 'm not <u>in</u> the mood | [**to go** dancing].
　　　 난 | 기분이 아니야 | [춤추러 갈].

## ⑤ [ ] NPN' P' [nfc]

NPN' P' [nfc]는 P' 의 재료가 비정형절인 경우이다.

| - You | must make ‖ your views | [**known** <u>to</u> us]. |
| - I | found ‖ him | [**working** at his desk]. |
| - She | sent ‖ him | [**to buy** some fruit]. |
| - She | left ‖ him | [**alone** <u>in</u> the room]. |
| - We | believed ‖ him | above [**condoning** criminal behavior]. |

다음은 ⑤[ ]형 NPN' P' [nfc]이다. 두 문장으로 나뉘진다.
즉 NPN' P' [nfc] ⇨ NPN' +N' P' [nfc]의 관계에 있다.

⑤ [　] You | *must make* ‖ your views | [***known** to us*].
　　　　너는 | 만들어야 해 ‖ 네 견해가 | [우리에게 알려지게].
②　　　You | *must make* ‖ your views.
　　　　너는 | 만들어야 해 ‖ 네 견해를.
① [　] Your views | *is* [***known** to us*].
　　　　네 견해가 | [우리에게 알려져] 있어.
　[②] [your view | *is **known*** ‖ *to us*]
　　　　[네 견해가 | 알려져(있다) ‖ 우리에게]

⑤ [　] I | *found* ‖ him | [***working** at his desk*].
　　　　나는 | 봤어 ‖ 그를 | [책상에서 공부하고 있는 것을].
②　　　I | *found* ‖ him.　　　　나는 | 봤어 ‖ 그를.
① [　] He | *was* [***working** at his desk*].
　　　　그는 | [책상에서 공부하고] 있었어.
　[③] [he | *was **working*** | *at his desk*].
　　　　[그가 | 공부하고 (있었다) | 책상에서].

⑤ [　] She | *sent* ‖ him | [***to buy** some fruit*].
　　　　그녀는 | 보냈어 ‖ 그를 | [약간의 과일을 사오도록].
②　　　She | *sent* ‖ him.　　　그녀는 | 보냈어 ‖ 그를.
① [　] He | *was* [***to buy** some fruit*].
　　　　그는 | [과일을 사도록 되어] 있었어.
　[②] [he | ***buys*** ‖ some fruit]
　　　　[그가 | 사다 ‖ 약간의 과일을]

⑤ [　] She | *left* ‖ him | [***alone** in the room*].
　　　　그녀는 | 두었어 ‖ 그를 | [홀로 방안에].
②　　　She | *left* ‖ him.　　　그녀는 | 두었어 ‖ 그를.
① [　] He | *was* [***alone** in the room*].
　　　　그는 | [홀로 방안에] 있었다.
　[③] [he | *was **alone*** | *in the room*].
　　　　[그는 | 홀로 있었다 | 방안에]

⑤[ ] We | *believed* ‖ him | ***above*** [*condoning* criminal behavior].
　　　우리는 | 믿었어 ‖ 그를 | [범죄행위를 용납하지] 않는다고.
②　　 We | *believed* ‖ him.
　　　우리는 | 믿었어 ‖ 그를.
①[ ] He | was ***above*** [*condoning* criminal behavior].
　　　그는 | [범죄행위를 용납함] 위에 있었어.
　[②] [he | ***condones*** ‖ criminal behavior].
　　　[그가 | 용납하다 ‖ 범죄행위를].

## ● 유형별 예문

《P': nfc》
(~ed)

⑤[②] I | *heard* ‖ this opera | [***sung*** *in Italian*]. †
　　　나는 | 들었어 ‖ 이 오페라가 | [이탈리아어로 불려진 것을].
⑤[②] He | *had* ‖ his name | [***written*** *in his place*]. †
　　　그는 | 받았어 ‖ 그의 이름이 | [그의 자리에 쓰여짐을].
⑤[②] | *Keep* ‖ me | [***posted*** *about* the matter].
　　　| 계속 해줘 ‖ 내게 | [그것에 관해 연락].
⑤[③] I | *saw* ‖ him | [***killed*** *before my eyes*]. †
　　　나는 | 봤어 ‖ 그가 | [내 눈앞에서 살해당하는 것을].
⑤[③] I | *got* ‖ my mind | [***set*** *on you*]. †
　　　나는 | 했어 ‖ 내 마음을 | [네게 놓여지게].

(~ing)

⑤[②] We | *caught* ‖ him | [***stealing*** *the money*]. †
　　　우리는 | 잡았어 ‖ 그가 | [돈을 훔치는 것을].
⑤[②] I | *felt* ‖ someone | [***touching*** *my back*]. †
　　　나는 | 느꼈어 ‖ 누군가 | [내 등을 만지는 것을].
⑤[②] I | *saw* ‖ her | [***entering*** *the room*]. †
　　　나는 | 보았어 ‖ 그녀가 | [방에 들어가고 있는 것을].
⑤[③] You | *got* ‖ me | [***going*** *crazy*]. †
　　　너는 | 해 ‖ 나를 | [미쳐 가게].

⑤[③] They | *left* ‖ me | [***waiting outside***]. †
그들은 | 버려 두었어 ‖ 나를 | [밖에서 기다리게].

(to~)

⑤[①] They | *felt* ‖ the plan | [***to be unwise***]. †
그들 | 느꼈어 ‖ 그 계획은 | [현명치 못하다고].

⑤(①) Most people | *considered* ‖ him | [(***to be***) ***innocent***]
대다수의 사람들은 | 간주했어 ‖ 그는 | [무죄로(라고)].

⑤[①] They | *announced* ‖ the immediate danger | [***to be*** <u>***past***</u>].
그들은 | 발표했어 ‖ 급박한 위험이 | [사라질 거라고].

⑤[①] Tradition | *states* ‖ him | [***to have been a game warden***].
전설은 | 전해 ‖ 그가 | [수렵구 관리인이었던 것으로].

⑤[①] He | *expects* ‖ you | [***to be*** <u>***on the tap***</u>].
그는 | 기대해 ‖ 네가 | [그 자리에 붙어 있기].

⑤[①] God | *saved* ‖ you | [***to be delivered***]
하나님이 | 구했어 ‖ 너를 | [해방되도록].

⑤[②] He | *asked* ‖ her | [***to marry him***]. †
그는 | 청했어 ‖ 그녀에게 | [그와 결혼해달라고].

⑤[②] He | *brought* ‖ his brother | [***to see me***].
그는 | 데리고 왔어 ‖ 그의 동생이 | [나를 만나도록].

⑤[②] He | *forced* ‖ us | [***to comply*** <u>***with***</u> ***his request***]. †
그는 | 강요했어 ‖ 우리를 | [그의 요청을 따르도록].

⑤[②] He | *helped* ‖ her | [(***to***) ***carry the parcels***]. ‡
그는 | 도왔어 ‖ 그녀가 | [소포를 운반하도록].

⑤[②] He | *used* ‖ a lever | [***to lift*** *the stone*]. ‡
그는 | 사용했어 ‖ 지레를 | [돌을 들어 올리는 데].

⑤[②] I | *want* ‖ you | [***to do your best***].
나는 | 바래 ‖ 네가 | [최선을 다할 것을].

⑤[③] His parents | *do not allow* ‖ him | [***to stay*** <u>***out***</u> ***late***]. †
그의 양친은 | 허용하지 않아 ‖ 그를 | [늦게 외출하게].

☞ N': pr~

⑤[①] Harry | *hissed* ‖ <u>at</u> them | [***to be quiet***].
해리는 | 쉿 했어 ‖ 그들에게 | [조용히 하라고].

⑤[②] She | *has to get* ‖ <u>after</u> him | [***to carry*** his umbrella]. †
그녀는 | 말해야 해 ‖ 그에게 | [그의 우산을 챙겨 갈 것을].
⑤[②] They | *pleaded* ‖ <u>with</u> him | [***to leave*** their region].
그들은 | 간청했어 ‖ 그에게 | [그 지역을 떠나도록].
⑤[③] The other duckling | *called* ‖ <u>to</u> him | [***to come*** <u>back</u>].
다른 아기 오리들은 | 불렀어 ‖ 그에게 | [돌아오라고].
⑤[⑤] I | *beg* ‖ <u>of</u> you | [*not **to leave*** me alone]. †
나는 | 간청해 ‖ 네게 | [나를 홀로 두지 말 것을].

(~)

⑤[②] I | *'ll let* ‖ you | [***go*** <u>from</u> here]. †
나는 | 하겠어 ‖ 네가 | [여기로부터 가도록].
⑤[②] I | *will make* ‖ him | [***do*** it <u>at</u> once]. †
나는 | 하겠어 ‖ 그가 | [당장 그것을 하도록].
⑤[②] I | *saw* ‖ him | [***cross*** the street]. †
나는 | 보았어 ‖ 그가 | [거리를 횡단하는 것을].
⑤[③] You | *made* ‖ me | [***feel*** better].
너는 | 만들었어 ‖ 나를 | [기분이 더 좋게].
⑤[③] The stress he endured | *made* ‖ combat | [***seem*** a vacation].
그가 겪은 긴장은 | 만들었어 ‖ 전투가 | [휴가처럼 보이게].
⑤[③] He | *had* ‖ him | [***stand*** <u>beside</u> him].
그는 | 했어 ‖ 그를 | [그 옆에 서 있게].

(non-verb)

⑤[②] We | *find* ‖ nothing | [***wrong*** <u>with</u> him]. †
우리는 | 못찾아 ‖ 아무 것도 | [그에게 잘못을].
⑤[③] He | *will not send* ‖ you | [***away*** hungry]. †
그는 | 보내지 않을 거야 ‖ 너를 | [굶주린 채 떠나].
⑤[③] I | *got* ‖ him | [***here*** <u>on</u> time]. †
나는 | 했어 ‖ 그를 | [여기에 제 시간에 오게].
⑤[③] I | *want* ‖ it | [***on my tape*** <u>for</u> my collection]. †
나는 | 원해 ‖ 그것을 | [수집을 위해 테이프에 녹취되게].

《P': pr+nfc》

⑤[②] He | *advised* ‖ her | [<u>**against**</u> *having* children]. †

그는 | 충고했어 || 그녀에게 | [애를 갖지] 않도록.
⑤[②] He | *represented* || the girl | ***as*** [***having*** *long hair*]. †
그는 | 진술했어 || 그 소녀가 | [긴 머리를 한 것]으로.
⑤[②] We | *use* || this knife | ***for*** [***cutting*** *paper*]. †
우리는 | 사용해 || 이 칼을 | [종이를 자르는]데에.
⑤[②[②]] They | *remembered* || her | ***as*** [*always* ***smiling***, ***cheerful***,
{and} ***ready*** [*to defend her beliefs*]].
그들은 | 기억했어 || 그녀를 | [항상 웃고, 유쾌하고 {그리고}
[그녀의 신념을 방어할] 준비가 되어있는 것]으로].

## 「⑤ [ ] NP「P' [nfc]N'

NP「P' [nfc]N' 는 구조상 NPN' P' [nfc]의 예외적인 경우이다.
단문형과 달리 전환은 허용되지 않는다.

- He | *let* 「[ ***loose*** *upon them* ] || his entire army.

「⑤ [ ] He | *let* 「[***loose*** *upon* *them*] || his entire army.
그는 | 놓았어 「[그들에게 풀어] || 그의 전 군대를.
⑤ [ ] He | *let* || his entire army | [***loose*** *upon* *them*].
그는 | 놓았어 || 그의 전 군대를 | [그들에게 풀어].
[③] [His entire army | *is* ***loose*** | *upon* *them*]
[그의 전 군대는 | 풀다 || 그들에게]

● 유형별 예문

「⑤ [②] ...and [ | *to make* 「[ ***plain*** *to everyone*] || the administration
of this mystery] ...비밀의 경륜이 어떠한 것을 드러내게 하려
「⑤ [③] The person | *pressed* 「[***down*** *on*] || a button.
그 사람은 | 눌렀어 「[내려 접속되게] || 한 버튼을.
「⑤ [③] I | *saw* 「[*sitting* ***before*** *me*] || a small and wrinkled man.
나는 | 봤어 「[내 앞에 앉아 있는] || 주름살의 작은 사람을.

136 · 복문 홀수형 → 비정형절

## 「⑤' [ ] NPN' 「P' [nfc]

NPN' 「P' [nfc]는 P' 의 재료가 비정형절인 경우이다.

- He | went ‖ to the store 「[*to buy* some fruit].

다음은 「⑤' [ ]형 NPN' 「P' [ ]이다. 두 문장으로 나눠진다. 여기서 P' [ ]는 N을 서술한다. 「표시는 이를 나타낸다. 즉 NPN' 「P' ⇨ NPN' +NP' 의 관계에 있다.

「⑤' [ ] He | went ‖ to the store 「[*to buy* some fruit].
　　　　　 그는 | 갔어 ‖ 그 가게에 「[약간의 과일을 사러].
② 　　　 He | went ‖ to the store.　 그는 | 갔어 ‖ 그 가게에.
①[ ] 　　 He | was [*to buy* some fruit].
　　　　　 그는 | [과일을 사려하고] 있었어.
　[②] [he | **buys** ‖ some fruit]
　　　　　 [그가 | 사다 ‖ 약간의 과일을]

● 유형별 예문

《P': nfc》
(~ed)
「⑤' [③] We | *passed* ‖ that summer 「[lost ***in love***].
　　　　　 우리는 | 보냈어 ‖ 그 여름을 「[사랑에 빠져서].
(to~)
「⑤' [①] He | *left* ‖ his home, 「[*never **to return***]. ╂
　　　　　 그는 | 떠났어 ‖ 집을 「[다시 돌아오지 않았어].
「⑤' [②] He | *raised* ‖ his hand 「[***to ask*** *a question*].
　　　　　 그는 | 올렸어 ‖ 손을 「[질문하기 위해].
「⑤' [②] I | *promised* ‖ him 「[***to buy*** *a car*].
　　　　　 나는 | 약속했어 ‖ 그에게 「차를 사주겠다고].
「⑤' [②] He | *made · up* ‖ his mind 「[***to try*** *it again*].
　　　　　 그는 | 결심했어 ‖ 그의 마음을 「[그것을 다시 하기로].
「⑤' [③] Nokia | *faces* ‖ a fight 「[***to stay*** *ahead of the game*].

　　　　　　Nokia는 | 직면했어 ‖ 싸움에 「[선두를 지키기 위해].
「⑤' [④] I | *am required* ‖ <u>by</u> law 「[***to read*** *it <u>to</u> you* (*in open court*)].
　　　　　　나는 | 요구돼 ‖ 법에 의해 「[(공개법정에서) 그걸 읽도록].
「⑤' [⑤] He | *opened* ‖ the door, 「[***to let*** *the cat out*].
　　　　　　그는 | 열었어 ‖ 문을 「[고양이를 내보내도록].

⟨P' : pr+nfc⟩
「⑤' [①] She | *left* ‖ the room 「***as*** [*though angry*/<u>*in*</u> *anger*]. †
　　　　　　그녀는 | 떠났어 ‖ 방을 「[마치 화난 것]처럼.
「⑤' [②] She | *shook* ‖ her head 「***as*** [*if to say 'No'*]. †
　　　　　　그녀는 | 저었어 ‖ 고개를 「[마치 아니라고 말하려는 것]처럼.
「⑤' [②] He | *covered* ‖ his face 「***as*** [*if to protect himself*].
　　　　　　그는 | 감쌌어 ‖ 얼굴을 「[마치 자신을 보호하려는 것]처럼.


## ⑦ [ ] NPP' P"[nfc]

NPP' P"[nfc]는 P"의 재료가 비정형절인 경우이다.

- He | *is lying* | <u>*in*</u> *bed* | [***watching*** *TV*].
- He | *went* | *out* | [***to buy*** *some fruit*].

다음은 ⑦ [②]형 NPP' P"[nfc]이다. 세 문장으로 나눠진다.
즉 NPP' P"[nfc] ⇨ NP+NP' +NP"[nfc]의 관계에 있다.

⑦[ ] He | *is lying* | <u>*in*</u> *bed* | [***watching*** *television*].
　　　　그는 | 누워 있어 | 침대에서 | [TV를 보면서].
① 　　　He | *is lying*.　　　　　그는 | 누워 있어.
① 　　　He | *is <u>in</u> bed*.　　　그는 | 침대 안에 있어.
①[ ] He | *is* [*watching television*].
　　　　그는 | [TV를 보고] 있어.
　[②] [he | *is **watching*** ‖ television]
　　　　[그가 | 보고 (있다) ‖ TV를]

⑦ [　] He │ went │ out │ [to buy some fruit].
　　　　　그는 │ 갔어 │ 밖에 │ [약간의 과일을 사려고].
① 　　　　He │ went.　　　　　　　그는 │ 갔어.
① 　　　　He │ was out.　　　　　그는 │ 밖에 있었어.
① [　] He │ was [to buy some fruit].
　　　　　그는 │ [약간의 과일을 사려고] 있었어.
　　[②] [he │ **buys** ‖ some fruit]
　　　　　[그가 │ 사다 ‖ 약간의 과일을]

● **유형별 예문**

《P'': nfc》

(~ ing)

⑦[②] She │ just stood │ there │ [**staring** at me]. ✝
　　　　그녀는 │ 단지 서 있었어 │ 거기 │ [나를 응시하면서].

⑦[③] He │ went │ out │ [**riding** in the forest].
　　　　그는 │ 갔어 │ 밖으로 │ [숲에서 말 타고].

⑦[③] He │ did not come │ out of it │ [**looking** good].
　　　　그는 │ 오지는 못했어 │ 그로부터 나 │ [보기 좋게].

⑦[①②] Mother │ seems │ [to be busy] │ [**preparing** for the dinner].
　　　　어머니는 │ 같아 │ [바쁜 것] │ [저녁을 준비하면서].

(to~ )

⑦[②] He │ came │ forward │ [**to greet** me].
　　　　그가 │ 왔어 │ 앞에 │ [내게 인사하러].

⑦[②] The maid │ came │ in │ [**to remove** the cup].
　　　　하녀가 │ 왔어 │ 들어 │ [컵을 치우기 위해].

⑦[②] He │ agreed │ with him │ [**to construct** a fleet of trading ships].
　　　　그는 │ 동의했어 │ 그녀와 │ [무역선단을 만들기로].

《P'': pr+nfc》

⑦[②] He │ stood │ there │ **as** [**if** dazed **by** his unexpected fortune]. ✝
　　　　그는 │ 서 있었어 │ 거기에 │ [마치 기대하지 않은 행운에 멍한 것]처럼.

⑦[②] She │ stood │ at the gate │ **as** [**if** waiting **for** someone]. ✝
　　　　그녀는 │ 서 있었어 │ 문 옆에 │ [마치 누구를 기다리는 것]처럼.

## 정형절

### ① [ ] NP[fc]

홀수형 NP[ ]는 P의 재료가 정형절 [fc]인 경우이다.
정형절(finite clause)은 절이 문장의 요소가 됨과 아울러 자체 내에 문장의 요소를 갖춘 것이다. 즉 문장 속의 문장에 해당한다.

- He | was [***where** he belonged*].
- He | was ***as*** [***if he** were their own son*].

다음은 ①[ ] NP[fc]형이다. [ ] 부분은 다음과 같이 분석된다.
who, what, which, where, when, why, how를 wh-words라고 한다. 이들이 정형절을 이끄는 경우, 이들을 평서문의 위치에 놓아보면 이해하기 쉽다. ∨ 기호는 이를 나타낸다.

   ①[ ] He | *was* [***where** he belonged* ∨].
       그는 | [그가 속한 어디(곳)에] 있었어.
    [③] [he | *belonged* | ***where***]     [그가 | 속하였어 | 어디에]

   ①[ ] He | *was **as*** [***if** he were their own son*].
       그는 | [마치 그가 그들의 친자식인 것]처럼 이었어.
    [①] [***if** he* | *were their own son*]
       [마치 그가 | 그들의 친자식인지]

● 유형별 예문
  《P: fc》
  (who)
  ①[①]  My job | *is* [***who** I am* ∨].    내 직업이 | [내가 누구인가]이야.

(what)
①[①]　I | am [**what** I am ∨ now].†　나는 | [현재의 나 그대로]이야.
①[②]　All <I want to know> | is [**what** he is going to do ∨ next ].
　　　　〈내가 알고 싶은〉 전부는 | [그가 다음 무엇을 할 것인가]이야.
①[③]　She | wasn't [**what** she was cracked up to be ∨].†
　　　　그녀는 | [주장된(알려진) 바의 그녀가] 아니었어.

(where)
①[①]　He | was [**where** he shouldn't have been ∨].†
　　　　그는 | [그가 있어서는 안 되는 어디(곳)에] 있었어.
①[③]　This | is [**where** he works ∨].†
　　　　이곳은 | [그가 일하는 곳]이야.

(when)
①[①]　That | was [**when** it happened].
　　　　그것이 | [그 일이 일어난 때]였어.

(why)
①[②]　That | 's [**why** I've been living <u>out of</u> a suitcase for two weeks ∨].
　　　　그것이 | [내가 2주간 일용품가방만으로 지내 온 이유]이야.

(how)
①[②]　This | is [**how** I memorized a lot of English words ∨].
　　　　이것이 | [내가 많은 영어단어를 암기한 방법]이야.

(that)
①[②]　The fact | is [**that** you hit your sister].†
　　　　사실은 | [네가 네 여동생을 때렸다는 것]이야.
①[②]　The trouble | is [**that** they think only <u>of</u> themselves].
　　　　문제는 | [그들이 오로지 자기들만을 생각한다는 것]이야.

(" ")
①」[①]　"Very good, sir" was」 the reply.†
　　　　"매우 좋아요, 선생님"이었어」 그 대답은.
《P: pr+fc》

(as~)
①[①]　It | was **as** [**it** were but yesterday].†
　　　　그건 | [그것이 바로 어제 있었던 것] 같았어.

①[①] I | was once **as** [**you** are ∩ now].
　　　나도 | 한 때 [지금의 너와] 같았어.
①[①] Everything | was exactly **as** [*it* had been ∩ before]].
　　　모든 것이 | [전에 있었던 바] 꼭 그대로였어.
①[②] It | is **as** [**you** say ∩]. †　　그건 | [네가 말하는 (그)]대로야.
①[②] It | was **as** [**he** had been told ∩]. †
　　　그건 | [그에게 말해진 바 (그)]대로야. * ∩=〉as=〉so

(like~)
①[①] He | was **like** [*he* was 30 then]. †
　　　그는 | [당시 그가 30세인 것] 같았어.
①[①] He | was **like** [*he* was paralyzed]. †
　　　그는 | [(그가) 마비된 것] 같았어.
①[①] It | is **like** [*they* disappeared]. †
　　　| [그들이 사라진 것] 같아.
①[①] You | are not **like** [*you* used to be ∩]. †
　　　너는 | [이제 옛날의 네가] 아니군.
①[②] It | was just **like** [*I* said ∩]. †
　　　그것은 | [내가 말한] 바로 그대로였어. * ∩=〉like=〉so
①[②] It | was **like** [*he* used to do ∩]. †
　　　그것은 | [그가 (과거에) 그렇게 하던 것] 같았어.
①[②] It | was **like** [*he* was talking to me]. †
　　　그것은 | [그가 내게 말하는 것] 같아.
①[③] It | was **like** [*he* came *from* nowhere].
　　　| [그는 어디선지 모르게 나타난 것] 같았어.

(as if/though~)
①[①] He | was **as** [*if* he had been born anew].
　　　그는 | [마치 새롭게 태어난 것] 같았어.
①[①] It | was almost **as** [*if* they were doomed].
　　　그것은 | 거의 [마치 그들이 | 망한 것] 같았어.
①[②] He | was **as** [*if* he hadn't a drink last night]. ‡
　　　그는 | [마치 간밤에 술을 한 방울도 마시지 않은 것] 같았다.
①[②] It | isn't **as** [*if/though* you didn't know the rule].

| [마치 네가 규칙을 모르는 것] 같지는 않아.

### ③ [ ] NPP'[fc]

NPP'[fc]는 P'의 재료가 정형절인 경우이다

- He | remained | [**where** he belonged].
- He | made | **as** [**if he** were their own son].

다음은 ③[ ] NPP'[fc]형이다. P는 자동사, P'는 정형절이다.
즉 NPP'[fc]→NP+NP'[fc]의 관계에 있다.

③ [ ]  He | remained | [**where** he belonged].
　　　그는 | 머물렀어 | [그가 속한 곳에].
① 　　 He | remained.　　　　　그는 | 머물렀어.
①[ ]  He | was [**where** he belonged ∨].
　　　그는 | [그가 속한 어디(곳)에] 있었어.
 [③] 　[he | belonged | **where**]
　　　[그가 | 속하였다 | 어디에]

③ [ ]  He | made | **as** [**if** he were their own son].
　　　그는 | 행세했어 | 마치 [그가 그들의 친자식인 것]처럼.
① 　　 He | made　　　　　　그는 | 행세했다.
①[ ]  He | was **as** [**if** he were their own son].
　　　그는 | 마치 [그가 그들의 친자식인 것]처럼 이었어.
 [①] 　[if he | were their own son]
　　　[마치 그가 | 그들의 친자식인지]

● 유형별 예문

　〈P: fc〉
　(where)

③[②]  People | go | [*where* they please ∨].
　　　사람들은 | 갈 거야 | [그들이 원하는 어디든지].
③[③]  I | *am living* | [*where* my uncle used to live ∨]. ╪
　　　나는 | 살고 있어 | [삼촌이 살던 곳에].

(that)

③[②]  The fact | *remains* [*that* you hit your sister]. †
　　　그 사실은 | 그대로이다 | [네가 네 여동생을 때렸다는 것].

(" ")

③」[①]  " Yes,"」*came*」the reply. †　　"예,"」왔어」그 대답이.

《P': pr+fc》

(as~)

③[①]  All our plans | may fail | *as* [*it is* ∩].
　　　모든 우리 계획은 | 실패할지 몰라 | [이런 상태]다로는.

(like~)

③[①]  He | *acted* | *like* [*he* was 30]. †
　　　그는 | 행동했어 | [그가 30세인 것]처럼.
③[①]  He | *just laughed/screamed* | *like* [*he* was crazy]. ╪
　　　그는 | 웃었다/소리질렀어 | [미친 것] 같이.
③[①]  You | look | *like* [*you* haven't slept for days].
　　　너는 | 보여 | [며칠동안 잠을 못 잔 것] 같이
③[①]  It | *looked* | *like* [*they* disappeared]. †
　　　| 보였어 | [그들이 사라진 것]처럼.
③[①]  He | *stood* | *like* [*he* was paralyzed]. †
　　　그는 | 서 있었어 | [그가 마비된 것]처럼.
③[②]  It | *seemed* | *like* [*he* was talking to me]. †
　　　| 보인다 | [그가 내게 말하는 것] 같아.
③[②]  That | *sounds* | *like* [*we* are accusing him].
　　　그렇게 하면 | 들린다 | [우리가 그를 비난하는 것]처럼.
③[②]  It | *turned · out* | just *like* [*I* said ∩]. †
　　　그것은 | 판명되었어 | [내가 말한]대로.
③[③]  I | *feel* | *like* [*I* am going crazy]. ╪
　　　나는 | 느껴 | [미쳐 가는 것] 같이.

(as if/though~)

③[①]  He | looks | ___as___ [___though___ he is 3 or 4 years old]. ╬
　　　그는 | 보였어 | [마치 그가 3, 4살인 것]처럼.

③[①]  I | looks | ___as___ [___if___ it were going to rain].
　　　나는 | 보여 | [마치 비가 오려고 하는 것]처럼.

③[①]  It | seemed | ___as___ [___if___ she'd been gone forever].
　　　 | 보였어 | [마치 그녀가 영원히 가버린 것]처럼.

③[②]  I | made | ___as___ [___if___ I would eat the sixth]. ╬
　　　나는 | (시늉을) 했어 | [마치 내가 6번째를 먹을 것처럼.

③[②]  She | stood | ___as___ [___if___ she was waiting ___for___ someone]. †
　　　그녀는 | 서 있었어 | [마치 누구를 기다리는 것]처럼.

- He | was put | [___where___ he belonged].

- He | was treated | ___as___ [___if___ he were their own son].

다음은 ③[②]형 NPP' [fc]이다. P는 'be+수동형'이다. 다음과 같이 분석된다. 즉 NPP' [fc] ⇨ NP+NP' [fc]의 관계에 있다.

③[ ]  He | was put | [___where___ he belonged].
　　　그는 | 두어졌어 | [그가 속한 곳에].
①　　He | was put.　　　　　　그는 | 두어졌어
①[ ]  He | was [___where___ he belonged ∨].
　　　그는 | [그가 속한 어디(곳)에] 있었어.
　[③] [he | belonged | ___where___]
　　　[그가 | 속하였어 | 어디에]

③[ ]  He | was treated | ___as___ [___if___ he were their own son].
　　　그는 | 취급되었어 | [마치 그가 그들의 친자식인 것]처럼.
①　　He | was treated.　　　　그는 | 취급되었어
①[ ]  He | was ___as___ [___if___ he were their own son].
　　　그는 | [마치 그가 그들의 친자식인 것]처럼 이었어.

[①] [if he | *were their own son*]
[마치 그가 | 그들의 친자식인지]

● 유형별 예문
⟨P': fc⟩
③[①] I | *was made* | [***what** I am* ∨ *today*]. †
나는 | 만들어졌어 | [오늘날의 나로].

⟨P': pr+fc⟩
(as~)
③[①] The matter | *was left* | ***as*** [*it is* ∩]. †
그 문제는 | 내버려졌어 | [그것이 있는 그]대로.
③[②] It | *was done* | ***as*** [*he had been told* ∩]. †
그것은 | 해졌어 | [그에게 말해진] 대로.

(like~)
③[①] He | *was treated* | ***like*** [*he was a criminal*]. †
그는 | 다루어졌어 | [그가 범죄자인 것] 같이.


## ⑤ [ ] NPN' P' [fc]

NPN' P' [fc]는 P'의 재료가 정형절인 경우이다.

- They | *put* ‖ him | [***where** he belonged*].
- They | *treated* ‖ him | ***as*** [***if** he were their own son*].

다음은 ⑤[ ]형 NPN' P' [ ]이다. 다음과 같이 분석된다.
즉 NPN' P' [fc] ⇨ NPN' +N' P' [fc]의 관계에 있다.

⑤[ ] They | *put* ‖ him | [***where** he belonged*].
그들은 | 두었어 ‖ 그를 | [그가 속한 어디(곳)에].
② They | *put* ‖ him.  그들은 | 두었어 ‖ 그를.
①[ ] He | *was* [***where** he belonged* ∨].

그는 | [그가 속한 어디(곳)에] 있었어.
[③] [he | *belonged* | ***where***]
[그가 | 속하였다 | 어디에]

⑤ [ ] They | *treated* ‖ him | ***as*** [*if* he were their own son].
그들은 | 취급했어 | [마치 그가 그들의 친자식인 것]처럼.
② They | *treated* ‖ him.   그들은 | 취급했어 ‖ 그를.
① [ ] He | was ***as*** [*if* he were their own son].
그는 | [마치 그가 그들의 친자식인 것]처럼 이었어.
[①] [*if* he | *were their own son*]
[마치 그가 | 그들의 친자식인지]

● 유형별 예문
《P': fc》
⑤[①] My mother | *made* ‖ me | [*what* I am ∨ today]. †
나의 어머니는 | 만들었어 ‖ 나를 | [오늘날의 나로].
⑤[③] You | *stuck* ‖ your nose | [***where*** it didn't belong ∨].
너는 | 박았어 ‖ 코를 | [그것이 속하지 않은 곳에]

《P': pr+fc》
(as~)
⑤[①] I | *remember* ‖ it | ***as*** [*it* were but yesterday]. †
나는 | 기억해 ‖ 그것이 | [바로 어제 있었던 것]처럼.
⑤[①] | *Leave* ‖ the matter | ***as*** [*it is* ∩]. †
| 내버려두어라 ‖ 그 문제는 | [그것이 있는] 그대로.
⑤[①] | *Take* ‖ it | ***as*** [*it is* ∩]. †
| 취해라 ‖ 그걸 | [그것이 있는 상태]그대로.
⑤[②] He | *did* ‖ it | ***as*** [*he had been told* ∩]. †
그는 | 했어 ‖ 그것을 | [하라는] 대로.
⑤[③] | *Leave* ‖ my book | ***as*** [*it is* on the desk].
| 내버려둬라 ‖ 내 책들을 | [책상 위에 있는]그대로.

(like~)
⑤[①] They | *treated* ‖ him | ***like*** [*he was a criminal*]. †

그들은 | 다루었어 || 그를 | [그가 범죄자인 것] 같이.
⑤[②] She | *did* || it | ***like*** [*he used to do* ∩]. †
그녀는 | 했어 || 그것을 | [그가 했던 것] 같이.

(as if/though~)
⑤[①] I | *can remember* || that spring day | ***as*** [*if it were yesterday*]. †
나는 | 기억해 || 그 봄날을 | [마치 어제인 것]처럼.
⑤[①] He | *looked* || at me | ***as*** [*though I were mad*]. †
그는 | 보았어 || 나를 | [마치 내가 미친 것]처럼.


# ⌜⑤ [ ]NP⌜P' [fc]N'

NP⌜P' [fc]N' 는 구조상 NPN' P' [fc]의 예외적인 경우이다.
단문형과 달리 전환은 허용되지 않는다.

- | *Take* ⌜*down* || [**what** I said].

다음은 ⌜⑤형 NP⌜P' [fc]N' 이다. ⌜ 표시는 P' 가 N' 을 서술함을 나타낸다.

⌜⑤ [ ] | *Take* ⌜*down* || [**what** I said].
　　　　| 받아 ⌜적어라 || [내가 말한 것을].
⑤ [ ] | *Take* || [**what** I said ∨] | *down*.
　[②] [ I | *said* || **what**.]　　　　[내가 | 말했다 || 무엇을.]

● 유형별 예문
  《N': fc》
  (P': 형용사)
  ⌜⑤ [①] That | *made* ⌜*easier* || [**what** had been a very hectic few weeks for his National Security Adviser]. 그것은 | 만들었어 ⌜편하게 || [국가안보좌관으로서 격앙된 한 주간을].
  (P': 소사)
  ⌜⑤ [①] The pilots | *put* ⌜*on* || [**whatever clothing** was at hand].

148 • 복문 홀수형 ➡ 정형절

　　　　　　조종사들은 ｜ 했어「착용 ｜ [가용한 무슨 옷이든지].
「⑤[②] *Did* you ｜ *get*「*down* ‖ [**what** I said ∨]? ✝
　　　　　너 ｜ 받아「적었니 ｜ [내가 말한 것을].
(P' : 전치사구)
「⑤[①] You ｜ *will be left*「*in no doubt* ‖ [**which of us** is stronger].
　　　　　너희는 ｜ 될 거야「의심 없이 ‖ [우리 중 누가 강한지].
「⑤[②] She ｜ *took*「*for her belief* ‖ [**what** he said ∨]. ✝
　　　　　그녀는 ｜ 여겼어「그녀의 신념으로 ‖ [그가 말한 것을].
「⑤[②] ｜ *Do*「*in Rome* ‖ **as** [the Romans do ∩].
　　　　　｜ 해라「로마에서 ‖ [로마인들이 하는 그]대로.
[「⑤[②]] I *tried* [ ｜ *to put*「*out of my mind* ‖ [**what** I'd seen ∨]].
　　　　나는 [ ｜ 두기로「기억밖에 ‖ [내가 보았던 것을] 노력했어.
(P' : 동사)
「⑤[②] ｜ *Never make*「*known* ‖ [**what** you have seen ∨ tonight].
　　　　　｜ 절대로 하지마「알려지게 ‖ [네가 오늘밤 본 것을].

## 「⑤'[ ] NPN'「P'[fc]

NPN'「P'[fc]는 P'의 재료가 정형절인 경우이다.

- He ｜ *studied* ‖ law「[**where** he was admitted *to* the Bar].

다음은 「⑤'[ ]형 NPN'「P'[ ]이다. 두 문장으로 나눠진다. 여기서 P'[ ]는 N을 서술한다. 「표시는 이를 나타낸다. 즉 NPN'「P' ⇨NPN' +NP'의 관계에 있다.

　「⑤'[ ] He ｜ *studied* ‖ law「[**where** he was admitted *to* the Bar].
　　　　　그는 ｜ 공부했어 ‖ 법을「[그가 변호사 허가를 받은 곳에서].
　② He ｜ *studied* ‖ law.　　　　그는 ｜ 공부했어 ‖ 법을.
　① [ ] He ｜ *was* [**where** he was admitted *to* the Bar].
　　　　　그는 ｜ [그가 변호사 허가를 받은 곳에서] 있었어.
　　[「⑤'] [he ｜ *was admitted* ‖ *to* the Bar ｜ **where**].
　　　　　[그가 ｜ 허가받았다 ‖ 변호사로 ｜ 어디에서]

● 유형별 예문

⟨P': pr+nfc⟩
(like~)
「⑤' [②] You | *don't love* ‖ me 「***like*** [*you used to* ∩]. †
　　　　너는 | 사랑하지 않아 ‖ 나를 「[예전에 하던 것처럼]. *∩=love
「⑤' [②] He | *saw* ‖ her 「***like*** [*he had never seen her before*].
　　　　그는 | 봤어 ‖ 그녀를 「[전에 그녀를 본 적이 없는 것]같이.
(as if/though~)
「⑤' [①] She | *hurriedly left* ‖ the room 「***as though*** [*she was angry*]. †
　　　　그녀는 | 급히 떠났어 ‖ 방을 「[마치 화난 것]처럼.
「⑤' [②] He | *covered* ‖ his face 「***as if*** [*he were ashamed of something*]. †
　　　　그는 | 감쌌어 ‖ 얼굴을 「[마치 무엇인가에 부끄러운 것]처럼.

⑦ [　] NPP' P"[fc]

NPP' P"[fc]는 P"의 재료가 정형절인 경우이다.

- He | lay | dead | [where he was working].

다음은 ⑦[③]형 NPP' P"[fc]이다. 세 문장으로 나눠진다.
즉 NPP' P"[nfc] ⇨ NP+NP'+NP"[nfc]의 관계에 있다.

⑦ [　] He | *lay* | *dead* | [***where*** *he was working*].
　　　　그는 | 누워 있었어 | 죽어 | [그가 일하던 곳에].
① 　　　He | *lay*. 　　　　　　　그는 | 누워 있었어.
① 　　　He | *was dead*. 　　　　그는 | 죽었어.
①[　] He | *was* [***where*** *he was working* ∨].
　　　　그는 | [그가 일하던 어디(곳)에] 있었어.
　[③] [he | *was working* | ***where***]　[그가 | 일하고 있었어 | 어디(곳)에]

● 유형별 예문
  《P″: pr+nfc》
  (like~)
  ⑦[①]  He | *stood* | *there* | ***like*** [***he*** *was paralyzed*]. †
         그는 | 서 있었어 | [그가 마비된 것]처럼.
  (as if/though~)
  ⑦[②]  She | *stood* | *at the gate* | ***as*** [***if she*** *was waiting for someone*]. †
         그녀는 | 서 있었어 | 문 옆에 | [마치 누구를 기다리는 것]처럼.

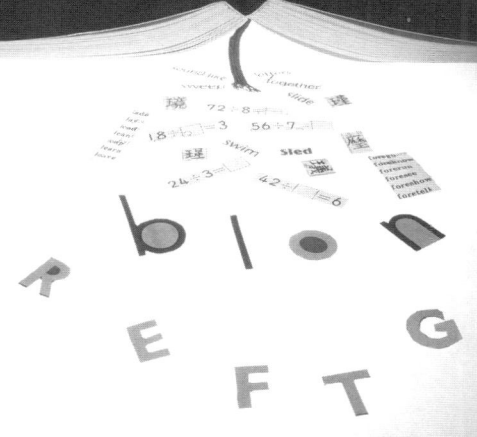

# 복문 짝수형

비정형절 ..................... 152

정형절 ........................ 166

# 비정형절

## ② [ ] NPN' [nfc]

짝수형 NPN' [nfc]은 N' 의 재료가 비정형절인 경우이다.

- I | *want* ‖ [**to see** you again].
- He | *likes* ‖ [**playing** cards].
- I | *know* ‖ [how **to do** it].
- | *Thank* ‖ **for** [**inviting** me]

다음은 ②[ ] NPN' [nfc]형이다. 다음과 같이 분석된다.
즉, NPN' [nfc] ⇨ NP+N' [nfc]의 관계에 있다.

②[ ]  I | *want* ‖ [**to see** you again].
       나는 | 희망해 ‖ [너 다시 보기를]
①+[ ] I | *want*. +[**to see** you again]
       나는 | 희망해. + [너 다시 보기]
  [②]  [I | *see* ‖ you]           [나는 | 보다 ‖ 너를]

②[ ]  He | *likes* ‖ [**playing** cards].
       그는 | 좋아해 ‖ [카드를 노는 것을].
①+[ ] He | *likes*. + [**playing** cards]
       그는 | 좋아해. + [카드를 노는 것]
  [②] [he | *plays* ‖ cards]        [그는 | 놀다 ‖ 카드를]

②[ ]  I | *know* ‖ [how **to do** it].
       나는 | 알아 ‖ [어떻게 그것을 할지].
①+[ ] I | *know* . +[how **to do** it]

　　　　　　　나는 | 알아.+[어떻게 그것을 할지]
　　[②] [how I | *do* ‖ it]　　　　　[어떻게 내가 | 하다 ‖ 그것을]

② [ 　] | *Thank* ‖ **for** [**inviting** me].
　　　　　| 고마워 ‖ [나를 초대함]에 대해.
①+[ 　] | *Thank*(s). + **for** [**inviting** me]
　　　　　| 고마워 + [나를 초대함]에 대해
　　[②] [you | *invite* ‖ me]　　　　[너는 | 초대하다 ‖ 나를]

● **유형별 예문**

《N': to~》

②[①] I | *want* ‖ [**to be alone**]. ☨
　　　　나는 | 원해 ‖ [혼자 있기].
②[①] I | *want* ‖ [**to be back**]. ☨
　　　　나는 | 원해 ‖ [돌아오기].
②[①] He | *wanted* ‖ [**to be king**]. ☨
　　　　그는 | 원했어 ‖ [왕이기를].
②[①] I | *want* ‖ [**to be like you**]. ☨
　　　　나는 | 원해 ‖ [너같이 되기].
　　☞ to be~ 는 편의상 복문으로 다룬다.
②[②] | *Don't bother/trouble* ‖ [**to meet** me]. ☨
　　　　| 애쓰지 말아 ‖ [나 만나는 것]에.
②[②] We | *expect/hope/intend* ‖ [**to climb** Mount Everest].
　　　　우리는 | 희망/기대/작정하고 있어 ‖ [에베레스트산 등반하기].
②[②] I | *forgot/remembered* ‖ [**to post** your letters]. ☨
　　　　나는 | 잊었어/기억해냈어 ‖ [네 편지 부치기].
②[③] Do you | *like* ‖ [**to go** dancing]? ☨
　　　　너 | 좋아하니 ‖ [춤추러 가기]?
②[④] I |'*d like* ‖ [**to treat** you to lunch]. ☨
　　　　난 | 하고 싶어 ‖ [네게 점심을 대접하기].
②[⑤] Each | *wanted* ‖ [**to make** himself king]. ☨
　　　　각자가 | 원했어 ‖ [자신을 왕으로 만들기].

《N':~ing》

②[①] I | *hate* ‖ [**being alone**]. ✝
　　　　나는 | 싫어 ‖ [혼자 있는 것이].

②[①] Do you | *like* ‖ [**being inside**]? ✝
　　　　너 | 좋니 ‖ [안에 있는 것이]?

②[①] I | *don't like* ‖ [**his being here**]. ✝
　　　　나는 | 싫어 ‖ [그가 여기 있는 것이].

②[①] She | *just couldn't bear* ‖ [**being separated**].
　　　　그녀는 | 참을 수 없었어 ‖ [헤어지는 것이].

②[②] She | *avoided* ‖ [**meeting** him]. ✝
　　　　그녀는 | 피했어 ‖ [그를 만남을].

②[②] I | *forgot/remembered* ‖ [**meeting** him]. ✝
　　　　나는 | 잊었어/기억했어 ‖ [그를 만난 것을].

②[②] I | *haven't finished* ‖ [**reading** this book].
　　　　나는 | 끝내지 못했어 ‖ [이 책 읽는 것을].

②[②] He | *began* ‖ [**talking** about his children]. ✝
　　　　그는 | 시작했어 ‖ [아이들에 대한 이야기하는 것을].

②[②] I | *love* ‖ [**watching** television]. ✝
　　　　나는 | 좋아해 ‖ [텔레비전 보는 것을].

②[④] | *Stop* ‖ [**calling** each other names].
　　　　| 그만해라 ‖ [서로 욕지거리함을].

《N': wh to~》

(who)

②[⑤] You | *really don't know* ‖ [who **to believe** ∨ in that party].
　　　　너는 | 정말 알 수 없어 ‖ [일행 중 누구를 믿어야 할지].

(what)

②[②] I | *can't even guess* ‖ [what **to do** ∨ ]. ✝
　　　　나는 | 추측도 못해 ‖ [무엇을 할지].

②[②] I | *couldn't decide* ‖ (on)[what **to do** ].
　　　　나는 | 결정할 수 없었어 ‖ [무엇을 할지](를).

②[「⑤]He | *didn't know* ‖ [what **to make** ∨ of this information].
　　　　그는 | 몰랐어 ‖ [이 정보가 무엇인지 판단할 줄].

(which)
②[②] I | *can't decide* ‖ (on)[which one **to buy** ∨].
　　　　나는 | 결정할 수 없어 ‖ [어느 것을 살지].
(where)
②[④] I | *don't know* ‖ [where **to put** it ∨]. ‡
　　　　나는 | 몰라 ‖ [그것을 어디에 놓아야 하는지].
②[「⑤」] I | *wonder* ‖ [where **to spend** the holidays ∨].
　　　　나는 | 생각해 ‖ [어디서/언제 휴가를 보낼지를].
②[⑤] I | '*ve discovered* ‖ [where **to find** him ∨].
　　　　나는 | 알아냈어 ‖ [어디서 그를 찾을 수 있는지].
(when)
②[②,①] You | *must learn* ‖ [when **to give** advice and when **to be** silent ∨].
　　　　너는 | 알아야 해 ‖ [충고를 해야 할 때와 잠자코 있어야 할 때를].
(how)
②[②] Do you | *know/see* ‖ [how **to do** it ∨]? ‡
　　　　너는 | 아니 ‖ [그것을 하는 방법]?
(whether)
②[①] I | *haven't decided* ‖ (**on**) [whether **to go or stay**].
　　　　나는 | 결정하지 않았어 ‖ [갈 것인지 머물 것인지](에 대해)
②[②] I | *hesitated* ‖ (**about**) [whether **to accept** your offer].
　　　　나는 | 망설였어 ‖ [네 제안을 받아들일 지](에 대해).

《N':pr+~ing》
(about~)
②[①] Mom | *commented* ‖ **about** [my being so quiet].
　　　　엄마는 | 칭찬했어 ‖ [나의 침착함]에 대해.
②[②] After supper, she | *set* ‖ **about** [cleaning the table]. ‡
　　　　저녁 식사후, 그녀는 | 시작했다 ‖ [식탁을 치우기]에.
②[②] I | '*m thinking* ‖ **about** [moving to Busan].
　　　　난 | 생각하고 있어 ‖ [부산으로 이사가는 것]에 관해.

(at~)
②[①] She | *first cursed* ‖ **at** [being interrupted]. †
그녀는 | 처음에는 투덜거렸어 ‖ [방해받은 것]에 대해.
②[④] We | *work · hard* ‖ **at** [finding them jobs]
우리는 | 열심히 일해 ‖ [그들에게 직업을 찾아주기]에.

(by~)
②[②] | *Start · off* ‖ **by** [reviewing [what we studied yesterday]].
| 시작해라 ‖ [[어제 공부한 것]을 복습하는 것]으로.

(from~)
②[「⑥」] We | *must abstain* ‖ **from** [speaking ill of others]. †
우리는 | 삼가야 해 ‖ [남을 악평하는 것]으로부터.

(in~)
②[②] This | *will result* ‖ **in** [your being witness to them].
이것이 | 결과 될 거야 ‖ [너의 그들에 대한 증인됨]에.
②[②] He | *persists* ‖ **in** [going his own way].
그는 | 고집했어 ‖ [마음대로 하겠다]고.
②[②] He | *succeeded* ‖ **in** [solving the problem]. †
그는 | 성공했어 ‖ [그 문제 푸는 데]에.

(of~)
②[③] You | *'re thinking* ‖ **of** [flying anywhere]? †
너 | 생각하니 ‖ [어디 비행기 여행하려]고?

(on~)
②[①] You | *may rely* ‖ **on** [his being discreet]. †
너 | 기대해도 돼 ‖ [그의 사려 분별함]을.
②[①] He | *insisted* ‖ **on** [his being innocence]. †
그는 | 주장했어 ‖ [자기의 무죄함]에 대해.
②[②] I | *insist* ‖ **on** [paying the full price]. †
나는 | 주장해 ‖ [완전한 가격을 지불하기]를.
②[②] Are you | *planning* ‖ **on** [touring the U.S.]?
너는 | 계획하니 ‖ [미국 여행]을?
②[③] He | *kept* ‖ **on** [preaching in the synagogue of Judea].
그는 | 계속했어 ‖ [유대 회당에서 가르치기]를.

(to~)
②[②] I | *fell* ‖ **to** [**talking** about him]. †
　　　　나는 | 되었어 ‖ [그에 대해 이야기]하게.
②[②] I | *am looking · forward* ‖ **to** [**seeing** you]. †
　　　　나는 | 고대하고 있어 ‖ [너 보기]를.
②[⑥] I | *admit* ‖ **to** [**feeling** ashamed <u>of</u> my behaviour]. †
　　　　나는 | 인정해 ‖ [내 행동에 부끄럽게 느낀 것]을.
(with~)
②[②] I | *can't live* ‖ **with** [**not doing** something [that might save lives]].
　　　　나는 | 지낼 수 없어 ‖ [[인명을 구할] 어떤 일을 하지 않]고.
(without~)
②[②] He | *left* ‖ **without** [**saying** a word]. †
　　　　그는 | 떠났어 | [말 한 마디 하지] 않고].

- She | *was shown* ‖ [how **to do** it]
- I | *was prevented* ‖ **from** [**going** <u>to</u> school].

다음은 ②[ ] NPN' [nfc]형이다. P는 'be+수동형'이다.
NPN' [nfc] ⇨ NP+N' [nfc]의 관계에 있다.

②[②] She | *was shown* ‖ [how **to do** it]
　　　　그녀는 | 보여졌어 ‖[어떻게 하는지가]
①+[ ] She | *was shown*.+ [how **to do** it]
　　　　그녀는 | 보여졌어.+ [어떻게 하는지]
　　[②] [she | *does* ‖ how]　　　[그녀는 | 하다 ‖ 어떻게]

②[②] I | *was prevented* ‖ **from** [**going** <u>to</u> school].
　　　　나는 | 못하게 되었어 ‖ [학교에 가는 것이].
①+[ ] I | *was prevented*.+ **from** [**going** <u>to</u> school]
　　　　나는 | 못하게 되었어.+ [학교에 가는 것]

[②] [I | *go* ‖ to school]     [나는 | 가다 ‖ 학교에]

● 유형별 예문
⟪N' :~ing⟫
②[②] Most of the day | *was spent* ‖ [**packing** provision].
  그 날의 대부분은 | 쓰여졌어 ‖ [식량을 포장하는 데]
⟪N' : wh to~⟫
②[④] He | *was told* ‖ [where **to put** it ∨]. †
  그에게 | 일러줘 ‖ [그것을 어디에 놓아야 하는지].
⟪N' :pr+~ing⟫
(from~)
②[②] They | *were kept* ‖ **from** [**recognizing** him]. †
  그들은 | 억제되었어 ‖ [ 그를 인식하는 것]에.
(into~)
②[③] Dudley | *was talked* ‖ **into** [**sitting** next to Harry]. †
  Dudley는 | 말해졌어 ‖ [Harry 옆에 앉]도록.
(on~)
②[②] My heart | *was set* ‖ **on** [**marrying** her]. †
  내 마음은 | 두어졌어 ‖ [그녀와 결혼할 것]에.*열망한다
②[②] David | *was set* ‖ **on** [**going** to Harvard].
  데이빗은 | 마음이 쏠려 있어 ‖ [하바드에 진학하는 것]에.

- You | *were wise* ‖ [**to accept** his offer].

- We | *are far* ‖ **from** [**blaming** him].

다음은 ②[  ] NPN' [nfc]형이다. P는 'be+술어' 이다.
NPN' [nfc] ⇨ NP+N' [nfc]의 관계에 있다.

②[  ] You | *were wise* ‖ [**to accept** his offer].
  너는 | 현명했어 ‖ [그의 제의를 수락한 것이].
①+[  ] You | *were wise.* + [**to accept** his offer]

　　　　　너는 ｜ 현명했어.+ [그의 제의를 수락한 것]
　　[②] [you ｜ ***accept*** ‖ his offer]
　　　　　[너는 ｜ 수락하다 ｜ 그의 제의를]
② [ ] We ｜ *are far* ‖ **from** [blaming him]
　　　　우리는 ｜ 아니야 ‖ [그를 비난하는 것]이.
① +[ ] We ｜ *are far.+* **from** [blaming him]
　　　　우리는 ｜ 멀어.+ [그를 비난하는 것]으로부터
　　[②] [We ｜ ***blame*** ‖ him]　　　[우리는 ｜ 비난하다 ‖ 그를]

● 유형별 예문

《N': to~》

②[①] She ｜ *was afraid* ‖ [**to be seen**].
　　　　그녀는 ｜ 두려웠어 ‖ [보여지는 것이].
②[②] I ｜ *am glad* ‖ [**to meet** you]. ✝ 나는 ｜ 기뻐 ‖ [널 만나게 되어].
②[②] I ｜ *am lucky* ‖ [**to have** met you].
　　　　나는 ｜ 행운이야 ‖ [너를 만난 것이].
②[②] I ｜ *was wrong* ‖ [**to say** that].
　　　　나는 ｜ 잘못했어 ‖ [그렇게 말하게 되어].
②[②] He ｜ *was always forward* ｜ [**to help** others].
　　　　그는 ｜ 항상 앞섰어(자진해서) ｜ 남들을 도우기에.
②[②] He ｜ *is a happy man* ｜ [**to have** such a good son]
　　　　그는 ｜ 행복한 사람이야 ‖ [그런 좋은 아들을 두었으니].

《N': ~ing》

②[②] I ｜ *am glad* ‖ [**meeting** you]. ✝
　　　　나는 ｜ 기뻐 ‖ [널 만나서].
②[②] I ｜ *was uncomfortable* ‖ [**seeing** them]. ✝
　　　　나는 ｜ 불편해 ‖ [그를 본 것이]
②[③] You ｜ ' *d be better off* ‖ [**going** on a diet].
　　　　너는 ｜ 좋겠어 ‖ [ 다이어트 하는 것이].

《N': wh to~》

②[②] ｜ *Be careful* ‖ [what **to say**].
　　　　｜ 주의해라 ‖ [무엇을 말할 것인지].

②[②] I | *was at loss*(or my wit's end) ‖ [what **to do**] ☨
　　　　나는 | 어쩔 줄 몰라 ‖ [무엇을 해야 할지].

《N': pr+~nfc》
(about~)

②[②] I | *am uncomfortable* ‖ **about** [**seeing** them]. ☨
　　　　나는 | 불편하해 ‖ [그를 만남]에 대해.

②[⑤] He | *was doubtful* ‖ **about** [what **to do** <u>for</u> her]. ☨
　　　　그는 | 의심스러웠어 ‖ [그녀를 위해 무엇을 할 것인지]에 대해.

(at~)

②[①] I | *'m not good* ‖ **at** [**being alone**]. ☨
　　　　난 | 못 참아 | [외로운 것]은.

(in~)

②[②] | *Be careful* ‖ (**in**) [**crossing** the street].
　　　　 | 주의해 ‖ [도로를 횡단함]에.

②[②] They | *were late* ‖ **in** [**paying** me]. ☨
　　　　그들은 | 늦었어 ‖ [내게 지불함]이.

(of~)

②[①] I | *am very ashamed* ‖ **of** [**having behaved** so badly].
　　　　나는 | 매우 부끄러워 ‖ [그렇게 나쁘게 행동한 것]이.

②[②] He | *is capable* ‖ **of** [**teaching** English].
　　　　그는 | 가능해 ‖ [영어를 가르치는 것]이.

(to~)

②[②] I | *am used* ‖ **to** [**doing** without breakfast]. ☨
　　　　나는 | 익숙해 ‖ [아침식사 않고 지내는 것]이.

②[④] I | *am not accustomed* ‖ **to** [**making** a speech <u>in</u> public].
　　　　나는 | 익숙하지 않아 ‖ [대중에게 연설하는 것]이.

## ④ [ ] NPN' N"[nfc]

NPN' N"[nfc]은 N"의 재료가 비정형절인 경우이다.

- He | *lost* ‖ all his money ‖ [**playing** cards].

- | *showed* || her || [how **to do** it].
- | *Thank* || you || **for** [**inviting** me for your party]

다음은 ④[ ] NPN˚ N˝[nfc]형이다.
NPN˚ N˝[ ] ⇨ NPN˚ +N˝[nfc]의 관계에 있다.

④[ ] He | *lost* || all his money || [**playing** cards].
　　　그는 | 잃었어 || 돈을 모두 || [카드로 노는 것에].
②+[ ] He | *lost* || all his money.+[**playing** cards]
　　　그는 | 잃었어 || 돈을 모두.+[카드로 노는 것]
　[②] [He | *plays* || cards]　　[그는 | 놀다 || 카드로]

④[ ] I | *showed* || her || [how **to do** it].
　　　나는 | 보여줬어 || 그녀에게 || [어떻게 하는지를].
②+[ ] I | *showed* || her.+ [how **to do** it]
　　　나는 | 보여줬어 || 그녀에게.+ [어떻게 하는지]
　[②] [how she | *does* || it]
　　　[어떻게 그녀는 | 하는지 || 그것을]

④[ ]　| *Thank* || you || **for** [**inviting** me].
　　　　| 감사해 || 네게 || [나를 초대해 준 것]에 대해.
②+[ ]　| *Thank* || you.+ **for** [**inviting** me].
　　　　| 감사해 || 네게.+ [나를 초대해 준 것]에 대해.
　[④] [you | *invite* || me]　　[너는 | 초대하다 || 나를]

● 유형별 예문

《N˝: ~ing》
　④[②] He | *has* || little trouble || [**reading** English].
　　　　그는 | 없어 || 거의 어려움이 || [영어를 읽는 것에].
　④[②] I | *had* || a hard time || [**supporting** my family].
　　　　나는 | 가졌어 || 힘든 시간을 || [내 가족을 부양하는 데].

④[②] I | *spend* ‖ my evenings ‖ [**watching** television]. †
　　　　나는 | 보내 ‖ 저녁을 ‖ [텔레비전을 보는 데에].
④[②] He | *has taken* ‖ his time ‖ [**drafting** the communique].
　　　　그는 | 취했어 ‖ 그의 시간을 ‖ [성명서를 기안하는데].
④[②] You | '*re wasting* ‖ your breath ‖ [**talking** to him].
　　　　너는 | 허비하고 있어 ‖ 정력을 ‖ [그에게 말하는데].

《N'': wh to~》
(what)
④[⑤] 　　| *Tell* ‖ me ‖ [what **to call** you ∨].
　　　　| 말해 줘 ‖ 내게 ‖ [너를 무어라고 부를지].
④[②] 　　| *Please show* ‖ me ‖ [what **to do** ∨ next]. ‡
　　　　| 보여줘요 | 나에게 ‖ [다음에 무엇을 할지].
(where)
④[④] 　　| *Tell* ‖ him ‖ [where **to put** it ∨]. ‡
　　　　| 일러줘 ‖ 그에게 ‖ [그것을 어디에 놓아야 하는지].
(how)
④[②] 　　| *Ask* ‖ your teacher ‖ [how **to pronounce** the word ∨].
　　　　| 물어봐 ‖ 네 선생에게 ‖ [그 단어를 어떻게 발음하는지].

《N'': pr+~ing》
(about~)
④[②] Can I | *pick* ‖ your brain ‖ **about** [**repairing** my car]? ‡
　　　　나 | 빌릴 수 있을까 ‖ 네 머리를 ‖ [내 차 고치는 데]에?
(by~)
④[④] Th nation | *recognized* ‖ her efforts ‖ **by** [**giving** her home a historical monument]. ‡ 정부는 | 치하했어 ‖ 그녀의 노고를 ‖ [그녀의 집에 역사적 기념비를 증정함]으로써.
(for~)
④[①] He | *got* ‖ a scolding ‖ **for** [**being late**].
　　　　그는 | 받았어 ‖ 꾸지람을 ‖ [늦은 것]에 대해.
④[③] 　　| *Pardon* ‖ me ‖ **for** [**cutting** in]
　　　　| 용서해 ‖ 나를 ‖ [이야기 중 끼어든 것]을.
cf ④[①] She | *was angry* ‖ with Tom ‖ **for** [**being rude**].

그녀는 │ 화났어 ‖ 톰에게 ‖ [그의 무례함]에 대해.* P:형용사

(from~)

④[②] I │ *have kept* ‖ you ‖ **from** [sinning against me].
　　　나는 │ 억제했어 ‖ 너를 ‖ [나에게 범죄함]으로부터.(Ge20:6)

④[②] My mother's illness │ *prevented* ‖ me ‖ **from** [going to school].†
　　　어머니 병환이 │ 방지했어 ‖ 나를 ‖ [학교에 가는 것]을.

(in~)

④[②] I │ *encouraged* ‖ him ‖ **in** [doing his hardest].
　　　나는 │ 격려했어 ‖ 그를 ‖ [최선을 다하]도록.

④[②] I │ *had* ‖ difficulty ‖ **(in)** [persuading him].
　　　나는 │ 있다 ‖ 어려움이 ‖ [그를 설득하는 데에].

④[②] I │ *shall lose* ‖ no time ‖ **in** [doing it].
　　　나는 │ 허비 않을 거야 ‖ 시간을 ‖ [그 일을 하는 데]에.

④[②] I │ *recommend* ‖ caution ‖ **in** [dealing with this matter].
　　　나는 │ 권고해 ‖ 조심을 ‖ [이 문제를 다루는 데]에.

(into~)

④[③] She │ *talked* ‖ Dudley ‖ **into** [sitting next to Harry].†
　　　그녀는 │ 말했어 ‖ Dudley에게 ‖ [Harry 옆에 앉]도록.

(of~)

④[②] She │ *suspects* ‖ Anne ‖ **of** [stealing her necklace].
　　　그녀는 │ 의심해 ‖ 안나를 ‖ [그녀의 목걸이를 훔친]것으로.

(on~)

④[②] I │ *set* ‖ my heart ‖ **on** [marrying her].†
　　　나는 │ 둬 ‖ 마음을 ‖ [그녀와 결혼할 것]에. *열망한다

(out of~)

④[②] You │ *can't take* ‖ me ‖ **out of** [doing it].
　　　너는 │ 설득할 수 없어 ‖ 나를 ‖ [그것을 함을] 그만두게.

(to~)

④[②] I │ *prefer* ‖ flying ‖ **to** [going by train].
　　　나는 │ 선호해 ‖ 비행기를 ‖ [기차로 가는 것]보다.

④[「⑤」] What *do* you │ *say* ‖ ∨ ‖ **to** [taking a walk in the park]?

뭐라고 너 ‖ 말할래 ‖ V ‖ [공원에 산책하는 것]에 대해?
(without~)
④[②] I │ couldn't do ‖ it ‖ **without [her helping** me].
　　　나는 │ 할 수 없었어 ‖ 그것을 ‖ [그녀의 도움] 없이.
④[②] He │ went ‖ his own way ‖ **without [listening to** others]. ✝
　　　그는 │ 갔어 ‖ 자기 길을 ‖ [남의 말을 듣지] 않고.

## ⑥ NPP'N'[nfc]

NPP'N'[ ]은 NPP'에 N'[ ]이 추가된 것이다.

- I │ feel │ encouraged ‖ [to be <u>with</u> you].

다음은 ⑥ NPP'N'[nfc]이다. 다음과 같이 분석된다.
NPP'N'[ ] ⇨ NPP'+N'[ ]의 관계에 있다.

⑥[ ] I │ feel │ encouraged ‖ [to be <u>with</u> you]
　　　나는 │ 느껴 │ 고무되게 ‖ [너와 같이 있으면]
③+[ ] I │ feel │ encouraged.+[to be <u>with</u> you]
　　　나는 │ 느껴 │ 고무되게.+[너와 같이 있으면]
　[①] [I │ am <u>with</u> you].　　[나는 │ 너와 같이 있다].

● 유형별 예문

《N':nfc》
⑥[②] We │ 'll looking │ awesome ‖ [**to drive** my Mercedes Benz]. ✝
　　　우리는 │ 보일 거야 │ 멋져 ‖ [내 벤츠를 타고 달리면].
⑥[②] We │ 'll looking │ gorgeous ‖ [**driving** my Mercedes Benz]. ✝
　　　우리는 │ 보일 거야 │ 멋져 ‖ [내 벤츠를 타고 달리면].
　　　☞ 다음 경우는 P 다음에 us를 보충하면 이해하기 쉽다.

⑥[②] He | *made* | *believe* ‖ [not **to hear** me].
　　　그는 | 했다 | 믿게 ‖ [내 말을 듣지 않은 것처럼].

《N':pr~+nfc》
(at~)
⑥[⑤] He | *felt* | *half · ashamed* ‖ **at** [**having** thought the jailer unkind ]. ✝ 그는 | 느꼈어 | 상당히 부끄럽게 ‖ [간수가 불친절 하다고 생각했던 것에] 대해.

(to~)
⑥[②] I | *can't get* | *used* ‖ **to** [**wearing** glasses]. ✝
　　　나는 | 못해 | 익숙하지 ‖ [안경 쓰는 데]에.

(without~)
⑥[②] He | *stole* | *out of the house* ‖ **without** [**anyone** seeing him]. ✝
　　　그는 | 몰래 나왔어 | 집 밖으로 ‖ [아무도 보지]않게.

## 정형절

② [ ] NPN' [fc]

짝수형 NPN' [fc]은 N'의 재료가 정형절인 경우이다.

- I | *asked* ‖ [**where** he was].
- He | *asked* ‖ **about** [**what** happened].

다음은 ②[ ] NPN' [fc]형이다.
NPN' [ ] ⇨ NP+N' [ ]의 관계에 있다. wh-word 중 주어 이외의 것은 도치되기 전의 자리에 놓아 보면 이해하기 쉽다. ∨ 기호는 이를 나타낸다.

②[   ] I | *asked* ‖ [**where** he was].
      나는 | 물었어 ‖ [어디에 그가 있는지].
①+[   ] I | *asked*.+ [**where** he was ∨]
      나는 | 물었어.+ [어디에 그가 ∨ 있는지]
  [①] [he | *was* **where**]     [그가 | 어디에 있었어]

②[   ] He | *asked* ‖ **about** [**what** happened].
      그는 | 물었다 ‖ [무엇이 일어났는지]에 관해.
①+[   ] He | *asked*.+ **about** [**what** happened]
      나는 | 물었다.+ [무엇이 일어났는지]에 관해
  [①] [**what** | *happened*]     [무엇이 | 일어났다]

● 유형별 예문
《N': fc》
(who)
②[①] | *Look* ‖ [**who** is here]?

| 봐라 ‖ [누가 여기 있는지].(=이게 누구야)
②[①] **Who** *do* you | *think* ‖ [you are ∩]? ╪
　　　　너는 | 생각하니 ‖ [네가 누구라고]?

(what)
②[①] I | *know* ‖ [**what**'s <u>on</u> your mind].
　　　　나 | 알아 ‖ [네가 무슨 생각하는지].
②[②] He | *doesn't care* ‖ [**what** they say ∨]. †
　　　　그는 | 개의치 않아 ‖ [그들이 말하는 것에].

(where)
②[①] I | *don't know* ‖ [**where** the hall is ∨]. ╪
　　　　나는 | 몰라 ‖ [어디에 홀이 있는지].

(when)
②[①] Fishermen | *(can) smell* ‖ [**when** rain is coming ∨].
　　　　어부들은 | 냄새 맡을 수 있어 ‖ [비가 오는 때를].

(how)
②[①] *Does anyone* | *know* ‖ [**how** it happened ∨]? ╪
　　　　누가 | 알아 ‖ [어떻게 그것이 일어났는지]?
②[①] I | *wonder* ‖ [**how** that can be ∨].
　　　　나는 | 궁금해 [어떻게 그런 일이 있을 수 있을까]?

(why)
②[①] She | *asked* ‖ [**why** I was late ∨].
　　　　그녀는 | 물었어 ‖ [왜 내가 지각했는지].

(if/whether)
②[①] I | *wonder* ‖ [**if/whether** she is married]. ╪
　　　　나는 | 알고 싶어 ‖ [그녀가 결혼했는지 여부].

(that)
②[①] He | *cried · out* ‖ [**that** she was a very pretty girl]. ╪
　　　　그는 | 소리쳤어 ‖ [그녀가 아주 예쁜 소녀라]고.
②[①] I | *felt* ‖ [**that** all was right]. †
　　　　나는 | 느꼈어 ‖ [만사가 잘 되었다].
②[①] The letter | *says* ‖ [**that** he is doing well].
　　　　그 편지는 | 말해주고 있어 ‖ [그가 잘하고 있다고].

②[②] He | *promised* ‖ [**that** he would leave there]. ✝
　　　　그는 | 약속했어 ‖ [거기를 떠나겠다]고.
(" ")
②[①] He | *said*, ‖ "What a pretty girl she is!" ✝
　　　　그는 | 말했어, ‖ "그녀는 정말로 예쁜 소녀이군!"
②[②] He | *promised*, ‖ "I will leave here." ✝
　　　　그는 | 약속했어, ‖ "여기를 떠나겠다"

《N': pr+fc》
(about~)
②[①] | *Don't worry* ‖ **about** [how the money was lost ∨].
　　　 | 걱정 말아 ‖ [어떻게 해서 돈이 없어졌는지]에 대해.
②[②] I | *don't care* ‖ **about** [what you think ∨]. ✝
　　　 나는 | 관심 없어 ‖ [무엇을 네가 생각하는지]
(as~)
②[②] | *Do* ‖ **as** [you would be done ∩ **by**].
　　　 | 해라 ‖ [네가 받고자 하는] 대로. *∩=> so
cf②[②] They | *feel* ‖ **as** [if we are rejecting them].
　　　　　　 그들은 | 느껴 ‖ [마치 우리가 그들을 거절하는 것]처럼.
②[④] | *Do* ‖ **as** [I told you ∩]. ✝
　　　 | 해라 ‖ [내가 시키는 그]대로.
(beyond)
②[①] | *Do not go* ‖ **beyond** [what is written].
　　　 | 가지 마라 ‖ [기록된 말씀 것을] 벗어나.
(like~)
②[②] | *Do* ‖ **like** [I do ∩].
　　　 | 해라 ‖ [내가 하는 그]대로.*∩=>so
(of~)
②[②] We | *speak* ‖ **of** [what we know ∨].
　　　　우리는 | 말해 ‖ [우리가 아는 것을].
(on~)
②[②] It | *depends* ‖ **on** [how you look at it ∨].
　　　　그것은 | 의존해 ‖ [네가 그것을 어떻게 보느냐]에.

②[⑤] I | *can't decide* ‖ **on** [**what** I'd like to do ∨ for vacation
　　　　this year].
　　　　나는 | 결정할 수 없어 ‖ [올 휴가에 무엇할 지]에 대해.
(to~)
②[②] 　| *Attend* ‖ **to** [**what** your teacher says ∨]. ‡
　　　　| 귀를 기울여라 ‖ [선생님이 말하는 것]에.


- She | *was asked* ‖ [**where** he was].

다음은 ② NPN' [fc]이다. P는 수동태, N'는 정형절이다.
다음과 같이 분석된다. 즉 NPN' [ ] ⇨ NP+N' [ ]의 관계에 있다.

②[①] She | *was asked* ‖ [**where** he was].
　　　　그녀는 | 질문 받았어 ‖ [그가 어디에 있었는지].
①+[ ] She | *was asked.* +[**where** he was ∨]
　　　　그녀는 | 질문 받았어. +[그가 어디에 있었는지]
　[①] [he | *was* **where**]　　　[그가 | 어디에 있었다]


● 유형별 예문

《N': fc》
②[①] He | *was told* ‖ [**that** he had been ill]. †
　　　　그는 | 말해졌어 ‖ [그가 아팠다]고.
《N': pr+fc》
(at~)
②[②] I | *am really disappointed* ‖ **at** [**what** you did ∨].
　　　　나는 | 진정으로 실망되었어 ‖ [그가 한 일]에.
(for~)
②[④] I | *was thanked* ‖ **for** [**what** I had done ∨ for his son]. †
　　　　나는 | 감사를 받았어 ‖ [ 그의 아들을 위해 한 것]에 대해.
(on~)
②[②] Our opinions | *are divided* ‖ **on** [**what** is going to happen].

우리의 의견들은 | 나눠졌어 ‖ [무엇이 일어날지]에.

- He | *is doubtful* ‖ [**what** he should write to her].

- I | *was not aware* ‖ **of** [**how** deeply she loved me].

다음은 ②[ ] NPN' [fc]형이다. P는 비동사술어, N'는 정형절이다. 다음과 같이 분석된다. 즉 NPN' [ ] ⇨ NP+N' [ ]의 관계에 있다.

②[ ] He | *is doubtful* ‖ [**what** he should write to her].
  그는 | 회의적이야 ‖ [무엇을 그가 그녀에게 편지 써야 하는지].
①+[ ] He | *is doubtful* .+ [**what** he should write ∨ to her]
  그는 | 회의적이야.+ [무얼 그가 그녀에게 편지해야 하는지]
 [④] [he | *should write* ‖ **what** | to her]
  [그가 | 편지 써야 하는지 ‖ 무엇을 ‖ 그녀에게]

②[ ] I | *was not aware* ‖ **of** [**how** deeply she loved me].
  나는 | 몰랐어 ‖ [그녀가 나를 얼마나 깊이 사랑하였는지].
①+[ ] I | *was not aware*.+ **of** [**how** deeply she loved ∨ me]
  나는 | 몰랐어 +[얼마나 깊이 그녀가 나를 사랑하였는지]를
 [②] [she | *loved* **how** *deeply* ‖ me ]
  [그녀가 | 얼마나 깊이 사랑하였는지 ‖ 나를]


● 유형별 예문

(wh-words)

②[①] I | ' ll *be glad* ‖ [**when** this is over ∨].
  나는 | 기쁠 거야 ‖ [이것이 끝나는 때가].
②[①] They | *were not sure* ‖ [**whether** they could come or not].
  그들은 | 확신할 수 없었어 ‖ [그들이 올 수 있을지 않을지]
②[②] | *Be careful* ‖ [**what** you say ∨/ ask for ∨].
  | 조심해 ‖ [네가 말하는/요구하는 것에].

②[③] I | *really wasn't sure* ‖ [**where** Reg stood ∨].
　　　나는 | 정말 알 수 없었어 ‖ [Reg이 어떤 입장에 섰는지].

(that)
②[①] I | *'m afraid* ‖ [(**that**) I've got to go now].
　　　나는 | 유감이야 ‖ [내가 지금 가야하는 것(이)].
②[①] A fool | *is not aware* ‖ [**that** he is a fool].
　　　바보는 | 알지 못해 ‖ [그가 바보라는 것을].
②[①] We | *are happy* ‖ [**that** you are here].
　　　우리는 | 행복해 ‖ [네가 여기 있는 것이].
②[②] I | *am sorry* ‖ [(**that**) I brought it · <u>up</u>].
　　　나 | 미안해 ‖ [말을 꺼낸 것(이)].

〈N': pr+fc〉
(about~)
②[①] I | *am really <u>up in arms</u>* ‖ **about** [**what** happened]. ☦
　　　나는 | 정말 화가 났어 ‖ [일어난 일]에 대해.
②[②] He | *is doubtful* ‖ **about** [**whether** he can get <u>over</u> the difficulty].
　　　그는 | 의심스러웠어 ‖ [그가 그 어려움을 극복 할 수 있을지] 에 대해.

(at~)
②[②] They | *were good* ‖ **at** [**what** they did ∨].
　　　그들은 | 능수였어 ‖ [그들이 한 것]에.

(of~)
②[③] I | *am ahead* ‖ **of** [**where** I'm supposed to be ∨].
　　　나는 | 앞서 있어 ‖ [내가 있을 것으로 예정되는 입장보다].

(with~)
②[②] [What happened] | *is not <u>in</u> line* ‖ **with** [**what** I had expected ∨].
　　　[일어난 것은] | 일치하지 않아 ‖ [내가 기대한 것]과.

## ④ [ ] NPN' N"[fc]

NPN' N"[fc]은 N"의 재료가 정형절인 경우이다.

- I | *asked* ‖ her ‖ [**where** he was].
- He | *asked* ‖ me ‖ **about** [what happened].

다음은 ④[ ] NPN' N"[fc]형이다. N"는 정형절이다.
NPN' N"[fc] ⇨ NPN' +N"[fc]의 관계에 있다.

④ [　] I | *asked* ‖ her ‖ [**where** he was].
　　　　나는 | 물었어 ‖ 그녀에게 ‖ [그가 어디 있었는지].
②+[ ] I | *asked* ‖ her.+ [**where** he was ∨]
　　　　나는 | 물었어 ‖ 그녀에게. + [그가 어디 있는지]
　[①] [he | *was* ***where***]　　　　[그가 ‖ 어디에 있었다]

④ [　] He | *asked* ‖ me ‖ **about** [what happened].
　　　　그는 | 물었어 ‖ 내게 ‖ [무엇이 일어났는지]에 관해.
②+[ ] He | *asked* ‖ me. + **about** [what happened]
　　　　그는 | 물었어.+ [무엇이 일어났는지]에 관해
cf.[①] [**what** | *happened*]　　　　[무엇이 | 일어났는지]

● 유형별 예문
《N": fc》
(who)
④[①] *Can* you | *tell* ‖ me ‖ [**who** he is ∨]? ヰ
　　　　너는 | 말할 수 있니 ‖ 내게 ‖ [그가 누구인지]?
(what)
④[①] | *Tell* ‖ me ‖ [**what** your name is ∨].
　　　　| 말해 줘 ‖ 내게 ‖ [네 이름이 무엇인지]
④[⑤] | *Show* ‖ me ‖ [**what** you have ∨ <u>in</u> your pockets].

　　　　　| 보여줘 ‖ 내게 ‖ [네 주머니에 무엇이 있는지].

(where)

④[①] I | *asked* | him ‖ [**where** the hall was ∨]. ⳾
　　　　나는 | 물었어 | 그에게 ‖ [홀이 어디 있는지].

④[①] *Can* you | *tell* | me ‖ [**how high** the mountain is ∨]?
　　　　너는 | 말할 수 있니 ‖ 내게 ‖ [그 산이 얼마나 높은지]?

(why)

④[③] *Won't you* | *tell* | me ‖ [**why** your grades went down so much]?
　　　　너 | 말 않겠니 ‖ 내게 ‖ [왜 성적이 그렇게 많이 떨어졌는지]?

(how)

④[①] He | *tell* | me ‖ [**how** it was ∨ **wrong** to steal].
　　　　그는 | 말했어 | 내게 ‖ [도둑질하는 것이 얼마나 나쁜지].

④[①] I | *'ll show* | you ‖ [**how absurd** the plan is ∨].
　　　　난 | 보여줄게 ‖ 네게 ‖ [그 계획이 얼마나 어리석은지].

(if/whether)

④[①] I | *asked* ‖ her ‖ [**if/whether** she is married]. ⳾
　　　　나는 | 물었어 ‖ 그녀에게 ‖ [그녀가 결혼했는지 여부]를.

(that)

④[①] He | *told* ‖ me ‖ [**that** he had been ill]. †
　　　　그는 | 말했어 ‖ 내게 ‖ [그가 아팠다]고.

④[②] He | *promised* ‖ me ‖ [**that** he would be home <u>for</u> dinner]. ⳾
　　　　그는 | 약속했어 ‖ 내게 ‖ [그가 만찬에 집에 오겠다]고.

(" ")

④[②] "Tom's coming to lunch," she | *told* ‖ him.
　　　　"톰은 점심식사에 올 거야", 그녀가 | 말했어 ‖ 그에게.

☞ N':pr+n

(from~)

④[①] I | *read* ‖ **<u>from</u> your manner** ‖ [**that** you are <u>against</u> my plan].
　　　　나는 | 읽었어 ‖ 네 태도로부터 ‖ [네가 내 계획에 반대한다는 것을].

(of~)

④[①] I | *inquired* ‖ **<u>of</u> the girl** ‖ [**if/whether** there were any

　　　　　books on  music]. ☫
　　　　나는 ｜ 물었어 ‖ 소녀에게 ‖ [음악에 관한 책이 있는지 여부를].
(to~)
④[①] He ｜ explained ‖ **to us** ‖ [**why** the moon waxes and wanes ∨].
　　　　그는 ｜ 설명하였어 ‖ 우리에게 ‖[왜 달이 차고 기우는 지를].
④[②] He ｜ said ‖ to me, ‖ "I am going to the movie this evening." ☫
　　　　그는 ｜ 말했어 ‖ 내게, ‖ "나 저녁에 영화 보러 갈 거야."
《N": pr+fc》
(about~)
④[①] He ｜ *asked* ‖ me ‖ **about** [**why** I was there ∨].
　　　　그는 ｜ 물었어 ‖ 내게 ‖[무엇이 일어났는지]에 관해.
④[②] He ｜ *asked* ‖ me ‖ **about** [**how** I got it ∨].
　　　　그는 ｜ 물었어 ‖ 내게 ‖[어떻게 내가 그걸 얻었는지]에 관해.
(for~)
④[②] ｜ *Forgive* ‖ me ‖ **for** [**what** I did ∨].
　　　　｜ 용서해라 ‖ 나를 ‖[내가 한 짓]에 대해.
④[④] He ｜ thanked ‖ me ‖ **for** [**what** I had done ∨ for his son]. ☫
　　　　그는 ｜ 감사했어 ‖ 내게 ‖[ 그의 아들을 위해 한 것]에 대해.
(of~)
④[「⑤'」] This photo ｜ *reminds* ‖ me ‖ **of** [**what** we did ∨ together
　　　　during our vacations].
　　　　이 사진은 ｜ 생각나게 해 ‖ 내게 ‖[우리가 지난 방학 때 한 일]에 대해.
cf④ [①] He ｜ *asked* ‖ me ‖[**of what** parentage I was ∨].
　　　　그는 ｜ 물었어 ‖ 내게 ‖[나는 어떤 가문인지].
(to~)
④[④] My son, ｜ *pay* ‖ attention ‖ **to** [**what** I say ∨]. ☫
　　　　내 아들아 ｜ 기울여라 ‖주의를 ‖ [내가 말하는 것]에.
cf④ [②] He ｜ *asked* ‖ me ‖ [**to what** regiment I belonged ∨].
　　　　그는 ｜ 물었어 ‖ 내게 ‖[무슨 연대에 내가 속하는지].

## ⑥ NPP' N' [fc]

NPP' N' [fc]은 NPP' 에 N' [fc]이 추가된 것이다.

- I | will make | sure ‖ [**how many books** we need].

다음은 ⑥ NPP' N' [ ]이다.
다음과 같이 분석된다. 즉 NPP' N' [ ] ⇨ NPP' +N' [ ]의 관계에 있다.

⑥ [ ] I | will make | sure ‖ [how many books we need].
　　　　나는 | 하겠어 | 확실히 ‖ [우리는 책이 몇 권 필요한지].
③+[ ] I | will make | sure.+[how many books we need ∨]
　　　　나는 | 하겠어 | 확실히.+ [우리는 책이 몇 권 필요한지]
　　[②] [we | need ‖ how many books]

● 유형별 예문

《N' : fc》
(P' : 형용사)
⑥[②] We |'ll looking | good ‖ [**when** you drive my Mercedes Benz].
　　　　우리는 | 보일 거야 | 멋있게 ‖ [내 벤츠차를 타고 달리면].
(P' : 전치사구)
⑥[②] They | bowed | <u>before her</u> ‖ **as** [**Roman lads** were taught to do ∩]. *∩ => so
　　　　그들은 | 인사했어 | 그녀 앞에서 ‖ [로마 소년들이 배운]대로.
⑥[③] "Glad you're here, Cathy," he | said | <u>on the way</u> <<u>past</u>>. ☦
　　　　"당신이 여기 있어 기뻐," 그는 | 말했어 | 〈지나는〉 길에.
(P' : 동사)
⑥[①] I | felt | satisfied ‖ [**that** all was right]. †
　　　　나는 | 느꼈어 | 만족하게 ‖ [만사가 잘 됐다고].
⑥[①] | Let | make ‖ [( ) it happen]. 그것이 일어나도록 하자.

⑥[①] He | *let* | *slip* ‖ [**that** he was a dancer].
　　　그는 | 했어 | 누설하게 ‖ [그가 무용사라는 것을].

⑥[①] You | *may rest* | *assured* ‖ [**that** she will be punished].
　　　그는 | 안심해도 좋아 | 확신해 ‖ [그녀가 처벌될 것이라고].

☞ 다음 경우는 P 다음에 직접목적어를 보충하면 ⑤ [ ]형이 된다.

⑥[①] He | *makes* | *believe* ‖ [**that** he is ill]. ✝
　　　그는 | 만들었다 | 믿게 ‖ [그가 병들어 있다고].

cf⑤[②] He | *makes* ‖ us | [*belive that he is ill*].

⑥[①] He | *let* | *slip* ‖ [**that** he was a dancer].

cf⑤[①] He | *let* ‖ it | *slip* [that he was a dancer].

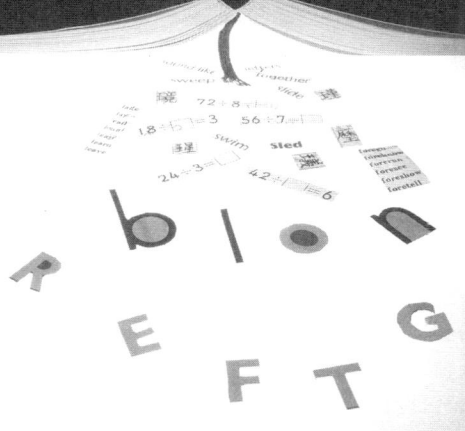

# 부속어

명사 ········· 178
소사/부사 ········· 191
전치사 ········· 195

178 • 부속어 → 명사

# 명 사

**- I │ 'm 30 years · old.**

다음 문장의 재료는 '단위명사(구)+형용사' 이다.

①I │ 'm 30 years · old.    나는 │ 30세야.

이 경우 명사(구)는 정도/수량/단위/신체부위 등 단위와 관련된다.
이를 명사구의 부속어 용법이라 한다. · (가운뎃점)으로 표시한다.

● 유형별 예문
(사람/호칭)
①The team │ had been **a player** · **short**.
    그 팀은 │ 선수 한 명이 부족했어.
(신체/부위)
①The goblin │ was **a head** · **shorter** <than Harry>.
    그 도깨비는 │ 〈해리보다〉 머리 하나 만큼 키가 작았어.
①The soybeans and cotton │ were **knee** · **high**.
    콩과 목화들은 │ 무릎높이였어.
①He │ was **short** · **a leg**.    그는 │ 한 쪽 다리가 없어.
③The snow │ gets │ **knee** · **deep**.    눈은 │ 되었어 │ 무릎깊이가.
(물건/부속물)
①We │ are **weapons** · **free**.    우리는 │ 안전장치 풀은 상태야.
(기능/형상/무체물/에너지)
①I │ am **three bucks** · **short**.    나는 │ 3불 부족해.
①The letter │ was **three pages** · **long**.
    그 편지는 │ 3페이지 길이였어.
(관념/현상/활동)
①He │ might be **a vote or two** · **shy**.
    그는 │ 한 표나 두 표가 모자랄지 몰라.

③He | sprang | a step · close.   그는 | 뛰었어 | 한 걸음 더 가까이.
(수량/단위)
①I | 'm **175 centimeters** · **tall**.   난 | 키가 175 센티미터이야.
①They | were **a thousand miles** · **offshore**.
    그들은 | 해안에서 천 마일 떨어져 있었어.
①The flight | was **about three-quaters** · **full**.
    그 비행기는 | 약 3/4이 차 있었어.
①The river | was **fifty feet** · **deep**.   그 강은 | 깊이가 50피트였어.
①The mobile home | was **twelve feet** · **wide** {and} **sixty feet** · **long**.
    그 이동 주택은 | 12피트 넓이에 60피트 길이야.
①I | 'm **short** · **$200**.   나는 | 200불이 부족해.
③I | feel | **ten feet** · **tall**.   나는 | 느껴 | 키 10피트인 것처럼.
    * 붕 떠있는 기분이라는 의미
(정도)
①He | was **a little** · **breathless**.   그는 | 약간 숨을 헐떡였어.
①They | are all **half** · **crazy**.   그들은 | 모두 반쯤 미쳤어.
①The tables | were **half** · **full**.   식탁들은 | 반정도 차 있었어.
①His writing speed | is **a fraction** · **too slow**.
    그의 작문 속도가 | 좀 느린 편이야.
①Ryan's lot | was **half** · **open** {and} **half** · **wooded**.
    라이안의 대지는 | 반은 개활지이고 반은 숲이었어.
⑤Toland | found ‖ the parking lot | **half** · **empty**.
    Toland는 | 알게 됐어 ‖ 그 주차장이 | 반쯤 빈 것을.
⑦She | arrived | in the library | **a little** · **breathless**.
    그녀는 | 도착했어 | 서재 안에 | 약간 숨을 헐떡이며.
(장소/정착물)
①The building | was **two stories** · **high**.
    그 건물은 | 2층 높이었어.
(시간)
①They | were **two days** · **late**.   그들은 | 이틀 늦었어.
②Mr. White | is **eight years** · **senior** ‖ to Mr. Black.
    화이트 씨는 | 8년 연상이야 ‖ 블랙 씨보다.

③I | feel | **ten years · _younger_**.　　　나는 | 기분이야 | 10년 젊은.
④She | had gone ‖ into labor ‖ **a month · _early_**.
　　　그녀는 | 들어갔어 ‖ 해산에 ‖ 한달 일찍.


- The river | is **fifty yards · _across_**.

다음 문장의 재료는 '단위명사(구)+소사' 이다.

①The river | is **fifty yards · _across_**.　　강은 | 50야드 폭이야.

● 유형별 예문
　①The rift | was **about a dozen feet · _across_**.
　　　그 틈새는 | 약 12자 폭이었어.
　①I | 'm **way · _ahead_**.　　　　　　　　내가 | 훨씬 앞서 있어.
　①He | 's been **a step · _ahead_ every time**.
　　　그는 | 항상 한 발짝 앞서 왔어.
　①We | are **five points · _ahead/up_**.　　우리는 | 5점 앞서/위에 있어.
　①They | were **ten feet · _apart_**.　　　　그들은 | 10피트 떨어져 있었어.
　①Our faces | are **just inches · _apart_**.
　　　우리의 얼굴은 | 거의 맞닿아 있었어.
　①The killings | were **two hours · _apart_**.
　　　그 살해는 | 2시간 간격이었어.
　①His letters | were **already weeks · _apart_**.
　　　그의 편지들은 | 이미 여러 주일씩 걸렸어.
　①He | was **a few feet · _away_**.　　　　그는 | 몇 피트 떨어져 있었어.
　①The station | is **half a mile · _away_**.
　　　그 역은 | 반 마일 떨어져 있어.
　①The exam | is **only a week · _away_**.　시험은 | 오직 일주일 남았어
　①Your closing argument | is **(less than) two hours · _away_**.
　　　너의 종결 변론은 | 두 시간 (보다 적게) 후에 해.

①The Faculty Club | was *a minute's walk* · *away*.
그 교수 클럽은 | 일분 도보 거리에 떨어져 있었어.
①That village | is *a great distance* · *away/off*.
그 마을은 | 상당한 거리가 떨어져 있어.
①You | re' *way* · *behind*.  넌 | 한참 쳐져 있어.
①I | 'm *two months* · *behind*.  난 | (집세/일이) 두 달 늦어있어.
①They | were *a half million* · *down*.
그들은 | 50만 불을 미리 내었어.
①The bar | is *ten bottles of scotch* · *down*.
바에는 | 스카치 10병이 부족해.
①The second pitch | was *two feet* · *inside*.
두 번째 투구는 | 2피트 안쪽이었어.
①We | must be *miles* · *on* (*before dusk*).
우리는 | 수마일 가야해 (해지기 전).
①He | was still *a long way* · *off*.  그는 | 아직 멀리 떨어졌어.
①The station | is *two miles* · *off*.  역은 | 2마일 떨어져 있어.
①It |' s *30%* · *off*.  그건 | 30% 할인이에요.
①My watch | is *a few minutes* · *out*.  내 시계는 | 몇 분 틀려.
①I | am *ten dollars* · *out*.  나는 | 10달러 손해야.
①His forecast | is *some way* · *out*.  그의 예측은 | 약간 틀렸어.
①We | are only *halfway* · *through*.
우리는 | 단지 반 정도 진행하고 있어.
①When he | was *forty feet* · *up*, he saw the roofs of their huts.
그가 | (나무에) 40피트 올랐을 때, 그들의 초가집 지붕이 보였어.
①They |' re still *three points* · *up*.  그들은 | 여전히 3점 앞서 있어.
①The water level | was *10 centimeters* · *up*.
수위는 | 10 센티미터였어.
①Share dividends | were *$8 million* · *up* (*on the year*).
주식배당금이 | (그 해) 8백만불이 늘었어.
①It |' s *one floor* · *up*.  그건 | 한 층 위에 있어.
②She | is *a year* · *ahead* ‖ in school.
그녀는 | 한 학년 위야 ‖ 학교에서.

②The three aircraft | *landed* || **a few minutes · <u>apart</u>**.
　3대의 비행기가 | 착륙했어 | 수 분 간격으로.
②I | *got/take* || **two weeks · <u>off</u>** at the end of July.
　나는 7월말에 2주일 쉬게 돼.
③He | *rode* | ***a short way · <u>ahead</u>***.
　그는 | 말타고 갔어 | 조금 앞서.
③The party | *was planned* | ***weeks · <u>ahead</u>***.
　파티는 | 계획되었어 | 수주 앞서.
③Two water fountains | *stood* | ***ten feet · <u>apart</u>***.
　두 개의 분수대가 | 서 있었어 | 10 피트 간격으로.
③Sally | *stood* | ***an arm's length · <u>away</u>***.
　샐리는 | 서 있었어 | 한 팔 거리만큼 떨어져.
③She | *followed* | ***a few steps · <u>behind</u>***.
　그녀는 | 따라갔어 | 몇 발짝 뒤에.
③Hooter | *lived* | ***two doors · <u>down</u>***.
　후터는 | 살았어 | 두 집 아래에.
③He | *came* | ***a few steps · <u>forward</u>***. 그는 | 왔어 | 몇 발짝 앞으로.
③He | *walked* | ***halfway · <u>in</u>***.　　그는 | 걸었어 | 반쯤 안쪽으로.
③He | *was bobbing* | ***halfway · <u>up</u>***.
　그는 | 움직이고 있었어 | 중간 위에.
④I | *have seen* || *Meg* || ***two days · <u>before</u>***.
　나는 Meg을 이틀 전에 봤어.
⑤*Did you* | *set* || **your watch** | ***one hour · <u>ahead</u>***?
　너 | 조절했니 || 시계를 | 한 시간 앞으로?
⑤He | *left* || the book | ***about · fifty feet · <u>away</u>***.
　그는 | 두었어 || 그 책을 || 약 50피트 떨어져.
⑤I | *looked* || at him | ***thirty feet · <u>away</u>***.
　나는 | 보았어 || 그를 | 30피트 떨어져 있는.
⑤Mitch | *pulled* || the chair | ***a few feet · <u>away</u>***.
　Mitch는 | 당겼어 || 의자를 | 몇 피트 거리 떨어지게.
⑤The President | *rolled* || his chair || ***<u>back</u> · a few inches***.
　대통령은 | 굴렸어 || 의자를 | 몇 인치 뒤로.

⑥ He | came | home ‖ three hours · **after**.
그는 | 왔어 | 집에 | 세 시간 후.
⑦ Two towers | were set | <u>up</u> | 2 *miles* · **apart**.
두 탑은 | 졌어 | 세워 | 2마일 떨어져.
⑦ The two guards | were standing | <u>together</u> | twenty *feet* · <u>**away**</u>.
경비원 두 사람이 | 서 있었어 | 함께 | 20피트 떨어져서.


- His house | *is two doors* · <u>**away from us**</u>.

다음 문장의 재료는 '단위명사(구)+전치사구' 이다.

① His house | *is two doors* · <u>**away from us**</u>.
그의 집은 | 우리 두 집 건너 있다.

● 유형별 예문
① You |'re *a cut* · **above/below** *me*.  너는 나보다 한 수 위/아래야.
① The temperature | *is three degree* · **above** *zero*.
기온은 | 영상 3도야.
① The summit of Everest | *is* <u>**over 8000 meters**</u> · **above** *sea level*.
에베레스트의 정상은 | 해발 8000미터가 넘어.
① The leader | *was half* · **across** *the Ford*.
그 우두머리는 | 그 여울을 반쯤 건넜어.
① You | *are always one step* · **ahead of** *me*.
너는 | 항상 나보다 한 발 앞서 있어.
① His ideas | *were way* · **ahead of** *his time*.
그의 아이디어는 | 그의 시대에 앞서 있었어.
① The restaurant | *is somewhere* · **along** *the street*.
그 식당은 | 거리를 연하여 어딘가에 있어.
① The town | *is **(about) three miles*** · **away from** *here*.
그 읍은 | 여기서 (약) 3마일 떨어져 있어.

① We | 're one period · **_away from_** defeat.
　　우리는 | 패배에서 한 기간 남았어.
① We | are 2 minute · **_away from_** 2 o'clock.
　　우리는 | 2시 정각 2분전에 있어.
① It | 's ten minutes · **_before_** nine.　　| 9시 10분전이야.
① He | was fifty feet · **_behind_** her.
　　그는 | 50피트 그녀의 뒤에 있었어.
① The train | was ten minutes · **_behind_** the time.
　　그 기차는 | 10분이나 늦었어.
① I | 'm a little · **_behind_** schedule.　　나는 | 계획보다 조금 늦었어.
① The temperature | is (**_under_**) five · **_below_** zero.
　　온도가 | 영하 5도(아래)야.
① A waterfall | is a few miles · **_below_** the bridge.
　　폭포는 | 다리로부터 수마일 하류에 있어.
① COMEDY | is now one hundred thirty miles · **_beyond_** the Indians.
　　코메디호는 | 지금 인도전함으로부터 130마일 너머 있어.
① His house | is three doors · **_down from/up from_** hers.
　　그의 집은 | 그녀의 집으로부터 세 집 건너 아래/위에 있어.
① These apples | are $5 · **_for_** 3.　　이 사과들은 | 3개 당 5불이야.
① Okay, that | 's two · **_for_** one.　　일석이조야.
① The boy | was (**_at_**) a safe distance · **_from_** the edge.
　　그 소년은 | 가장자리에 충분히 떨어져 있었어.
① My school | is **_at_** a distance of five miles · **_from_** the station.
　　내 학교는 | 역으로부터 5마일 거리에 있어.
① The man | was **_about_** five feet and six inches · **_in_** height.
　　그 남자는 | 키가 대략 5피트 6인치였어.
① The government | is $1 trillion · **_in_** debt.
　　정부는 | 빚이 1조불이야.
① The access hatch | was just **_over_** three feet · **_in_** diameter.
　　접근 해치는 | 직경 3피트를 바로 넘었어.
① The coalition forces | are 160km · **_inside_** Iraq.
　　동맹군은 | 이라크 안 160km에 있어.

①His wand | was **halfway** · ***into*** **the air** {when} James shouted.
　　James가 외쳤을 {때} 그의 요술막대는 | 어중간하게 나와 있었어.
①My house | is **a little way** · ***off*** **the street**.
　　내 집은 | 길로부터 좀 떨어져 있어.
①Alcartraz | is **a half mile** · ***off*** **the cost of San Francisco**.
　　Alcartraz는 | 샌프란시스코의 해안에서 반 마일 떨어져 있어.
①He | was **facedown** · ***on*** **the gravel**.
　　그는 | 자갈밭에 얼굴을 아래로 했어.
①He | ain't much · ***on*** **details**.　　그는 | 자세하게 말하지 않았어.
①We | were **a good sixty miles** · ***out from*** **base**.
　　우리는 | 기지에서 60마일 정도 벗어나 있었어.
①That |'s **two** · ***out of*** **three**.　　그건 | 셋 중의 둘(을 맞추었다)
①We |'re **a little way** · ***outside*** **the village**.
　　우리(집)는 | 마을에서 좀 떨어져 있어.
①Old English | is **a bit** · ***outside*** **my field**.
　　고어 영어는 | 약간 내 분야 밖이야.
①They | were **two miles** · ***past*** **the last charted bar**.
　　그들은 | 해도에 기록된 마지막 모래톱을 2마일 지나 있었어.
①He |'s **a bit** · ***past*** **it** now, isn't it?
　　그는 | 한물 갔어, 그렇지 않니?
①We |'re **way** · ***past*** **the roadblocks**.
　　우리는 | 도로차단물을 훨씬 지났어.
①It |'s **half** · ***past*** **three**.　　시간은 | 세 시 반을 지나 있어.
①Nimitz | was **five hundred miles** · ***to*** **their east**.
　　니미츠호는 | 그들의 5백마일 동쪽에 있었어.
①They | were **halfway** · ***to*** **their objective**.
　　그들은 | 목표로부터 반거리에 있었어.
①It |'s **(a) quarter** · ***to*** **ten** now.　　| 지금 10시까지 15분 남았어.
①It |'s **four days** · ***to*** **my birthday**.　　| 내 생일까지 나흘 남았어.
①I | was **halfway** · ***through*** **the notes**.
　　나는 | 노트의 반 정도를 읽었어.
①We | are **halfway** · ***through*** **the case**.

우리는 | 그 사건의 절반 정도 진행했어.
②He | *talked* ‖ **a lot** · **about** his success.
　　　그는 | 이야기했어 ‖ 그의 성공에 관해 많이.
②He | talks ‖ **about** himself · **a lot**.
　　　그는 | 말해 ‖ 자신에 관해 많이. *자랑 많이 해.
②I've | *heard* | **a great deal** · **about** you.
　　　나는 | 들었어 ‖ 매우 많이 ‖ 너에 대해.
②He | *was murdered* ‖ **hours** · **before** the crash.
　　　그는 | 살해되었어 ‖ (비행기) 추락 몇 시간 전에.
②My 21-year-old son | *is 700,000 won* · **in debt** ‖ **on** his credit cards. 21세인 내 아들은 | 빚이 7십만원이야 ‖ 신용카드에 의한.
②We | *can take* ‖ **ten per cent** · **off** the price.
　　　우리는 | 할 수 있어 ‖ 가격에서 10%를 할인.
②I | *lose* ‖ **nine times** · **out of** ten.
　　　나는 | (도박에서) 잃어 ‖ 10중 팔구.
②She | *is scared* ‖ **half** · **to death**.　그녀는 | 놀랐어 ‖ 반쯤 죽도록.
②Sam | *took* ‖ **a step** · **to the chair**.
　　　샘은 | 갔어 ‖ 그 의자 쪽으로 한 발짝.
②He | *moved* ‖ **a few feet** · **towards** the plate.
　　　그는 | 움직였어 ‖ 등판 쪽으로 몇 피트.
②He | *took* ‖ **two step** · **toward** the guy.
　　　그는 | 취했어 ‖ 그 친구 쪽으로 두 발짝.
③We | *camped* | **five miles** · **above** the waterfall.
　　　우리는 | 야영했어 | 폭포보다 5마일 상류 쪽에.
③He | *stands* | **head and shoulder** · **above** the rest.
　　　그는 | 서 있어 | 다른 사람보다 위인 머리와 어깨로.
③Now he | *moved* | **way** · **ahead of** others.
　　　그는 | 움직였어 | 다른 선수보다 한참 앞서.
③The beach | *started* | **thirty feet** · **below** her.
　　　해변은 | 시작되었어 | 30피트 그녀 아래에.
③Snape's wand | *flew* | **twelve feet** · **into** the air.
　　　스네이프의 요술막대는 | 날랐어 | 20피트 공중에.

③A group | had gathered | **just inches · <u>under</u> his feet**.
　일단의 사람들이 | 모였어 | 그의 발 몇 인치 아래.
③A castle | stands | **a little way · <u>up</u> the road**.
　하나의 성이 | 서 있어 | 길 보다 조금 위에.
③A pair of nurses | stood | **halfway · <u>up</u> the hall**.
　간호원 두 사람이 | 서 있었어 | 홀 중간 위에.
④They | would take || it || **a step · <u>at</u> a time**.
　그들은 | 취할 거야 || 그것을 || 한 번에 한 단계씩.
④I | start || school | **two weeks · <u>from</u> today**.
　나는 | 시작해 || 학교를 | 오늘부터 2주후.
④We | return || <u>to</u> action | **63 minutes · <u>into</u> second half**.
　우리는 | 돌아왔어 || 경기에 | 63분 경과한 후반전으로.
⑤I | saw || a man | **10 meters · <u>ahead of</u> me**.
　나는 | 보았어 || 한 남자를 | 나의 10미터 앞에.
⑤He | pushed || Harry | **a little · <u>ahead of</u> him**.
　그는 | 밀었어 || 해리를 | 약간 그의 앞에.

- They | marched | **shoulder <u>to</u> shoulder**.

다음 문장의 재료는 '명사+ 전치사+ 대칭명사' 이다.

③They | marched | **shoulder <u>to</u> shoulder**.
　그들은 | 행진했어 | 어깨와 어깨를 맞대고.

● 유형별 예문

(대명사/수사)
①It | 's just **one thing <u>after</u> another**.
　그건 | 엎친 데 덮친 격이야.
①The matchups | were **one <u>on</u> one and toe <u>to</u> toe**.
　그 시합은 | 일대일로, 발꿈치끼리 붙는 것이야.
①The score | was **2 <u>to</u> 1**.　　　점수는 | 2대1이다.

③His pale hands | *folded* | **one upon the other**.
　그의 창백한 손들이 | 포개졌다 | 서로.
⑥The stars | *came* | *out* ∥ **one by one**.
　별들이 | 왔다 | 나 ∥ 하나 씩 하나 씩.

**(신체부위)**

**(arm in arm)**
⑤[③] 　A team photo | *showed* ∥ him
　　　 | [ | **arm *in* arm** | *with* two pals].
　　한 단체 사진은 | 보였다 ∥ 그가 | [두 친구와 손잡고 있는 것을].

**(face to face)**
①They | *were* **face *to* face**.　　　 그들은 | 얼굴을 맞대고 있다.
③At last the two boys | *met* | **face *to* face**.
　마침내 두 소년은 | 맞대었다 | 얼굴을.
③I |'ll be **face *to* face** | *with* him tomorrow.
　나는 | 얼굴을 맞댈 거야 | 그와 내일.
④I |'ve never met ∥ him ∥ **face *to* face**.
　난 | 만난 적 없었어 ∥ 그를 ∥ 얼굴과 얼굴을 맞대고.*직접
⑦We | *came* | **face *to* face** | *with* him.
　우리는 | 되었어 | 얼굴을 맞대게 | 그와.
[⑦] I hope [ | *to talk* | *with* you | **face *to* face**].
　나는 희망해 [ | 말하기를 | 너와 | 얼굴과 얼굴을 맞대고].
⑤[③] 　He | *found* ∥ himself | [ | **face *to* face** | *with* her].
　　그는 | 발견했어 ∥ 자신이 ∥ [그녀와 얼굴을 맞대게 된 것을].

**(eye to eye)**
②④ 　We | *see* ∥ **eye *to* eye** ( ∥ *on* that).
　　우리는 (그것에 대해) 의견이 같다.

**(head over heels)**
①They |'re **head *over* heels**.　　　 그들은 | 열렬해.
③The men | *would turn* | **head *over* heels**.
　그 사람들은 | 넘곤 했다 | 공중제비를.
⑤He | *got* ∥ me | **head *over* heels**.
　그는 | 사로잡았어 ∥ 나를 | 열렬하게.

(neck and neck)
①They │ were **neck and neck** · *in* the polls.
　그들은 │ 엇비슷하게 겨루었다 ‖ 투표에서.
③He │ was running │ **neck and neck** · *with* the pitcher.
　그는 │ 달리고 있었다 ‖ 그 투수와 엇비슷하게.

(nose to nose)
①He and Harry │ were almost **nose *to* nose**.
　그와 해리는 │ 거의 코와 코가 닿아 있었어.

(shoulder to shoulder)
①They │ were **shoulder *to* shoulder**.
　그들은 │ 어깨와 어깨를 맞대고 있었어.
③They │ sat │ **shoulder *to* shoulder**.
　그들은 │ 앉았다 │ 어깨와 어깨가 맞닿은 채.
「⑤」 All of them │ may serve ‖ him 「**shoulder *to* shoulder**.
　그들 모두가 │ 섬길 수 있다 ‖ 그를 「어깨를 맞댄 채.
⑤He │ stood ‖ them │ **shoulder *to* shoulder**.
　그는 │ 세웠어 ‖ 그들을 │ 어깨와 어깨를 맞대어.
⑦They │ stood │ here │ **shoulder *to* shoulder**.
　그들은 │ 서 있었어 │ 거기에 │ 어깨와 어깨를 맞대고.

(물건/부속물)
②The street and driveway │ are **bumper *to* bumper** ‖ *with* parked cars.
　거리와 차도는 │ 꽉 차 있다 ‖ 주차된 차들로.

(장소/위치)
(side by side)
①They │ are **side *by* side**.　　　　그들은 │ 나란히 있다.
⑦They │ sat │ **side *by* side** │ *on* the swing.
　그들은 │ 앉았다 │ 그네에 나란히.
⑦They │ were yawning │ **side *by* side** │ opposite them.
　그들은 │ 하품을 하고 있었어 │ 나란히 앉아 │ 그들 반대편에.
⑤[③] │ Put ‖ the eggplants │ [**side *by* side** *in* a serving dish].
　　　　│ 놓아라 ‖ 가지나무들을 │ [접대용 접시에 나란히].

- I |'m not **much of a baseball fan**.

다음 문장의 재료는 '추상명사+ of+ 명사' 이다.

① I |'m not **much of a baseball fan**.
　나는 | 그렇게 야구를 좋아하지는 않아.

● 유형별 예문
(사람/호칭)
② His curiosity | has ‖ **the best of him**.
　그는 호기심을 참을 수 없다.
② I | didn't think ‖ **much of him** at first.
　나는 처음 그를 대단치 않게 생각했어.
(물건/부속물)
② I | bought ‖ **a bunch of roses**.　　나는 | 샀다 ‖ 장미 한 다발.
② | Get/Take ‖ **(a) hold of this rope**.　| 붙잡아라 ‖ 이 로프를.
② He | made ‖ **fun of her hat**.
　그는 | 비웃었어 ‖ 그녀의 모자를.
(관념/현상/활동)
② | Please take ‖ **note of it**.　　　| 취해요 ‖ 그 점에 대한 주의를.
② I | can't stand ‖ **no more of your threats**.
　나는 | 참을 수 없다 ‖ 더 이상의 네 협박을.
(장소/위치/정착물)
② I | lost ‖ **track of the direction**.　나는 | 놓쳤어 ‖ 방향을.

# 소 사

- He | *looked · up.*
- | *Speak · up.*

다음 문장의 재료는 '동사+소사' 이다.
up(소사)가 looked(동사)에 부속되는 경우이다.

① He | *looked · up*.                그는 | 올려 · 보았어.
① He | *looked*. +*up*              그는 | 보았어. + 위로

look · up의 up은 동사에 연결되어 주어의 동작의 방향을 나타낸다. '동사+소사' 의 결합이 하나의 동사처럼 쓰인 것이다. 이를 소사의 부속어 용법이라고 한다. 소사는 주어를 직접 서술할 수 없다.

① | *Speak · up*.                    | 크게 · 말해.

speak · up의 up은 동사의 의미를 강화하는 부속어로 쓰인 것이다.

② | *Lock · up* ‖ all your valuables.
   | (자물쇠) 확실히 · 잠가라 ‖ 네 모든 귀중품에.
② I | *dressed* ‖ myself · *up*.
   나는 | 완전히 · 차려 입었어 ‖ 나 자신.

위 문장은 소사의 위치에 관한 것이다. lock · up에서 up은 동사 뒤에 있으나 dressed · up에서는 up가 N' 뒤에 있다. 이때에도 up는 목적어를 서술하는 것이 아니라 동사에 부속된다.

● 유형별 예문

(call)
① A man in the crowd | *called · out*/*cried · out*.

군중 속의 한 사람이 | 소리질렀어.
① He | **call · up**.　　　　　　　그는 | 위로 소리쳤어.
① He | *has been* **called · up**.　그는 | (군대 등에) 소환되었어.
① Why *didn't* you | **call · up**?　왜 너 | 전화 걸지 않았니?
② I | *'ll* **call** ‖ you · **back** today.
　　나 | 다시 전화할게 ‖ 오늘 네게.
② He | *was* **called · down** ‖ by his boss.
　　그는 | 꾸지람 들었어 ‖ 상사로부터.
② I | **called · in** ‖ the company.　나는 | 전화했어 ‖ 회사에.
② They | **called · out**, ‖ "Change partners."
　　그들이 | 소리쳤어 ‖ "댄스 파트너를 바꾸세요."
② | **Call · up** ‖ your mother.　| 전화 걸어라 ‖ 네 어머님께.
③ I | **called · in** | sick.　　　나는 | 전화했어 | 아파서.
　　* "아파서 결근하겠다고 회사(안)에 전화했다."는 뜻.
(give)
① The strikers | **gave · in**.　　파업자들이 | 굴복했어.
① I | **gave · up**.　　　　　　나는 | 졌어(포기했어).
② I | **gave** ‖ myself · **away**.
　　나는 | 노출했어 ‖ 나의 거짓말을.
② *Did* my accent | **give** ‖ me · **away**?
　　나의 억양이 | 노출시켰니 ‖ 나(국적)를?
② | *Don't* **give · in** ‖ to them.　| 굴복하지 마라 ‖ 그들에게.
② I | **gave · up** ‖ on it.　　　나는 | 포기했어 ‖ 그것을.
② The doctor | **gave** ‖ him · **up**.　의사는 | 포기했어 ‖ 그를.
② I | *can't* **give · up** ‖ on her yet.　나는 | 포기할 수 없어 ‖ 그녀를 아직.
③ They | **gave · up** | on the chase.　그들은 | 포기했어 | 추적에서.
(look)
① They | **looked · about**.　　그들은 | 둘러보았어.
① | **Look** carefully · **before** and **after**.
　　| 앞 뒤 주의하여 잘 봐라.
① | **Look · ahead**!　　　　　| 앞을 내다 봐!
① He | **looked · around**.　　그는 | 둘러보았어.

① | **Look** · *away*! | 눈을 돌려라!
① | *Don't look* · *back*. | 돌아보지 마라.(Ge19:17)
① Frodo | *looked* · *behind*. | Frodo는 | 뒤돌아 보았어.
① He | *looked* · *down*. | 그는 | 내려다보았어.
① | *Don't look* · *in*. | 들여다 보지마.
① I |'d like look · *on*. | 난 | 단지 방관하겠어
① | **Look** · *out*! | 내다봐라/주의해!
① | **Look** · *out below*! | 아래를 봐/조심해!
② He | *looked* · *back* ‖ *on* his youth.
　그는 | 회상했어 ‖ 그의 젊은 시절을.
② We | are *looking* · *forward* ‖ *to* your visit.
　우리는 | 고대하고 있어 ‖ 네 방문을.
② The leadership | *wants* ‖ **to look** · *forward*.
　지도력은 | 요구해 ‖ 앞을 내다보기를.


- This car | ***handles*** · ***smoothly***.


다음 문장의 재료는 '동사+부사'이다.
smoothly(부사)가 handles(동사)에 부속되는 경우이다. 이 경우 부사는 동사에 연결되며 N을 직접 서술하지 않는다. ly로 끝나는 부사가 주로 이에 속한다.

① This car | ***handles*** · ***smoothly***. 　 이 차는 | 부드럽게 · 조작돼.

· 부사와 형용사와 모습이 같은 경우
의미에 따라 자립어(형용사)나 부속어(부사)가 된다.

**(자립어)**
① You | *are **well*** *again*. | 네가 | 다시 나았어.
③ You | *will soon get* | ***well***. | 너는 | 곧 될 거야 | 낫게.

③ You | *sure look* | ***well***.　　　　너는 | 확실히 보여 | 나아.
⑤ Your faith | *made* | you | ***well***.
　 네 믿음이 | 만들었어 ‖ 너를 | 낫게.

**(부속어)**
① That | *is **well*** · *said*.　　　　　그건 | 썩 잘한 말이야.
① His book | *is **selling*** · ***well***.　　그의 책이 | 잘 팔리고 있어.
② She | *plays* ‖ the piano · ***well***.　그녀는 | 쳐 ‖ 피아노를 잘.

# 전치사

- I │ 'm being **waited** ( ‖ ) <u>on</u>.

다음은 ①형 NP(v+pr)이다. P는 '수동형+전치사' 이다.
전치사 on의 목적어는 me인데 피동문의 주어가 되면서 전치사만 남게 된 것이다. 이러한 관계를 나타내기 위해 ( ‖ ) 표시를 사용한다.

① I │ 'm being **waited** ( ‖ ) <u>**on**</u>.   난 │ 시중받고 있어요.
② She │ is **waiting** ‖ <u>**on**</u> me.   그는 │ 시중들고 있어요 ‖ 나를.

● 유형별 예문
⟨at⟩
① The candidate's **record** │ was **looked** ( ‖ ) <u>**at**</u> carefully.
   후보자의 경력이 │ 면밀히 조사되었어.
① Have you │ ever been **shot** ( ‖ ) <u>**at**</u>?
   너는 │ 저격받아 본 적 있니?

⟨for⟩
① **All passengers** │ have now been **accounted** ( ‖ ) <u>**for**</u>.
   모든 승객들(소재, 상태 등에 관해)이 │ 파악되었어.
① We │ 're **done** ( ‖ ) <u>**for**</u>.   우리는 │ 끝장났어.
① **The cruise** │ is still **paid** ( ‖ ) <u>**for**</u>.
   그 유람선 여행은 │ 돈이 지불된 상태이다.
① Is she │ **spoken** ( ‖ ) <u>**for**</u>?   그녀는 │ 대변되니?(임자있니)
① You │ were **sent** ( ‖ ) <u>**for**</u>.   너는 │ 소환되었어.
② I │ am **waited** ( ‖ ) <u>**for**</u> ‖ in Egypt.
   나는 │ 기다려지고 있어 ‖ 이집트에서.
⑤ That │ **leaves** ‖ three │ **uncounted** ( ‖ ) <u>**for**</u>.
   그것으로 │ 남게 됐어 ‖ 세 개가 │ 계산되지 않은 것으로.

⟨of⟩
①**Their bodies** | *could have been clearly disposed* ( ‖ ) ***of***.
그들의 시체는 | 깨끗이 처분될 수 있었을 거야.
①**He** | *has never been heard* ( ‖ ) ***of***.
그는 | 소식이 끊어졌어.
①**A fifty-million-dollar policy** | *is unheard* ( ‖ ) ***of***.
5천만 불 보험증권은 | 들어본 바가 없어.
②**It** | *is not heard* ( ‖ ) ***of*** ‖ in the industry.
그것은 | 이야기된 바가 없어 ‖ 그 산업계에서.
②**He** | *is well spoken* ( ‖ ) ***of*** ‖ by everyone.
그는 ‖ 칭찬 받고 있어 ‖ 모든 사람에 의해.
②**The family** | *was taken* ‖ care ( ‖ ) ***of***.
그 가족은 | 받았어 ‖ 보살핌을.
  [②] I want him [ | *taken* ‖ care ( ‖ ) ***of***].
    나는 그가 [보살핌을 받기를] 원해.

⟨into⟩
①**My car** | *was broken* ( ‖ ) ***into***.
내 차가 | 부셔져 침입 당했어.

⟨on⟩
①**The Grady guy** | *is being operated* ( ‖ ) ***on***.
그래디 녀석이 | 수술 받고 있어.
①**It**(the seed) | *was trampled* ( | ) ***on***.
그 씨앗은 | 발에 밟혔어.
①*Have* **you** | *been waited* ( ‖ ) ***on/upon***?
손님 | 주문하셨어요?
②**He** | *is being picked* ( ‖ ) ***on*** ‖ by the judge.
그는 | 괴롭혀지고 있어 ‖ 그 판사에 의해.

⟨over⟩
①**She** | *was passed* ( ‖ ) ***over***.
그녀는 | 넘겨 지나쳤어(빠졌어).
①**She** | *could never be won* ( ‖ ) ***over***.
그녀는 | 이겨 넘길(설득할) 수 없었어.

② **He** | *was **run*** ( ‖ ) ___over___ ‖ ___by___ a car.
　그는 | (몸이) 깔려 치었어 ‖ 차에.
② **He** | *was **glided*** ( ‖ ) all ___over___ ‖ ___with___ thin leaves of fine gold.
　그(동상)는 | (전신이) 도금되었어 ‖ 엷은 순금 잎들로.

⟨through~⟩
① **The city wall** | *was **broken*** ( ‖ ) ___through___.
　그 도시의 성벽이 | 돌파되었어.
② **He** | *was **soaked*** ( ‖ ) ___through___ ‖ ___by___ the rain.
　그는 | 흠뻑 젖었어 ‖ 비에.

⟨to⟩
① *Are* **you** | *being **attended*** ( ‖ ) ___to___?　　손님 | 누구 안내받고 있어요?
① **Everyone** | *has been **gotten*** ( ‖ ) ___to___.　모두가 | 매수 당했어.
② **The announcement** | *was **paid*** ‖ no attention ( ‖ ) ___to___.
　그 발표는 | 끌지 못했어 ‖ 전혀 관심을.

⟨upon⟩
① **Everything** | *had been **agreed*** ( ‖ ) ___upon___.
　모든 것들이 | 합의되었어
① *Are* **you** | *waited* ( ‖ ) ___upon___?　　손님 | 시중 받고 있나요?

⟨with⟩
① **The problem** | *was seriously **dealt*** ( ‖ ) ___with___.
　그 문제는 | 신중히 다루어야 해.
① **That** | *'s all **done*** ( ‖ ) ___with___.　　그것은 | 모두 끝났어.
① **All the old regulations** | *were **done*** ( | ) ___away with___.
　모든 옛 규정은 | 사라져 버렸다.
① **This headache** | *cannot be **put*** ( | ) ___up with___.
　이 두통은 | 참을 수 없다.

・ 타동사의 목적어가 수동적 의미를 가지는 경우

② **It** | *doesn't **bear*** ‖ *thinking* ( ‖ ) ___about___.
　* to be thought ( ‖ ) about (it)

그런 것은 | 할 필요가 없어 ‖ 생각조차.
② **He** | ' *ll need* ‖ **looking** ( ‖ ) <u>**after**</u>.
  * to be looked ( ‖ ) <u>after</u> (him)
  그는 | 필요할 거야 ‖ 보살핌이.

# 수식어

단어/구 ········· 200
비정형절 ········· 207
정형절 ········· 217

# 단어/구

- The road <ahead> was blocked.

다음 문장의 재료는 '명사+소사' 이다.
ahead(소사)가 the road(명사)를 수식하는 경우이다.
이를 소사의 형용사적 용법이라고 한다. 〈 〉로 표시한다.

① **The road** <u>ahead</u> **was blocked.**   〈앞의〉 길은 차단되었어.

● 유형별 예문

① Is there **any way** <u>around</u>?   어떤 〈우회〉로가 있니?
① It's the **other way** <u>around</u>.   그건 〈반대의〉 경우야.
① It's **the only way** <u>in/out</u>.   그것이 유일한 〈들어나가는〉 길이야.
①  Here's  **a news flash** <u>just in</u>.   〈방금 들어온〉 긴급뉴스요.
① This is **my day** <u>off</u>.   오늘은 ? 내 〈쉬는〉 날이야.
① From **this moment** <u>on</u>, my new life has begun.
　　이 순간 〈시작〉부터, 나의 새로운 인생이 시작했어.
① Benny was **the odd man** <u>out</u>.   Benny는 왕따였어.
① That had happened on **the way** <u>over</u>.
　　그것은 〈지나는〉 길에 일어났었어.
① Here's **some good pastime** <u>toward</u>.
　　〈앞으로〉 좋은 여흥이 여기 있어.
② I can't do 3 <u>across</u>.   나는 〈가로〉 3번 답을 할 수 없어.
② Now he'd get on the aircraft {and} sleep all **the way** <u>across</u>.
　　이제 그는 비행기에 올라, 〈횡단〉 항로 내내 잘 수 있을 거야.
② I pick **a date** <u>a week · away</u>.   나는 〈일 주일 떨어진〉 날을 찍어.
② I'll find **my way** <u>back</u>.   난 〈돌아갈〉 길을 찾을 거야.
② Adam took **a step** <u>back</u>.   아담은 〈뒤로〉 한 발짝 디뎠어.
② Adam took **a step** <u>backward</u>.   아담은 〈뒤쪽으로〉 한 발짝 디뎠어.
② Her careful make-up hid **the signs of age** <u>beneath</u>.
　　그녀의 주의 깊은 화장은 그녀의 〈낮은〉 나이 표시를 감추었어.

② I heard about it, but **nothing** <u>beyond</u>.
　나는 그 말은 들었지(만) 〈그 이상의〉 것은 듣지 못했어.
② Tortoise was treated with great respect from **that time** <u>forth</u>.
　거북은 그때부터 〈앞으로〉 많은 존경을 받게 되었어.
② He took **a step** <u>forward</u>.　　그는 〈앞으로〉 한 발짝 디뎠어.
② We are allowed **Sunday** <u>off</u>.　우리는 일요일 〈휴가〉가 허용되었어.
② What do you want to do on **your day** <u>off</u>?
　네 〈쉬는〉 날 너는 무엇하기 원하니?
② Fix pointed to **a house** <two hundred steps · off>.
　Fix는 〈2백보 떨어진〉 한 집을 가리켰어.
② I have not been quite well for **someday** <u>past</u>.
　나는 〈지난〉 며칠동안 몸이 편하지 않았어.
② Maybe none of them would ever have found **a way** <u>through</u>.
　누구도 〈빠져나가는〉 길을 찾을 수 없었을 거야.
② I cherish **our time** <u>together</u>.
　나는 우리의 〈함께 한〉 시간을 소중히 해.
③ They live on **the floor** <u>below</u>.　그들은 〈아래〉 층에 살아.
③ They were soon cut off from all view of **the lands** <u>about</u>.
　그들은 〈근처의〉 토지에 대한 모든 시야가 곧 차단되었어.
③ A noise was coming from **the bedroom** <u>above</u>.
　〈위쪽(층)의〉 침실로부터 소리가 들려오고 있었어.
③ He stood beside **the table** <u>within</u>.
　그는 〈안에 있는〉 테이블 옆에 섰어.
④ I gave her **my coat** <u>off</u>.　　나는 그녀에게 〈벗은〉 코트를 줬어.
⑤ When I wake up in the morning I make a big X over the date for
　**the day** <u>before</u>.
　아침에 일어나면 나는 〈전〉 날의 표시로 그 날자에 큰 X자를 그려.

- You're **a pain** <u>in</u> the ass>.

다음 문장의 재료는 '명사+전치사구' 이다.

in the ass(전치사구)가 a pain(명사)를 수식하는 경우이다.
이를 전치사구의 형용사 용법이라고 한다. < >로 표시한다.

① You're **a pain** <u>in</u> the ass>.     넌 〈엉덩이〉의 통증(골치거리)이야.

● 유형별 예문

① Where's **the nearest bridge** <<u>across</u> the river>?
〈강을 지르는〉 가장 가까운 다리는 어디 있니?
① He is **a man** <<u>after</u> my own heart>.
그는 〈내 마음을 따르는〉 사람이야.
① Here are the plans for the funeral, **day** <<u>after</u> tomorrow>.
여기 장례식 계획이 있어, 〈내일 후의〉 날=모레.
① **Running** <<u>against</u> a strong wind> is very hard.
〈강풍을 안고〉 뛰는 것은 매우 힘들어.
① **The sky** was darker <<u>beyond</u> the mountains>.
〈산너머〉 하늘은 더욱 어두웠어.
① There is **enough food** <<u>for</u> us all>.
우리 모두에게 충분한 음식이 있었어.
① What is **the distance** <<u>from</u> here <u>to</u> New York> .
얼마니 〈여기서부터 뉴욕까지의〉 거리는?.
① There are **a lot of people** <<u>like</u> him>. 〈그와 같은〉 사람이 많아.
① **That** was your father <<u>on</u> the phone>.  네 아버지가 전화했어.
① There is a sword in **the stone** <<u>outside</u> the church>.
〈교회 바깥에 있는〉 돌 안에 하나의 검이 꽂혀 있었어.
① There is **more** to children's menu <<u>than</u> pizza and french fries>.
어린이 메뉴에 〈피자나 프렌치 프라이 보다〉 더 좋은 것이 있다.
① He is **father** <<u>to</u> the bride>.     그는 〈신부의〉 아버지이야.
① This model is **second** <<u>to</u> none>.  이 모델은 최고야.
① Is this **your first trip** <<u>to</u> Korea>?
이번이 처음 〈한국〉 여행이니?
① This is **a first step** <<u>towards</u> political union>.
이것은 〈정치적 연합을 향한〉 첫 발걸음이야.

① **The trouble** <with her> is that she gets easily excited.
〈그녀의〉 곤란한 점은 쉽사리 흥분하는 거야.
② We need **information** <about you>.
우리는 〈너에 대한〉 정보가 필요해.
② Run to **the first house** <above the school>.
〈학교 앞의〉 가장 가까운 집으로 뛰어가라.
② She has **a job** <as a stenographer>.
그녀는 〈속기사의〉 직업을 갖고 있어.
② I didn't get the **promotion** <at work>.
나는 그 승진에서 떨어졌어.
② We have **something** <in common>.   우리는 〈공통〉점이 있어.
② I discovered **the great literature** <of the centuries · past>.
나는 〈지나간 여러 세기의〉 위대한 서적들을 발견했어.
② He's going to take **the morning** <off work>.
그는 오전에 직장에서 쉬려고 해.
② Will you roll · out **one** <over there>?
〈저기 있는〉 사람으로 시작해 보겠니?
② I usually drink **coffee** <without cream>.
나는 종종 〈크림을 넣지 않은〉 커피를 마셔.
③ In **an archway** <behind me>, a young girl was seated at a piano.
〈내 뒤의〉 아치 길에, 한 소녀가 피아노 옆에 앉아 있었어.
③ Now Deborah was buried under **the oak** <below Bethel>.
이 무렵 드보라가 죽어 〈벧엘 아래에 있는〉 상수리나무 밑에 묻혔어.
③ I live **upstairs** <from you>.     나는 〈너 위〉 이층에 살아.
④ Help us in **the fight** <against AIDS>
〈에이즈와 싸우는〉 우리를 도우라.
④ They gave us a lot of **side dishes** <on the house>.
그들은 〈음식점에서 무료로 제공하는〉 반찬을 많이 줬어.
④ I also told them about **the hand of God** <upon me>.
나는 그들에게 〈나를 도우신〉 하나님의 손에 대해 말하였어.
⑤ I have found David son of Jesse **a man** <after my own heart>.
나는 이새 아들 다윗이 〈내 마음을 따르는〉 사람임을 알았어.

「⑤ Get even the **score** <u>between</u> you and me>.
　〈너와 나 사이의〉 점수를 비기게 하자.(서로 비기는 거야)

・ 그 밖의 수식어
《형용사(구)》
① He is a <thick> **fellow**.　　　　그는 〈머리가 둔한〉 친구야.
② I said **something** <wrong>.　　　나는 〈잘못〉 뭔가 말했어.
② Helen wants <a bigger> **car**.　　헬렌은 〈더 큰〉 차를 원해.
② I had **the afternoon** <free>.　　난 〈쉬는〉 오후를 갖게 돼.
③ We look **something** <alike>.　　우리는 〈닮은〉 것처럼 보여.
④ I brought you a **cake** <intact>.　난 〈손안댄〉 과자를 가져왔어.
《명사(구)》
① He is not a <morning> **person**.　그는 〈아침〉 체질이 아니야.
① Hanjongsik is a <set> **menu**.　　한정식은 〈종합〉 메뉴야.
① He's a <backseat> **driver**.　　　그는 〈뒷좌석〉 운전자야.(직역)
② They ran into **that house** <there>.　그들은 〈저기〉 집으로 뛰어들었어.
《부사구》
① The vacation is <more than> **half** · **up**.
　휴가는 반 〈이상〉이 지났어.
① From North Salem to Peekskill was <more than> **twenty miles**.
　North Salem에서 Peekskill 까지는 20마일 〈이상〉이었어.
④ The court kept the petition <less than> **eight hours**.
　법원은 그 신청을 8시간 〈이하〉 유지했어.* 8시간 전에기각하다
「⑤ He stared at them, <less than> **thirty feet** · <u>away</u>.
　그는 그들을 응시했다, 30피트 〈보다 적게〉 떨어져서.
《동사(구)》
① There's **no time** <to lose>.　　〈지체할〉 시간 없어.
② We have **six copies** <to give · <u>away</u>>.　우리는 〈기증할〉 6사본이 있어.
② He has <a calming> **influence**.　그는 〈편안케 하는〉 힘이 있어.
② I've had **enough** <<u>of</u> your nagging>.　나는 〈네 잔소리에〉 질렸어.

· 그 밖의 피수식어
① I am <too> **tired**.   나는 〈너무〉 지쳐있다.
① I am **exaggerating** <a little>.   나는 〈약간〉 과장하고 있어.
① The hat isn't **big** <enough for him>.
  그 모자는 〈그에게는 충분히〉 크지 않다.
① This quarter's sales were **better** <<u>than</u> expected>.
  이번 분기의 판매고는 〈예상보다〉 좋았다.
① It｜'s easier **said** <<u>than</u> done>.   그건 말하는 만큼 쉽지 않아.
① It｜'s <far <u>from</u> **over**>.   끝나기는 〈멀어〉.
① The African green monkey was <<u>in</u> no way> **endangered**.
  아프리카 푸른 원숭이는 〈결코〉 절멸 위기가 〈아니〉었어.
① You｜<better> not be **faking**.   꾀병 부리지마!
② He knew **better** <<u>than</u> to ask>.
  그는 〈묻는 것보다〉 더 좋은 것을 알았다.* 현명하게 묻지 않았어.

· 상관수식어
〈as~as〉
① I was <<u>as</u>> **surprised** <<u>as</u> everyone else>.
  나는 〈다른 사람들과 마찬가지로〉 놀랐어.
② I don't like <<u>such</u>> **a man** <<u>as</u> him>.
  나는 〈그러한〉 사람을 좋아하지 않아.
③ His clothes became <<u>as</u>> **white** <<u>as</u> the light>.
  그의 옷이 〈빛처럼〉 희게 되었어.
③ We'll be <just <u>as</u>> **married** <<u>as</u> other people>.
  우리는 〈다른 사람들과 꼭 같은〉 결혼상태가 될 거야.
〈~er ~than〉
① She is <more> **pretty** <<u>than</u> beautiful>.
  그녀는 〈아름답기보다는 오히려〉 귀여워.
① The issue was <less> **about oil** <<u>than</u> <u>about</u> the faith>.
  논점은 〈신앙에 관하여 보다 덜〉 석유에 관한 것이야.
〈too~ for〉
① These shoes are <too> **big** <<u>for</u> me>.   이 신발은 〈네게는 너무〉 커.

⟨too~ to⟩
①He's &lt;too&gt; **tired** &lt;to eat now&gt;.   그는 〈먹기에는 너무〉 지쳐 있어.
①You're &lt;never too&gt; **old** &lt;to learn&gt;.   배움에는 늦다는 법이 없어.

· 시간 수식어

시간을 나타내는 수식어는 상대적으로 위치가 자유롭다.
일상적인 시간 수식어는 편의상 (　)으로 표시한다.

①My schedule | is open **(today)**.   내 일정은 | 비워있어 (오늘).
①She | is off **(today)**.   그녀는 | 쉬어 (오늘).
①I | 'll be back **(tomorrow)**.   난 | 돌아올 거야 (내일).
①The store | opens **(at 10 a.m.)**.   가게는 | 열려 (10시에).
①He | is out **(for an hour)**.   그는 | 의식불명이야(한 시간).
①This | is a hot item **(nowadays)**.   이게 | 잘 팔리는 상품이야 (요즘).
①**(Many nights)** we | prayed.   (많은 밤) 우리는 | 기도했어.
①The meeting | lasted **(two hours)**.   회의는 | 걸렸어 (2시간).
①He | has not arrived **(yet)**.   그는 | 도착하지 않았어 (아직).
①He | has not **(yet)** arrived.   그는 | (아직) 도착하지 않았어.
①He | has **(yet)** to arrive.   그는 | (아직) 도착해야 해.

· 동격어

동격어는 명사 또는 대명사의 구체적 내용을 나타낸다.

① **Our teacher** &lt;Mr. Lee&gt; | is very strict.
　 우리 선생님 〈이씨〉은 | 매우 엄격해.
② **The engineer** &lt;himself&gt; | repaired ‖ it.
　 그 기사는 〈자신이〉 | 수리했어 ‖ 그것을.
②I | don't like ‖ **it** &lt;here&gt;.   나는 | 싫어 ‖ 그것(이곳)이.
③ **We** &lt;all&gt; | got | angry.   우리 〈모두〉는 | 되었어 | 화나게.
③ **We** &lt;two&gt; | will go | [to see you].   우리 〈둘〉은 | 갈 거야 | [널 보러].
⑤We | have ‖ **it** &lt;all&gt; | **on** video.
　 우리는 | 가지고 있어 ‖ 그걸(모두) | 비디오에 담아.

# 비정형절

- I | *need* ‖ **someone** <to turn to >.

다음은 ②〈 〉형 NP〈nfc〉이다.
비정형절 〈to turn to〉가 주절의 N' someone(선행사)를 수식한다. 이를 형용어 비정형절이라고 한다. 〈 〉 부분은 다음과 같이 나타낼 수 있다.

②〈 〉I | *need* ‖ **someone** <to turn to ∩>.
　　　나는 필요해 사람이 〈 내가 | 의지할〉.
〈②〉 <I | ***turn*** ‖ to someone.>
　　　〈나는 | 의지하다 ‖ 누구에게.〉

∩는 선행사가 주절의 요소와 수식절의 요소를 공유함을 나타낸다. 이처럼 형용어 비정형절을 완전한 문장으로 만들려면 공유요소의 보충이 필요하다.

● 유형별 예문

〈~ed〉
①〈②〉 **The weapon** < | *used* ‖ in the murder> has now been found.
　　　〈살인에 쓰여진〉 무기가 이제 발견되었어.
〈~ing〉
①〈①〉 **The prisoners** < | *being released*> are all women.
　　　〈석방되고 있는〉 수인들은 모두 여자야.
「⑥〈②〉 Police took away Dr Li and **items** < | *belonging* ‖ to him>.
　　　경찰이 의사 리와 〈그에게 속한〉 물건들을 취해 가져갔어.
〈to~〉
①[②] Harry's got **a long way** < | *to go* ‖ ∩>.
　　　해리는 〈가야 할〉 먼 길이 있어. *∩=a long way.
①[②] **The obligation** is upon you < | *to settle* ‖ this>.

〈이것을 해결할〉 책임은 | 네게 있어.
①〈②〉 He's not much < | *to look* ‖ at ∩ >.
그는 〈잘 생긴〉 편이 아니야.
①〈②〉 She is **someone** < | *to be proud* ‖ *of* ∩ >.
그녀는 〈자랑스럽게 생각해야 할〉 사람이야.
①〈③〉 There is not enough **love/food** < | *to go* | *around* ∩ >.
〈함께 (해결) 할〉 사랑/음식이 충분하지 못해.
①〈④〉 This is not **the right way** < | *to treat* ‖ others ‖ ∩ >.
이건 〈다른 사람을 대하는〉 바른 방법이 아니야.
②〈②〉 I have some **business** < | *to attend* ‖ *to* ∩ >.
나는 〈전념해야/챙겨야 할〉 일이 좀 있어.

· 동격비정형절 (공유요소가 없는 경우)
①〈②〉 It is **time** <for you | *to go* | *to* school>.
〈네가 학교에 가야 할〉 시간이야.
①〈③〉 There is **no need** <of [your | *staying* | *here*]>.
〈네가 여기 머물〉 필요가 없어.
②〈②〉 Did you have **any trouble** < | *finding* ‖ the place>.
너는 〈그 장소를 찾는〉 어려움이 있었니?
②〈③〉 I got **a reputation** <for [ | *being rather cool* | *under fire*]>.
나는 〈 포화 아래서도 오히려 침착하다는〉 평이 있어.
②〈③〉 You have **the right** < | *to remain* | *silent*>.
당신은 〈침묵을 지킬〉 권리(묵비권)이 있어.
②〈⑤〉 You've got **a way** < | *to keep* ‖ me | *on your side* >.
너는 〈나를 네 편으로 유지하는〉 방법을 가졌군.

· 상관수식어
〈so~as〉
①〈②〉 I never was <so> **happy** <as [when | *feeding* ‖ animals]>.
나는 〈[동물을 사육하는] 때만큼〉 행복한 적이 결코 없어.
* when I | *was feeding* ‖ animals.

⟨too~to⟩
①⟨②⟩  He was <too> **far** <u>**over to the other side**</u> < | *to do* ‖ that>.
        그는 ⟨그걸 하기에는 너무⟩ 다른 쪽에 멀리 있었어.

⟨too~for~ to⟩
①⟨②⟩  This book is <too> **difficult** <for me | *to read* ‖ ∩>.
        이 책은 ⟨너무⟩ 어려워 ⟨내가 책을 읽기에는⟩

①⟨②⟩  The window was <too> **high** < | *to see* ‖ <u>out of</u> ∩ easily].
        그 창문은 ⟨너무⟩ 높았어 ⟨쉽게 창문 밖을 보기에는⟩.

⟨~er ~than⟩
②⟨②⟩  I think <more> **of you** <than any lawyer <I | *know* ‖ ∩>>.
        나는 ⟨⟨내가 아는⟩ 어떤 변호사 보다⟩ 너를 ⟨더⟩ 생각해.

- We shall start tomorrow, weather | *permitting*.

다음은 정형절과 비정형절이 콤마(, )에 의해 분리된 ①,①형 NP,NP이다. 이를 부사어 비정형절이라고 한다. 다음과 같이 나타낼 수 있다.

①,①    We shall start tomorrow, weather | *permitting*.
        우리는 출발해 내일, 날씨가 | 좋다면.
 ,①     if (the) weather | *permits*.        날씨가 | 좋다면.

· 재료별 예문
(P:형용사)
①,      It(=As it) | *being*(=was) *fine*, we went for a walk.
        날씨가 좋아서, 우리는 산책을 갔어.
②,      | (*Being*) **Impatient** ‖ <u>of</u> the heat, he left town for country.
        더위를 참을 수 없어, 그는 도시를 떠나 시골로 갔어.
(P:소사)
 ,①     The cell was dark, the solitary light and television both | ***off***.
        방은 어두웠어, 등 한 개와 TV가 모두 | 꺼진 채.
 ,①     The hammer was <u>back</u> {and} the safety | ***off***.

(총의) 격발장치가 후진되{고} 안전장치가 | 풀려있었어.

**(P:명사)**

①,　　| (*Being*) **A man of social instincts**, he had many acquaintances.
　　　사교성이 풍부한 사람이었으므로, 그는 아는 사람이 많았어.

①,　　| (*Being*) **Only a poor student**, he | hadn't ‖ money enough to buy it.
　　　오직 가난한 학생으로, 그는 그걸 살 충분한 돈이 없었어.

**(P:전치사구)**

,①　　They walked in silence, their eyes | **in the ground**.
　　　그들은 침묵 속에 걸었어, 그들의 눈은 | 땅을 주시하고.

,①　　The doctor lay · back in his long chair, his head | **against a cushion**.
　　　그 의사는 긴 의자에 누워 있었어, 머리를 쿠션에 | 기대고.

**(P:동사)**

①,　　There *being* (=*was*) ┘ nothing | **to do**, I went to bed earlier.
　　　아무 것도 할 일이 없었으므로, 나는 일찍 자리에 들었어.

①,　　| **Smiling** brightly, she shook hands with me.
　　　환히 웃으면서, 그녀는 나의 손을 흔들었어.

③,　　| **Come** | [*to think of it*], I don't have enough money.
　　　그것에 생각이 나서 보니, 나는 충분한 돈이 없어.

,③,③　They were leaning through the bars, heads | **hung** | low, fear | **stamped** | all over their faces.
　　　그들은 창살을 기대고 있었어, 머리는 | 걸려있고 | 낮게, 공포가 | 찍혀져 있고 | 그들의 얼굴 표면에.

· **용법별 예문**

《시간》

①,　　The sun | **having set** (=*After the sun | had set*), we gave up looking for them.
　　　해 진 후, 우린 그들을 찾는 것을 포기했어.

②,　　(While I | *was*) **Walking** ‖ along the street, I met a friend of mine.
　　　거리를 따라 걷는 동안 나는 한 친구를 만났어.

③, (When I | was) **Left** | *alone*, I began to read.
혼자 있게 되었을 때, 나는 독서를 시작했어.

「⑤, **Having**(=After he | had ) **taken** 「*off*‖ his shoes, Ray walked into the house. 신을 벗고 난 다음, 레이는 집안에 들어갔어.

《원인/이유》

①, (As I | was) **Tired**, I went to bed early.
피곤했으므로, 나는 일찍 잠자리에 들었어.

②, ***Not knowing*** (=As I | didn't know ) ‖ what to do, I asked for his advice. 무얼 할 지 몰라서, 나는 그의 충고를 구했어.

③, (As I | was) ***Feeling*** | tired, I went to bed early.
피곤을 느꼈으므로, 나는 일찍 잠자리에 들었어.

④, **Having received** (=As I | had received) ‖ no answer ‖ from him, I wrote again.
그에게서 답장을 받지 못해서, 나는 다시 편지했어.

《조건》

②, ***Meeting*** (=If I | meet) ‖ her, I shall be very glad.
그녀를 만난다면, 나는 매우 기쁘겠어.

②, ***Turning*** (=If you | turn ) ‖ *to* the right, you will find the post-office. 오른편으로 돌면, 너는 우체국을 발견할 거야.

⑤, (If one | were ) **To hear** ‖ him | [ *speak English* ], one would take him for an American.
그가 영어를 말하는 것을 들으면 그를 미국인으로 여길 것이야.

《양보》

①, ***Being young*** (=Though she | was young, she has much experience. 비록 젊었지만, 그녀는 경험이 많았어.

②, ***Admitting*** (=Though I | admit ) ‖ [what you say], I still don't believe it. 네가 말하는 걸 인정하나, 난 아직 그것을 믿지 못해.

②, (Though you | were ) **To see** ‖ it, you would not believe it.
비록 그것을 보아도, 믿지 않을 거야.

③, (Though they | were ) **Born** | *of the same parents*, they bear no resemblance to each other.
같은 부모한테서 태어났지만, 그들은 서로 닮은 데가 없어.

### 《부대/동시상황》

③,    ***Walking*** (= I | *walked* ) | *on tiptoe*, I approached the window.
       발끝으로 살살 걸어, 나는 창가에 다가갔어.

③,    ***Singing and dancing*** (=As we | *sang and dance* ) | *together*,
       we had a good time.
       함께 노래하며 춤추며, 우리는 재미있게 놀았어.

,③    He was reading a book, his wife | ***knitting*** | *beside* him.
       그는 책을 읽고 있었고, 그의 처는 옆에서 뜨개질을 하고 있었어.

⌈⑤,    ***Taken*** (=As he | *took*) ⌈*off* ∥ his shoes, Ray walked
       into the house.  신을 벗으면서, 레이는 집안에 들어갔어.

### 《결과》

,①    He left his home, ***never to return***.
       그는 고향을 떠나서, 다시 돌아오지 않았어.

,①    He tried his best, ***only to fail***.
       그는 최선을 다했으나, 실패 했을 뿐이야.

### 《무인칭》

①,    ***Strictly speaking*** (= If we | *speak strictly* ), he is not an artist.
       엄격히 말해, 그는 예술가가 아니야.

②,    ***To be***(= If I | *am*) ***frank*** ∥ *with* you, I love her.
       네게 솔직히 대하자면, 나는 그녀를 사랑해.

②,    ***Judging*** (= If we | *judge*) ∥ from his appearance, he seems to be
       rich.  그의 외모로 판단하건대, 그는 부유한 것 같지 않아.

④,    ***To*** (= If we | ) ***do*** ∥ him ∥ justice, he is an honest man.
       정당히 평가해서, 그는 정직한 사람이야.

- 문장속의 분리비정형절

한 쌍의 콤마 또는 대시로 분리된 비정형절을 말한다.

①,①,   The bar, ***half a block away***, is most agreeable.
        그 술집은, 반 블록 떨어져 있는, 매우 마음에 들어.

①,②,   Professor Wilson's lecture was, ***to coin a phrase*** (=if we
        | *coin* ∥ a phrase), ahead over my head.

윌슨 교수의 강의는, 말하자면, 내 이해력을 넘었어.

②,①,  Some books, **read carelessly** (=if they | *are read carelessly* ), will do more harm than good.
어떤 책들은, 부주의하게 읽히면, 이익보다도 해가 돼.

· **연결어+비정형절**

,①  Make it Thursday, {**if**} | *possible*.
토요일로 해, 가능하다{면}.

①,  {**Once**} | *across it*, one cannot easily go backward, can one?
{한번} 건너면, 누구도 쉽게 뒤돌아 갈 수 없어, 그렇지?

,①  The inspector looked around, {**as if**} (he | *was* ) *in search* ‖ of something. 조사관은 둘러봤어, {마치} 뭔가 찾는 것{처럼}.

①,  {**As though**} | *on cue*, the baby pushed at his head.
{마치} 기다린 것{처럼}, 애기가 그의 머리를 밀었어.

①  He died of natural causes {**while**} | *a free man*.
그는 자유인이었던 {동안} 자연사했어.

①,  {**Although**} | *injured*, he struggled on.
비록 다쳤지{만}, 그는 계속 투쟁했어.

①,  {**While**} *travelling*, he contracted jaundice.
여행하{면서}, 그는 황달에 걸렸어.

①  We eat {**in order**} | *to live*.    우리는 먹어, 살기 위해{서}.

③,  {**While**} *bathing* | *in the river*, he | *was drowned*.
강에서 목욕하{면서}, 그는, | 빠져 죽었어.

③,  {**In order**} | *to get* | *in*, he has to pass himself off as a cop.
안으로 들기 위해, 그는 경찰로 위장해야 했어.

- He | *was standing* ‖ **with** [his hat | **on**].

다음은 with+비정형절 ②[ ]형 NPN[ ]이다. 비정형절의 부족부분을 보충하면 다음과 같다. 전치사 with/without는 비정형절과 결합하여 부대상황 등을 나타낸다. 완전절을 만들려면 be를 보충하면 된다.

②[ ]   He | *was standing* ‖ **with** [his hat | *on*].
　　　　그는 | 서 있었어 ‖ [모자가 쓰인]채.
　[①]   [his hat | *was **on***]　　　　[그의 모자는 | 쓰여 있었다.]


● 유형별 예문
[P:형용사]
②[①]  They | *stood* ‖ **with** [their head | *low* ].
　　　　그들은 | 서 있었어 ‖ [머리가 | 숙여진]채.
②[①]  | *Don't speak* ‖ **with** [your mouth | *full* ].
　　　　| 말하지 말라 ‖ [입이 | 가득 찬]채.
③,[③] Tom | *sat* | *by*, ‖ **with** [his Testament | *open* | *on* his knee ].
　　　　톰은 | 앉았어 | 옆에, [무릎에 성경을 편]채.
⑥[①]  He | *lay* | *still* ‖ **with** [his eyes | *shut* ].
　　　　그는 | 누웠어 | 조용히 | [눈이 감겨진]채.
[P:소사]
②[①]  Most reptile | *walk* ‖ **with** [their feet | *wide* *apart* ].
　　　　대부분의 파충류는 | 걸어 ‖ [그들의 다리를 | 넓게 벌린]채.
②[①]  I | *shall be lonely* ‖ **with** [you | *away* ].
　　　　나는 외로울 거야 ‖ [네가 | 가 버리]면
④[①]  He | *was reading* ‖ a book ‖ **with** [the television | *on*].
　　　　그는 | 읽고 있었어 ‖ 책을 ‖ [TV가 켜 놓인]채.
⑥[①]  Nugent | *marched* | *inside* ‖ **with** [Packer | *behind* ].
　　　　Nugent는 | 전진했어 | 안쪽에 ‖ [Packer가 | 뒤에 수행한]채.
⑥[①]  I | *fell* | *asleep* ‖ **with** [ my clothes | *on* ].
　　　　나는 | 빠졌어 | 잠에 | [옷이 입어진] 채.
⑥[①①] He | *was waiting* ‖ *under* a shade tree ‖ **with** [his jacket | *off* and his sleeves | *up* ].   그는 [상의는 벗어지고 소매는 올린]채
　　　　나무 그늘 아래 기다리고 있었어.
[P:전치사구]
②[①]  He | *was standing* ‖ **with** [his hands | *in his pockets* ].
　　　　그는 [두 손을 호주머니에 넣고] 서 있었어.

②①　They | *were sitting* ‖ **with** [their feet | ***on the table*** ].
　　　그들은 [발을 테이블 위에 올려놓고] 서 있었어.
②①　Adam | *said* ‖ **with** [his back | ***to Sam and Carmen*** ].
　　　아담은 [그의 등을 샘과 카르멘에게 향한 채] 말했어.
③,①　Lucas Mann, **with** [a guard | ***behind*** him, | *stopped* | ***at*** the last cell.
　　　Lucas Mann은, [뒤의 간수와 함께], 마지막 방에서 정지했어.
④①　Sam | *straddled* ‖ the bench ‖ **with** [the checkerboard | ***in front*** of him ].
　　　샘은 | 걸터앉았어 ‖ 벤치에 ‖ [장기판을 앞에 두고].
⑥①　Sam | *sat* | on the desk ‖ **with** [his feet | ***on a chair*** ].
　　　샘은 | 앉았어 | 책상 위에 ‖ [다리는 책상 위에 놓은 채].
⑥①　He | *came* | *downstairs* ‖ **with** [his coat | ***over his arm*** ].
　　　그는 | 왔어 | 아래층에 ‖ [상의는 팔에 걸치고].

**[P:동사]**

①,①　It | *was a misty morning*, **with** [little wind | ***blowing*** ].
　　　[거의 바람이 불지 않는] 안개 낀 아침이었어.
[①],①　**With** [an eye | ***bandaged*** ], he | *could not write properly*.
　　　[한 눈을 붕대로 감았기] 때문에, 그는 글을 잘 쓸 수 없었어.
②[③]　I | *walked* *on* ‖ **with** [my dog | ***running*** | ***beside me*** ].
　　　나는 | 계속 걸었어 ‖ [내 개가 내 옆에서 달리면서].
[⑥[②]] He tried [ | *to get* | *in front of him* ‖ **without** [Quirrell | ***noticing*** ‖ ∩ ]].
　　　그는 [[퀴렐이 (이를) 눈치채지 않게] 그의 앞으로 가려고 시도했어.
⑥[③]　He | *leaned* | *on his elbows* ‖ **with** [his head | ***hanging*** | ***low*** ].
　　　그는 | 기댔어 | 그의 팔꿈치에 ‖ [머리는 낮게 걸친 채].

- | Do | ***away with it!***

숙어처럼 쓰이는 do away with it.는 다음 과정을 거쳐 형성된 것이다.
②①　| *Do* ‖ **with** [it | ***away*** ].　　　| 하라 ‖ [그것 | 없는] 상태에서.

=>③ | Do | *away with* it!     | 하라 | 그것 없이.
->① | *Away with* it!        | 그것 없애라.

● 유형별 예문
① | *Away with* him!             | 그를 없애라.
① | *Down with* the dictatorship.   | 독재 하야하라.
① | *Down with* your weapons!     | 무기들 내려라.
① | *Off with* his head!            | 그의 목을 쳐라.
① | *On with* it!                 | 그것을 시작(계속)해!
① | *Out with* him!              | 그를 끌어내라!
① | *Up with* the workers!        | 노동자를 일으키자!
① He | is *up with* latest information.
    그는 | 최근의 정보를 가지고 있어.
①Then | *up with* you <as> soon <as possible>.
    그렇다면 올라가라? 너는 〈가능하면〉 빨리.
③ | Get | *away with* it!          | 해라 | 그걸 없애도록.
③ | Do | *away with* him!        | 해라 | 그를 없애도록.
③ | Pull | *down with* the dictatorship. | 끌어 | 독재를 내려라.
③ | Put | *down with* your weapons! | 놓아라 | 무기들 내려.
③ | Cut | *off with* his head!      | 잘라라 | 그의 목을 끊어.
③ | Carry | *on with* your sweeping. | 계속해 | 청소를.
③ | Get/Go | *on with* it!        | 해라 | 그걸로 (시작) 하도록!
③ | Pull | *out with* him!          | 끌어 | 그를 내어라!
③ How did you | come | *up with* this amounts?
    어떻게 너는 | 되었니 | 이 금액을 모으게?
③He | came | *up with* the idea.     그가 | 되었어 | 그 생각을 갖게.
③Then | go | *up with* you <as> soon <as possible>.
    그렇다면 | 가라 | 너는 올라, 〈가능하면〉 빨리.
③ | Rise | *up with* the workers!     | 일러나라 | 노동자를 일으켜서!
⑤A sergeant | helped ‖ the Minister | *off with* his coat.
    한 상사가 | 도왔어 ‖ 장관을 | 코트를 벗게.
⑤He | waved ‖ Kelvin | *on with* his report.
    그는 | 손짓했어 ‖ 케빈에게 | 보고를 계속하게.

## 정형절

- That | ' s all < there is to it >.

다음은 ①〈 〉형 NP〈fc〉이다. 정형절 〈there is to it〉가 주절의 all(선행사)을 수식한다. 이를 형용사적 정형절이라 하며 다음과 같이 나타낼 수 있다.

①〈 〉 That | ' s all < there is ∩ to it >.
　　　그것이 | 〈그것에 대한〉 모든 것이야.
cf.〈①〉 < There | is all to it. >
　　　〈모든 것이 | 그것에 대해 있어.〉

∩는 선행사가 주절의 요소와 수식절의 요소를 공유(겸)함을 나타낸다. 형용어 정형절을 독립된 문장으로 만들려면 ∩ 부분을 보충하면 된다.
wh-형용절의 경우에는 wh-word 대신 선행사를 넣고 위치를 조정한다.

● 유형별 예문
《there~》
①〈①〉 Is that **the best one** <there | is ∩>?
　　　그것이 〈세상에 존재하는〉 최상의 것이니?
②〈①〉 The boys ate **everything** <there | was ∩ _on_ the desk].
　　　소년들은 〈책상 위에 있던〉 모든 것을 먹었어.
《who》
①〈①〉 There are so **many soldiers** directly involved <who | haven't been talked ( ‖ ) _to_ >.
　　　직접적으로 관련되면서도 〈조사받지 않은〉 많은 병사들이 있어.
①〈⑥〉 He's just **a poor country boy** <who | _made_ | _good_ ‖ _in_ the city].
　　　그는 〈도시에서 부유하게 된〉 시골 출신 가난한 소년이야.
②〈①〉 They shall see **the man** <who | _will be their king_>.
　　　그들은 〈누가 왕이 될지〉 볼 것이야.

《which》
①〈①〉 An aeroplane is a **machine** <which | *flies*>.
　　　　비행기는 〈나는〉 기계야.
《when》
①」〈②〉 There are **moments** <when I | *think* ‖ *of* you>.
　　　　〈너를 생각할〉 때가 있어.
《where》
①〈③〉 This is **the place** <where I | *live* | ∨ >.
　　　　이곳은 〈내가 사는 곳〉 이야.
《that》
①〈③〉 **The people** <that | *work* | *in the office*> are friendly.
　　　　〈그들 | 일하는 | 그 사무실에서〉 그 사람들은 친절해.
②〈②〉 I avoid **anything** <that | *might give* ‖ offense>.
　　　　나는 〈해를 끼칠 수 있는〉 발언은 피해.
《 ∅ 》
①〈①〉 There's **nothing else** <that | '*s better*>.
　　　　〈더 이상 좋을〉 수는 없어.
①〈①〉 That's not **the way** <it | *is any more* ∩>.
　　　　그것은 〈더 이상 그러한〉 방법이 아니야. *통하지 않다
①〈①〉 He is not **the man** <he | *used to be* ∩>.
　　　　그는 〈왕년의〉 그가 아니다.
①〈②〉 My promise is **one thing** <you | *can be sure* ‖ *of* ∩>.
　　　　내 약속은 〈네가 | 확신할 수 있는 ‖ ∩〉 것이야.
①〈③〉 **The hotel** <we | *stayed* | *at* ∩ > was near the station.
　　　　〈우리가 | 머문 | ∩ 〉 호텔은 역에서 가까웠어.
①〈④〉) These are **the books** <I | *told* ‖ you | *about* ∩>.
　　　　이들은 〈내가 | 말한 ‖ 네게 ‖ ∩에 관하여〉 책들이야.
②〈②〉 Do you know **the man** <Jill | *is talking* ‖ *to* ∩>?
　　　　너 〈Jill이 | 이야기하고 있는 ‖ ∩에게〉 그 사람을 아니?
②〈⑤〉 I haven't any clothes except **these** <I | *had* ‖ ∩ | *on*>.
　　　　나는 〈내가 입고 있는〉 이 옷을 제외하고는 어떠한 옷도 없어.

②⟨⑤⟩ I read **everything** <I | can get ‖ ∩ | *on my hands*>.
　　　나는 | 읽는다 ‖ ⟨손닿는 것은⟩ 무엇이든지.

· than이 이끄는 정형절 수식어
①⟨①⟩ You are **a better person** <than [I | *am* ∩]>.
　　　너는 더 나은 사람이야 ⟨[내가 나은 사람인 것]보다⟩.
　　* ① I | am *a better* person.　　　　　* 넌 나보다 잘 났어.
①⟨①⟩ He is **taller** <than [I | *am* ∩]>.
　　　그는 | 키가 더 커 ⟨[내가 | (큰 것)]보다⟩.　　*① I | am *tall*.
①⟨②⟩ It is **more** <than [I | *could endure* ‖ ∩ · ∩]>.
　　　그것은 ⟨[내가 참을 수 있는 것]보다⟩ 더 심해.
　　* ② I | can endure ‖ it · ***much***.
①⟨⑤⟩ Seoul is much **bigger** <than [I | *thought* ‖ ∩ | ∩]>.
　　　서울은 매우 더 커 ⟨[내가 | 생각한 것]보다⟩.
　　* ⑤ I | *thought* ‖ Seoul | ***big***.
②⟨②⟩ You're **better at it** <than [she | *is* ∩ ‖ ∩]>.
　　　너는 그것에 더 나아 ⟨[그녀가 나은 것]보다⟩.
③⟨③⟩ I had to think **bigger** <than [the question | *posed* | ∩]>.
　　　나는 더 크게 생각해야 했어 ⟨[그 문제가 큰 것]보다⟩.
④⟨②⟩ I gave him **more** <than [he | *expected* ‖ ∩]>.
　　　나는 항상 그에게 더 많은 것을 줬어 ⟨[그가 기대한 만큼]보다⟩.

· 동격정형절
명사 또는 대명사의 구체적 내용을 나타낸다.
다른 수식어와 달리 공유요소나 보충해야 요소가 없는 완전절이다.

①⟨①⟩ The **news** <that he | *will come*> is true.
　　　⟨그가 | 올 것이라는⟩ 뉴스는 사실이야.
①⟨①⟩ There is **some doubt** <whether he | *will come*>.
　　　⟨그가 올 것인지 여부에 대한⟩ 약간의 의심이 있어.
②⟨③⟩ Do you have **any idea** <where he | *went* ∨>.
　　　너는 ⟨그가 어디에 갔는지에 대한⟩ 생각이 있니?

②⟨③⟩ He expressed **the desire** <that his wife | *(should) come* | *back soon*>.
그는 ⟨그의 처가 곧 돌아와야 한다는⟩ 욕구를 표시했어.

· 상관수식절
⟨as~as⟩
①⟨①⟩ He is <u>as</u> **tall** <as [she | *is* ∩]>.
그는 키가 커 ⟨그녀가 큰 것⟩만큼.　　　　* ① She | *is tall*.
①⟨③⟩ That's about <u>as</u> **deadly** <as [it | *gets* | ∩]>.
그건 ⟨[그것이 치명적일 수 있는]만큼⟩ 치명적인 정도이다.
　* ③ It | *gets* | *deadly*.
①⟨③⟩ He is <u>as</u> much **at home** <u>as</u> if [he | *had come* | ∩ *before*]>.
그는 집에 있는(편한) 태도였어 ⟨전에 온 적 있는 것⟩처럼.
　* ③ He | *had come* | <u>at home</u> *before*.
①⟨⑤⟩ He is not <u>as</u> **strong** <as [you | *think* ‖ ∩ | ∩]>.
그는 | 강하지 않아 ⟨네가 강하게 생각한 것⟩만큼.
　* ⑤ You | *think* ‖ him | *strong*.
③⟨③⟩ He turned <about as> **serious** <as [he | *ever got* | ∩]>.
그는 변했어 ⟨[그가 심각할 수 있었을]만큼⟩ 심각하게.
　* ③ He | *ever got* | *serious*.
③⟨③⟩ I am getting ready <u>as</u> **fast** <as [I | *can* ∩ · ∩]>.
난 | 준비하고 있어 ⟨[내가 빨리 달릴 수]만큼⟩ 빨리.
　* ③ I | *can be getting* | *ready* · *fast*.

⟨so/such~that/as⟩
①⟨②⟩ He studied <so> **hard** <that he | *could pass* ‖ the exam>.
그는 ⟨아주⟩ 열심히 공부했어 ⟨그래서 합격할 수 있었다⟩.
①⟨②⟩ That book is <so> **difficult** <that I | *can't read* ‖ it>.
이 책은 ⟨아주⟩ 어려워 ⟨그래서 나는 그걸 읽을 수 없다⟩.
①⟨②⟩ That is <such> **a difficult book** <that I | *can't read* ‖ it>.
①⟨②⟩ He is **not** <such> **a fool** <that he | *believes* ‖ her>.
그는 ⟨그녀를 믿을 정도로⟩ 바보는 아니야.

* ② He | *does **not** believe* ‖ her.
②⟨①⟩ Take <such> **friends** <as | *are trusty and willing*>.
⟨믿을 만하고 자원하는⟩ 친구들을 취해라.

- It was raining {when} we | *arrived*.

다음은 주절과 종속절이 함께 있는 문장 ①①형이다.
이러한 종속절을 문장수식어라 하며 완전한 절이다.

①①　　It was raining {**when**} we *arrived*.
　　　　비가 오고 있었어, 우리가 도착했을 {때}.
=①,①　{**When**} we | *arrived*, it was raining.
　　　　우리가 | 도착했을 {때} 비가 오고 있었어.

● 용법별 예문

《시간》

①①　　She came {**after**} you | *left*.　　　그녀가 왔어, 네가 떠난 {후에}.
①②　　Where have you been {**since**} I | *saw* ‖ you last?
　　　　너는 어디에 있었느냐(다녀왔느냐), 요전에 만나 본 {이후}?
①③　　She sings {**as**} she | *goes* | *along*.
　　　　그녀는 노래를 불러, 걸으{면서}.
②①　　Do it now {**before**} you | *forget*.
　　　　그것을 지금 해라, 잊어버리기 {전에}.
②,②　{**As soon as**} I | *left* ‖ home, it began to rain.
　　　　내가 집에서 떠나{자마자} 비가 오기 시작했어.
②,②　{**Until**} you | *told* ‖ me, I had heard of nothing about him.
　　　　네가 내게 말할 {때까지} 난 그에 대해 아무 얘기도 듣지 못했어.
②,②　{**Whenever**} she | *sees* ‖ me, she smiles at me.
　　　　그녀는 나를 볼 {때마다}, 나에게 미소를 지어.
③①　　He fell asleep {**while**} he | *was studying*.
　　　　그는 잠이 들었다, 공부하는 {도중에}.

⑤① Let's wait {**till**} rain | *stops*.　　기다리자, 비가 멈출 {때까지}.

**〈원인/이유〉**

①,② It may rain, {**for**} it | *began* ‖ *thundering*.
　　　비가 올지도 몰라, 천둥이 치기 시작했으{니까}.

①,③ {**As**} you | *are not ready*, we must go without you.
　　　네가 준비가 안 되어{서} 우리는 너 없이 떠나야 하겠어.

②① I said nothing about it {**because**} he | *was there*.
　　　나는 그것에 대해 아무 말도 안 했어, 그가 거기 있었기 {때문에}.

②,② {**Since**} we | *have* ‖ no money, we can't buy it.
　　　우리는 돈이 없었{으므로} 그것을 살 수 없어.

**〈조건〉**

②,② {**If**} you | *ask* ‖ him, he will help you.
　　　네가 그에게 요구하{면} 그는 너를 도울 것이야.

③,② {**Unless**} you | *get* | *up early*, you will be late for school.
　　　네가 일찍 일어나지 않으{면}, 너는 학교에 늦을 것이야.

**〈양보〉**

①,② {**Even if/though**} he | *is young*, he can do the work.
　　　비록 그는 젊지{만} 그 일을 할 수 있어.

②② You must do the work {**whether**} you | *like* ‖ it {**or not**}.
　　　너는 그 일을 해야 해, 그 일을 좋아하든 안 하든 {간에}.

**〈목적〉**

①① We eat {**(so/in order) that**} we | *may live*.
　　　우리는 먹는다 우리가 살기 위해{서}.

①② He studied hard {**so that**} he | *could pass* ‖ the examination.
　　　그는 아주 열심히 공부했어, 시험에 합격하기 위해.

**〈부대상황〉**

④①[①] Harry clapped his hand to his mouth {**as though**} he | *was about* [*to be sick*].
　　　해리는 {마치 토할 것처럼} 손을 입에 갖다 대었어.

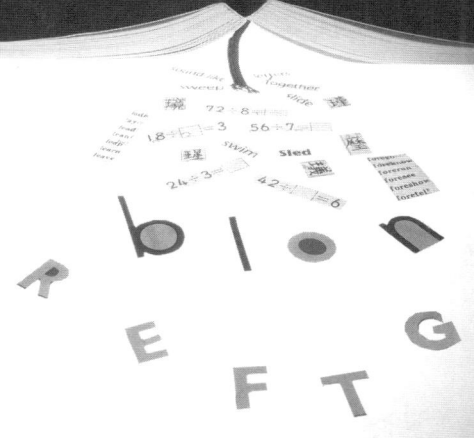

# 주어/목적어

주어/목적어의 재료 ······ 224

it~구문 ······ 229

there~구문 ······ 233

## 주어/목적어의 재료

- What has became **of** him?

다음은 ③형 N」P」N(pr~)P이다.
전치사구 of him이 의미상 주어지만 의문사 what이 문장 앞에 나옴에 따라 도치된 것이다. 명사 외의 말이 주어가 되는 경우이다.

③」 What has become **of** him?  어떻게」 되었니」 그는?

· 주어의 재료
《형용사》
① **Less** | is more.  (말은) 적을 수록 | 더 많다(좋다).
③ **Old and young** | marched | side by side.
  노소가 | 행진했어 | 나란히.
《명사구》
② **A day · off** | would cure ‖ all your problems.
  하루 쉬면 모든 문제가 풀릴 거야.
《전치사구》
① **About 50 people** | can be on the boat.
  50명이 | 그 배에 탈 수 있어.
①」 How **about** you?  어떠니」 너는?
①」 How **about** that?  어때」 그것은?
①」 How **about** dinner <together>? 어때」 같이 저녁 하는 거?
①」 How **about at six**?  어때」 6시쯤 (만나는 것)은?
①」 How **about** just **scrambled**?  어때」 그냥 (달걀) 스크램블?
①」 What **of him**?  어떻게 해」 그는?
①」 What **of it**?  어떻게 되니」 그것은?
① **Through** the Defense Attache | would probably best, he noted.

무관을 통하는 것이 | 가장 좋을 거야, 그가 주를 달았어.
① **To Beijing** | *is not very far*.    북경까지는 | 그리 멀지 않아.
② **From Seoul to Daejon** | *is a two hour ride* ‖ <u>by</u> car.
  서울에서 대전까지는 | 2시간이다 ‖ 승용차로.
③ <sub>」</sub>*What*<sub>」</sub> *has become*<sub>」</sub> **of him**?   어떻게<sub>」</sub> 되었니<sub>」</sub> 그는?
③ <sub>」</sub>*What*<sub>」</sub> *will come*<sub>」</sub> **of that**?   어떻게<sub>」</sub> 될지<sub>」</sub> 그것은?
③ ***Up to five people*** | *can sleep* | <u>in this room</u>.
  다섯 명까지는 | 잘 수 있어 | 이 방에서.

《분리전치사구》
① **You** | '*re tired*<sub>」</sub> **inside**.    네 안(마음)은 | 지쳐있어.
① **It** | '*s scary*<sub>」</sub> **inside**.    그 안쪽은 | 무서워.
① **That** | '*s so right*<sub>」</sub> **on**.    그것에 관하여는 | 매우 좋아.
① **It** | *was eerie*<sub>」</sub> **underneath**.   그 밑은 | 섬뜩하였어.

《동사》
① **Talk** | *is cheap*.    말하기는 | 쉬워.
② **Smoking** | *is bad* ‖ <u>for</u> you.   흡연은 | 해로워 ‖ 네게.

《비정형절》
(~ing)
①[②]   [**Learning** English] | *will be useful*.
     [영어를 배움이] | 유용할 거야.
①[②]   *Did* [**talking** <u>to</u> Matt] | *help*?
     [매트와 이야기 한 것] | 도움 됐니?
①<sub>」</sub>[②] *So*(=the job) *is*<sub>」</sub> [**sensing** [when to hug and when to kick]].
     [[안아줄 때와 찰 때를] 분별하는 것]이 | 일이야.
⑥[①]   [**Learning** the computer] | *doesn't come* | *easy* ‖ <u>to</u> me.
     [컴퓨터를 배우는 것은] | 되지 않아 | 쉽게 ‖ 내게.

(pr~+~ing)
①<sub>」</sub>[②] *How*<sub>」</sub> **about** [**going** <u>on</u> a picnic]?    어때<sub>」</sub> [소풍가는 것]은?
①<sub>」</sub>[②] *What*<sub>」</sub> **about** [**going** to see a baseball game]?
     어때<sub>」</sub> [야구 구경가는 것]은?

(to~)

①[「⑤」] [**To turn** <u>away</u> bona fide travellers] | *would be* <u>against</u> *law*.
　　　[선의의 여행객의 투숙을 거절하는 것은] | 법에 저촉돼.

③[「⑤」] [**To have** his sanity slandered so nonchalantly] | *seemed* | *like a cruel invasion of privacy*.
　　　[그의 정신상태를 그처럼 무자비하게 비난받게 함은] | 보였어 | 사생활의 잔인한 침해처럼.

《정형절》

①[①]　[**What** <u>was</u> past] | *was* <u>past</u>.　　　[지난 일은] | 지난 것이야.
①」[②] Who was」 [**that** you wanted ∨]?　누구냐」 [네가 원했던 사람은]?

· 목적어의 재료
《형용사》
②What | 's taking ‖ so **long**?　　　무엇이 | 잡니 ‖ 그렇게 오래?
④What | *took* ‖ you ‖ so **long**?　　무엇이 | 잡았니 ‖ 널 ‖ 그리 오래?

《전치사구》
②You | *have* ‖ **until 5 P.M. tomorrow**.
　　너는 | 가져 ‖ 오후 5시까지(시간)를.

《비정형절》
⑤[②]　They | *think* ‖ *of* [watching TV] | *as a waste of time*.
　　　그들은 | 생각해 ‖ [TV보는 것을] | 시간낭비라고.

《정형절》
⑤[④]　Who *did* he | *know* ‖ [**who** sent letters by the postman] | ∨?
　　　그는 | 아니 ‖ [배달부를 통해 편지를 보낸 자는] | 누구인지?

- **It** | *often very cold* ‖ here ‖ <u>in</u> winter.

다음은 ④형 NPN'N"이다. it가 비인칭주어로 쓰인 것이다.

④**It** | *often very cold* ‖ here ‖ <u>in</u> winter. | 종종 매우 추워 ‖ 여기 ‖ 겨울에.

● 내용별 예문
(날씨)
② It | doesn't often rain ‖ here.                    | 종종 비가 안와 ‖ 여기는.
② It | 's rains a lot ‖ in summer.                   | 비가 많이 와 ‖ 여름에는.
② It | will snow ‖ this afternoon.                   | 눈이 올 거야 ‖ 오후에는.
(기온/온도)
① It | is cold/warm.                                 | 추워/따뜻해.
② It | 's cold/hot ‖ in here.                        | 추워/더워 ‖ 여기 안은.
② It | was cold ‖ outside the car.                   | 추웠어 ‖ 차 밖은.
③ It | is getting | cold.                            | 있다 | 추워지고.
(시간/계절)
① It | is three o'clock.                             | 3시 정각이야.
① It | is spring.                                    | 봄이다.
(거리)
① It | isn't far.                                    | 멀지 않아.
① It | 's a long way.                                | 먼길이야.
(명암)
② It | was still dark ‖ outside.                     | 아직도 어두웠어 ‖ 바깥은.
③ It | is growing | light.                           | 지고 있다 | 밝아.
(기타)
① It | is all over ‖ with him.                       그는 볼 장 다 본 녀석이야.
⑥ How ˩ goes ˩ it ‖ with you?                        너는 어떻게 지내니?

- He | is hard [to please].

다음은 ① N[nfc]P형이다. 비정형절의 요소가 분리된 형태이다.
비정형절의 요소를 합치면 N은 [to please him]가 된다.

①[  ]  He | is hard [to please ∩].
         그는 | 어려워 [(그를) 즐겁게 하기]. * ∩-> he
①[  ]  It | is hard [to please him].        [그를 즐겁게 하기] | 어려워.

● 유형별 예문
  (P:형용사)
  ①[①]  **She** | *is not easy* [**to be <u>with</u>** ∩].
         [그녀와 같이 있기가] | 쉽지 않아.
  ①[①]  **You** | *'re fun* ‖ [**to be <u>with</u>** ∩].
         너는 | 재미있어 ‖ [(너와) 같이 있게 되면].
  ①[②]  **French** | *is hard* [**to learn** ∩]   [불어는 배우기] | 어려워.
  ①[②]  **His office** | *is easy* [**to locate** ∩] [그의 사무실은 찾기는] | 쉬워.
  ①[②]  **The food** | *had to be easy* [**to carry** ∩].
         [그 음식은 나르기가] | 쉬워야 해.
  ①[②]  **The light switch** | *is hard* [**to get at** ∩].
         [그 전등 스위치에 손이 닿기는] | 힘들어.
  ①[②]  **Deckhands** | *was impossible* [**to keep** ∩].
         [갑판원들을 유지하는 것은] | 불가능해.
  ①[②]  **The fruit** | *was wonderful* [**to smell** ∩], but | *not quite*
         [**to taste** ∩].   냄새를 맡으니 좋았으나, 맛을 보니 별로였어.
  ①[③]  **They** | *are hard* [**to track in on** ∩].
         [그들을 추적하는 것은] | 힘들어

  (P:전치사구)
  ①[②]  **That** | *was for him* [**to decide** ∩].
         [그것을 결정하는 것은] | 그의 권한이었어.

## it~ 구문

- It | 's doesn't hurts **to try**.

다음은 N(v)P이다. 형식주어 it의 실질주어는 to try이다.
고쳐 쓰면 다음과 같다. It=To try

① It | *doesn't hurt* **to try**.　　　시도는 | 해롭지 않아.
→① **To try** | *doesn't hurt*.　　　*밑져야 본전이다

· it~에 이끌리는 주어
《명사》
① It | *was my birthday* **yesterday**.　　어제는 | 내 생일이었어.
① It | '*ll be* all of our necks <u>on</u> *the line*.
　　우리들의 목숨이 | 위태로울 거야.
《전치사구》
① It | '*s too tight* <u>across</u> *the back*.　　등을 가로질러 | 너무 팽팽해.
① It | *was not a vacation* **as such**.　　그 자체는 | 휴가가 아니었어.
① It | *was no less chaotic* <u>outside</u> *the Parliament*.
　　국회의사당 밖이 | 덜 혼란한 것이 아니었어.
② It | *takes* ‖ 10 hours **from** *New York* **to** *L.A.*
　　 | 걸려 ‖ 10시간이, 뉴욕에서 L.A.까지.
《동사》
① It | *was impossible* **to go further**.　더 가는 것이 | 불가능했어.
① It | *is <u>of</u> no use* **to talk**.　　　　말하는 것은 | 소용없어.
③ It | *seemed* | *reasonable* **to try again**.
　　다시 해보는 것이 | 같았어 | 합당한 것.
③ It | *doesn't seem* | *much use* **going · on**.
　　[다시 해보는 것이] | 되지 않을 것 않아 | 별로 소용이.

《비정형절》
(P: 형용사)

①[②]　It | 's fun [to ride a horse].　　[말을 타는 것은] | 즐거워.
①[②]　It | 's hard [to get · by without money].
　　　　[돈 없이 살아가기] | 어려워.
①[②]　It | 's nice [to be rid of him]　　[그는 없는 것은] | 좋아.
①[④]　It | is easy [to find fault with the work of others].
　　　　[다른 사람의 작품에서 결점을 찾는 것은] | 쉬워.
①「⑤」 It | 's so boring [to spend the weekend alone].
　　　　[주말을 혼자 보내는 것은] | 매우 따분해.
②[②]　It | is very kind ‖ of you [to help/invite me].
　　　　[나를 돕는/초대한 것은] | 매우 친절해 ‖ 너로서.

(P: 명사)

①[②]　It | 's a terrible thing [to see ∩]. [그걸 보는 것은] | 끔직한 일이야.

(P: 전치사구)

①[②]　It | 's up to you [to tell him].
　　　　[그에게 말하는 것은] | 네게 달렸어.
[①[②]]　The salesman felt [it | was beneath him [to make coffee]].
　　　　그 판매원은 [커피를 끓임이] | 그의 직분에 맞지 않다고] 생각했어.

(P:동사)

①[②]　It | was decided [to celebrate his 75th birthday].
　　　　[그의 75세 생일을 축하하는 것이] 결정되었어.
②[②]　It | takes ‖ one [to know one].
　　　　사람을 알려면 그 사람이 되어봐야 해.
③[②]　It | seems | a pity [to waste all that food].
　　　　[저 식량을 모두 낭비함은] | 들어 | 애석한 느낌이.
④[②]　It | 'll takes ‖ us ‖ thirty days [to get there].
　　　　우리가 거기에 도달하는 데 30일이 걸려.
「⑤[②]　It | serves ‖ him「right [to cancel his license].
　　　　[그의 면허를 취소함은] | 취급하는 거야 ‖ 그를 「공평하게.

《정형절》
(P:형용사)
①[②]   **It** | *'s clear* [**why** Don decided leave to Spain].
         [돈이 스페인으로 가기로 결정한 이유는] | 명확해.
→[②]①  [**Why** Don decided leave to Spain] | *is clear*.
①[②]   **It** | *'s understandable*↲ [**that** your tastes should incline
         towards the juvenile].
         [네 취향이 젊은 사람에게 끌리는 것은] | 이해할간 해.
(P:명사)
①[①]   **It** | *was a pity* [**(that)** the weather was so bad].
         | 유감이었어 [날씨가 아주 나쁜 것은].
①[①]   **It** | *'s the thought* [**that** counts].   | 성의야 [중요한 것은].
(P:전치사구)
①[②]   **It** | *was not until the next day* [**that** I learned the truth]
         | 다음날이 되어서였어 [내가 진실을 알게 된 것은].
②[③]   **It** | *stands* ‖ to reason [**that** you'll get sick]
         | 입각해 ‖ 근거에 ‖ [네가 병이 들 것은].
(P: 동사)
①[①]   **It** | *so chanced/happened*↲ [**(that)** we were out when she called].
         | 사정이었어 [그녀가 방문했을 때 우리는 마침 외출 중이라는].
①[①]   **It** | *doesn't follow* [**that** they are husband and wife].
         | 말할 수 없어 [그들이 반드시 부부라고].
①[①]   **It** | *doesn't matter* [**whether** we start now or later].
         | 문제 아니야 [우리가 지금이나 나중에 출발하는 것은].
①[①]   **It** | *was agreed* [**that** the match should be postponed].
         | 합의되었다 [그 시합이 연기하는 것이].
①[①]   **It** | *is being asked* [**why** no action is to be taken].
         | 질문되고 있다 [왜 아무 행동이 취해지지 않는 것이]].
①[②]   **It** | *seems* [**that** he is fond of sweets].
         | 보여 [그가 단 것을 좋아하는 것으로].
②[①]   **It** | *appears* ‖ to me [**(that)** you are mistaken].
         | 보여 ‖ 내게는 [네가 틀린 것]처럼.

③[①]　It | *was put* | *about* [**that** he had resigned]
　　　| 소문이 퍼졌어 | 주위에 [그가 사직했다는].
③₁[①]　*How*₁ *come (is)*₁ (**it**) [(**that**) you didn't call]?
　　　어떻게₁된거니 [네가 전화를 안한 것은]?
③[③]　It | *appears* | *unlikely*₁ [**that** we'll arrive <u>on</u> time].
　　　| 같아 | 안 될 것 [우리가 제 시간에 도착하는 것]은.

· it~에 이끌리는 목적어
《비정형절》
④[①]　He | *owed* ‖ **it** ‖ <u>to</u> me [**to try** harder].
　　　그는 | 의무가 있어 ‖ [열심히 하기로 하는] ‖ 내게.
④[②[②]]　I | *leave* ‖ **it** ‖ <u>to</u> your own judgement [**to decide**
　　　[whether his argument stands or not]]. 나는 | 맡겨 ‖ 네 자신의
　　　판단에 ‖ [[그의 논쟁이 성립하는 아닌지] 결정하기를].
⑤[②]　I | *really laid* ‖ **it** | <u>on</u> [**about** my not being able to sleep].
　　　나는 | 실제로 했어 ‖ [내가 수면불능인것으로] | 과장.
《정형절》
②[①]　| *See* ‖ <u>to</u> **it** [**that** children get <u>up</u> early in the morning].
　　　[애들이 일찍 일어나도록] 해라.
④[①]　I | *can't get* ‖ **it** ‖ <u>through to</u> him [**that** she won't come].
　　　나는 | 이해시킬 수 없어 ‖ [그녀가 오지 않을 것을] ‖ 그에게.
⑤[①]　Sam | *made* ‖ **it** | *seem* [**that** he was right].
　　　샘은 | 만들었어 ‖ [그가 옳은 것처럼] | 보이게.
⑤[①]　They | *put* ‖ **it** | *about* [**that** he had resigned].
　　　그들은 | 퍼뜨렸어 ‖ 소문을 | 주위에 [그가 사직했다는].
⑤[③]　I | *think* ‖ **it** | *best* [(**that**) you married <u>with</u> the count].
　　　나는 | 생각해 ‖ [네가 백작과 결혼하는 것이] | 최상이라고.
⑤[⑤]　She | *made* ‖ **it** | *clear* [**that** she doesn't consider her life
　　　a tragedy].
　　　그녀는 | 했어 ‖ [자기 인생을 비극으로 생각하지 않음을] | 분명히.

## there~ 구문

- **There** | *is* **a vase** *on* **the desk**..

다음에서 위치대명사 there는 불특정주어 a vase를 유도하기 위해 주어 자리에 와 있는 허사(虛辭)이다. 본래의 위치로 표시하면 다음과 같이 된다. 이처럼 실질주어를 앞으로 낼 수 있는 대체문형이 사용되는 경우와 그렇지 못한 경우가 있다.

①There | *is* a vase *on the desk*.　　화병이 | (거기) 책상 위에 있어.
-)① A vase | *is on the desk*.(?)　　\* 대체문형 사용되지 않음
①There | *were* nothing *there*. ¶　　아무 것도 | 거기에 없어.
-)① Nothing | *was there*.(○)　　\* 대체문형 사용됨, 이하 ¶로 표시

· there~에 이끌리는 주어
《P: there》
주어 뒤에 다른 술어가 없는 경우이다.
①There | *'s* **excitement**. ¶　　신나는 일이 | 거기 있어.
-)① The **excitement** | *was* **there**.
①There | *was* **some bad blood**.　　해묵은 감정이 | 거기 있었어.
①There | *was* **a large crowd**. ¶　　많은 군중이 | 거기 있었어.
③There | *happened* ‖ **an event**. ¶　　사건이 | 일어났어 | 거기.
《P:명사》
①There | *is* **a lady** *downstairs*. ¶　　한 숙녀가 | 아래층에 있어.
①There | *aren't* **many people** *here*.　사람들이 | 여기 많지 않아.
①There | *used to be* **a bridge** *here*.　다리가 | 전에 여기 있었어.
②There | *is* **nobody** *here* ‖ <u>by</u> that name. ¶
　　아무도 | 여기에 없어 ‖ 그런 이름을 가진.
《P:전치사구》
①There | *was* **a written notice** | <u>above</u> him.
　　그의 위에 글이 쓰인 패가 있었어.
①There | *is* **air of mystery** | <u>about</u> this case.

수수께끼 같은 데가 | 이 사건에 있어.
① **There** | *are* **papers** | *scattered* | *about* the room. ¶
종이가 | 흩어져 있어 | 방 주변(여기 저기)에.
① **There** | *is* **a bank** right *across* the street.
은행이 | 길 바로 건너편에 있다.
① **There** | *is* **a school** just *across from* our house.
한 학교가 | 우리 집 바로 건너편에 있어.
① **There** | *are* **stores** *along* the street.
상점들이 | 거리를 연해 있어.
① **There** | *was* **a general disappointment** *among* the passengers.
일반적인 불만이 | 승객들 중에 있었어.
① **There** | *must have been* **around about 10,000** *at last match*.
약 만 명 정도가 | 지난 경기에 왔었음에 틀림없어.
① **There** | *is* **a train** *at 10:30*.  　기차가 | 10시 반에 있어.
① **There** | *is* **an exit** *back* this way.  출구가 | 이 길 뒤에 있어.
① **There** | *is* **a bus stop** *before* my house.
버스정류장이 | 우리 집 앞에 있어.
① **There** | *is* **a tree** *behind* my house.
나무 한 그루가 | 집 뒤에 있어.
① **There** | *is* **a bit of distance** *between* us.
약간의 거리가 | 우리 사이에 있어.　* 약간 소원해.
① **There** | *is* **a delivery** *for* you.　배달물이 | 네게 와 있어.
① **There** | *'s* **no place** *like* home.　어느 곳도 | 집 같지 않아.
① **There** | *was* **no end** *in* sight. ¶　끝이 | 보이지 않아.
① **How many people** | *are* (there) *in a football team*?
얼마나 사람들이 | 한 축구팀에 있니?
① **There** | *is* **silence** *inside* the hut.　침묵이 | 오두막집 안에 있었어.
① **There** | *is* **a barrel** *inside* there.　통 한 개가 | 그 안에 있어.
① **There** | *is* **nobody** | *on* the line.　아무도 | 전화 받지 않아.
① **There** |　*was* **a writing** | *on* the stone.
글이 돌 위에 쓰여져 있었어.
① **There** | *are* **garden clubs** | *all over* the country.

정원가꾸기 클럽이 | 나라 전역에 있어.
① **There** | *is* **nothing new** *under the sun*. 새것이 | 해 아래는 없어.
① **There** | *is* **more** *to it*. 더 이상의 것이 | 그것에 있어.
① **There** | *is* **nothing** *to it*. 아무 것도 | 그것에 없어.
③ **There** | *seemed* **no hope** ∥ *to it*. 희망이 | 없어 보여 | 그것에.

《P:형용사》
① **There** | *are still* **terrorists** *alive*. 테러범들이 아직 살아 있었어.
① **There** | *were* **six airliners** *aloft*. 비행기 6대가 | 떠 있었어.

《P:소사》
① *Perhaps* **there** | *'s* **a driver** *about*.
  아마 운전사가 | 근처에 있겠지.
① **There** | *was* **not a ship** *around*. 배가 하나도 | 주위에 없었어.
① **There** | *was* **a green marker** *not two hundred yards · away*.
  푸른 표시가 | 200야드 못미처 있었어.
① **There** | **a place** *just two doors · down*.
  한 장소가 | 바로 두 집 아래 있어.
① **There** | *must be* **a house** *far · off*. 집이 | 멀지 않음에 틀림없어.
① **There** | *was a* **commotion** *outside*. 소동이 | 바깥에 있었어.
① **There** | *'s a* **vacant parking space** *up ahead*.
  빈 주차공간이 하나 | 저 앞쪽에 있어.
③ **There** | *are* **some civilians** *trapped* | *inside*.
  약간의 민간인들이 | 갇혀 있어 | 안쪽에.

《P: 동사》
① **There** | *is* **a child** *coming*. ¶ 아기가 | 태어나고 있어.
① **There** | *followed* **a period of political unrest.**
  정치적 불안의 시대가 | 뒤따랐어.
① **There** | *was* **no time** *left*. ¶ 남은 시간이 | 없어.
③ **There** | *seems* | *to have been* **some mistake.**
  어떤 잘 못이 | 같아 | 있었던 것.
③ **There** | *is* **a boy** *sitting* | *on a bench*. ¶ 한 소년이 | 앉아 있어 | 벤치에.
③ **There** | *lived* | *in England* **a wise king.**
  현명한 한 왕이 | 살았어 | 영국에.
③ **There** | *ran* | *out* **a man** *from the house*. ¶
  한 남자가 | 달렸어 | 그 건물에서 바깥으로.

## 《P: 비정형절》
**(대체문형 있는 경우)**

①[①]　**There** | *wasn't* **a cloud** [*to be seen*]. ¶
–>①[①] **A cloud** | *wasn't* [*to be seen*].
　　　　　구름 한 점 | 볼 수 없었어.

①[①]　**There** | *was* **no food** [*to be found*]. ¶
　　　　먹을 것이 | 발견될 수 없었어.

①[④]　**There** *is* | **someone** [*to help you with your bag*]. ¶
　　　　누군가 | [너를 도와 가방을 들어주려 하고] 있어.

③[①]　**There** | *seemed* | **no hope** *to remain*]. ¶
　　　　아무 희망도 | 보이지 않았어 | [남은 것으로].

③[①]　**There** | *seemed* | [*to be* **no one** *about*]. ¶
　　　　아무도 | 보이지 않았어 | [근처에 있는 것으로].

**(대체문형 없는 경우)**

①[②]　**There** | *wasn't* **much point** *in* [*looking at the terrorist*].
　　　　중요한 의미가 | [테러리스트를 쳐다보는 것]에는 없었어.

①[③]　**There** | *'s* [**no getting** *away from it*].
　　　　[그것으로부터 빠져나갈 수는] | 없어.

①[④]　*Is* **there** | **someone** [*to help me with my bag*]?
　　　　누가 | [나를 도와 이 가방을 들어줄 수 있어요]?

①[⑦]　**There** | *was* **movement** [*going on around them*].
　　　　움직임이 | [그들 주변에 일어나고 있었어.

③[③]　**There** | *seemed* | [*to be* **no one** *about* right here yet*].
　　　　아무도 | 보였다 | [바로 여기에는 아직 없는 것처럼].

## 《P: 정형절》

①[①]　**There** | *is* **no doubt** *as to* [*what will happen after that*].
　　　　 | [다음에 무엇이 일어날 지]에 관한 의심은 없어.

①[①]　**There** | *is* **no danger** [*that this will happen*].
　　　　(거기) 없었어 [이것이 일어날 지] 위험이.

①[②]　**There** | *is* **some reason** *in* [*what he says* ∨].
　　　　약간의 이유(일리)가 | [그가 하는 말]에 있어.

③[①]　**There** | *seemed* | **no danger** [*that this will happen*].
　　　　(거기) | 보이지 않았어 [이것이 일어날 지] 위험이.

· there~에 이끌리는 목적어
술어 역할을 하는 위치대명사 there와 목적어의 자리가 바뀐 것이다.
대체문형은 예외적으로 사용된다.

⑤[①]　　| *Let* ‖ **there** | [*be* **light**]. ¶　　　　　빛이 있어라.
->⑤[①] | *Let* ‖ **light** | [*be **there***].　　　　　 * there는 생략 가능
⑤[①]　　| *Let* ‖ **there** | [*be* **lights** *in* the expanse of the sky].
　　　　　빛들이 하늘의 궁창에 있게 하라.
⑤[①]　　| *Let* ‖ **there** | [*be* **an expanse** [*between* the waters].
　　　　　궁창이 물 사이에 있게 하라.
⑤[①]　　Would you | *like* ‖ **there** | [*to be* **a revolution** *in* this country]?
　　　　　너는 | 좋겠니 ‖ 혁명이 | 이 나라에 일어나면.
⑤[①]　　I | *don't mean* ‖ **there** | [*to be* **any argument** *about* this].
　　　　　나는 | 바라지 않아 ‖ 어떤 논쟁이 있기를 | [이 문제에 대해].

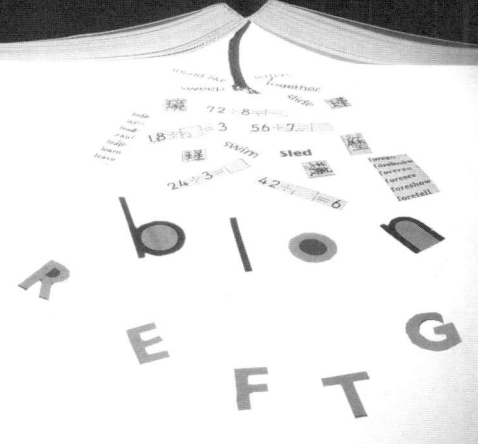

# 독자들의 글

독자에 의한 2진법 영어해설 ......... 240

독자들이 보는 2진법 영어 ......... 247

# 독자들의 글

## ◎ 독자에 의한 2진법 영어해설

다음은 저자가 조선닷컴에 실은 글에 대해 아이디 '저절로' 님이 답변한 글이다.

### [RE]이진법

이상도님의 이진법 영어가 왜 도움이 될 수 있는가를 생각해 본다.
잘 보시라. 이미 영어실력이 일정한 수준에 오르신 분들은 그냥 참고로 하시고, 지금 한참 배우는 학생들은 이런 방법을 써보는 것도 한번 염두에 둬보시라. 특히 5형식이라는 것을 안 배웠던 학생들에게는 의외로 아주 좋은 방법이 될 수도 있다. 우선 처음부터 너무 이진법에서 몇 형인가만 따지면 5형식 공부할 때처럼 이걸 왜 배우나 하는 의구심부터 먼저 드니까, 그건 일단 제외하고 생각해 보자.

우선 이진법이라는 이름이 왜 붙었을까? 컴퓨터에서는 0과 1만으로 모든 정보를 처리한다. 이걸 비트라고도 하는데, 그걸 말하는게 아니고, 영어 문장을 분석해 보면 모든 문장이 0과 1 처럼 생긴 N과 P로 구성되어 있다는 것이다. 그래서 0과 1의 이진법과 같은 원리라 하는 입장에서 이진법이라고 이름 붙인 것이고, 바로 이 N과 P가 이진법의 핵심이다.

그럼 다음 순서는 N과 P가 과연 무엇인가 하는 것이다. N은 Nominal이다. 즉, 명사나 대명사, 동명사 같이 뭔가 좀 주인노릇을 할 수 있는 요소들이다. 한편 P는 Predicate로, N을 설명하는 기능을 하는 요소다. 쉬운말로 하자면 체언과 술언이 되겠다. 이상과 같은 기본을 바닥에 깔고, 이제 과연 어떻게 이 이진법을 우리 영어생활에 써먹을 수 있는가를 소개한다.

"나는 간다"는 문장을 말하거나 작문을 한다고 해보자. 우리말에서도 마찬가지지만 여기서 "나는"은 체언이고 "간다"는 술언(또는 용언, 풀이말)이다. 더 자세하게 말하면 대명사로서 체언의 역할을 하고, 동사로서 술언의 역할을 한다. 이진법에서도 마찬가지이다. 이렇게 N과 P로 구성된 문장을 바로 이진법에서는 쉽게 구분을 하기 위해서 1형 이라고 하는 것이다.
그렇다면 이걸 어떻게 써먹냐? 이게 중요하다. 바로 이 1형을 응용하여 얼마든지 활용할 수 있다는 것이다.

N요소와 P요소를 결합하면 된다. 다시 말하면 N과 P로 문장을 이루면 완벽한 문장이 된다는 것이다. I go. I라는 N과 go 라는, N의 동작을 설명해 주는 기능을 하는 P가 결합된 문장이 아닌가? 여기서 You go. He goes. I do. My mother sings. She is so pretty. 등 온갖 문장으로 응용할 수 있는 것이다.

하나 더. The light was on.이란 문장을 활용하는 방법이다. "on"이 꼽사리 붙어 있어 이걸 작은 p (on은 명사에 붙는 전치사와 생긴 것은 같지만, 여기서는 그 기능에서 방향이나 위치를 알려주는 요소이다. 더 전문적으로 설명하면 particle 이라는 요소인데, 그래서 첫자를 따서 p라고 표시한다)라고 해서 문장의 형식은 대분류 NP속에서 소분류 NP(p)라고 한다.

그럼 이걸 다시 어떻게 활용하나? NP에 p를 붙이면 완벽한 문장을 구성할 수 있다는 것을 아는 것이다. 즉, NP(p)라는 형태도 완벽한 문장이 된다는 것이다. 그럼 실제 예를 몇 가지 들어보자.

① We are on. ① You are on. ① I'm in. ① He is now slightly on. ① The water is not on. ① The electric light is on. ① The adventure was on again. ① The meeting was on. 등등

그게 뭐냐? 그게 뭐 대단한 거냐?고 반문하는 분들이 계시겠다. 발전적인 의문이다. 하지만 NP(p) 형의 문장이 있다는 것을 모를때, The light is on.이라고 써놓고 과연 이런 문장이 말이 되는지 의아해 하는 학생들에게는 시원한 기준이 될 수 있다. 그것이 바로 이 이진법이 지향하는 바이다.

이러한 N과 P가 만들어 낼 수 있는 조합을 한번 생각해 보자. 우선 NP가 있다. 그리고 NPN도 있을 수 있고, 또 NPP도 된다. 또 NPNN, NPNP, NPPN, NPPP 등도 된다. 더 만들어 낼 수 있지만 그 이상은 잘 쓰이지도 않고 오히려 복잡해 지기만 하니까 앞의 7가지 조합만 쓰는 것이다.

NPNP를 한번 보자. (그런데 이 NPNP=0101=10진법에서 5, 그래서 이진법에서

는 5형이라고 한다)
"나는 내 시계를 책상위에 두었다"는 문장을 말한다고 하자. 대빵 N는 I다. I의 동작을 설명하는 P는 put이다. 시계라는 N이 또 나와야 하고, 그 시계의 위치를 설명하는 "책상위" P가 있으면 되겠다. 결국 NPNP라는 구조에 슬쩍 밀어넣으면 I(N) put(P) my watch(N) on the table(P). 짜잔~.

거꾸로 한번 해 보자.
We called him John.이라는 문장을 이해해 보자. We는 당연히 N이고 called는 We라는 N의 동작을 설명하는 P고, him은 다시 N이고, (여기서 잘 보라) John은 품사로 따지지 말고 문장에서의 그 기능으로 보면 him을 다시 설명하는 요소, 즉 P가 된다. 즉 NPNP의 형태다. 그렇다면 이진법에서는 위에서 보기로 든 문장 "나는 내 시계를 책상위에 두었다"와 같은 형태가 되는 것이고, 그런 식으로 해석하면 된다. 못믿겠는가? 아래를 보라.

나는 내시계를 책상위에 두었다.
-> 나는 두었다 내 시계를 책상위에 -> NPNP
우리는 그 사람을 존이라고 부른다.
-> 우리는 부른다 그 사람을 존이라고 -> NPNP

결국 같은 형태 아닌가?
양파들(Onions)이 만든 문장의 5형식을 염두에 두면 안 된다. 전혀 다른 체계인 것이다. 위의 두 문장에서 I put my watch on the table은 양파들은 이를 S+V+O라고 해서 3형식이라고 하고, We called him John은 S+V+O+C라고 해서 5형식이라고 한다. 보어는 쳐주는데 부사구는 안쳐주는 것이다. 그러다 보니 양파들의 체계에서는 "on the table"이라는 부분을 설명할 방법이 없다. 영작을 하려 하는데 이 "on the table"을 어디다 두어야 하는지 가르쳐 주지 않는다. I put on the table my watch? 이진법에서는 NPNP라고 명확하게 가르쳐 준다. 그래서 I put my watch on the table이라고 쓸 수 있는 것이다.

5형식과 이진법에서 가장 큰 차이점은 양파들은 문장에서의 단어(word)의 역할(S,V,O,C)을 위주로, 이진법은 단위(unit)의 문장에서의 기능(N,P)을 중심으로 분석한 것이다.

5형식이 편한 사람은 5형식을, 이진법에서 묘미를 느끼는 사람들은 이진법을. 이 것도 저것도 필요없는 사람들은 그냥 참고로만. 참고하기도 싫은 분들은 그냥 가시라. 더 하다간 책광고 한다고 야단맞을테니까 여기서 그만.^^

**[다시 본 이상도의 "2진법"]**
인류가 처음 사용한 언어가 무엇일까? 나는 언어학이나 인류학은 주변 서적 조차도 본 적이 없으니, 그저 머리속으로 내가 원시인이 되어서 생각해 보는 방법 밖에 없다. 내 생각엔 "나"와 "너" 등 요사이 말로 하면 대명사, 그리고 동사가 제일 먼저 쓰이기 시작했으리라. 동사 중에서도 생존과 직결된 단어들이 먼저 생성되고 널리 쓰였으리라. 이를테면 "먹자" "자자" "잡아라" "가자" "음음하자" 등등의 간단한 동사가 먼저 생겨서 필요한 의사소통을 했으리라.

사냥을 해서 잡은 짐승을 앞에 두고 "우적우적"하면 그것이 먹자는 말이었을 것이다. "너"를 "쿠가"라고 하고 "나"를 "카가"라고 했다면 "쿠가 카가 우적우적"은 "너하고 나하고 먹자"라는 말이 되었을 것이다. 아직 tense나 voice, 도치에 의한 강조 용법 같은 것은 생기지 않았을테니 "카가 우적우적"으로 "내가 먹는다" "내가 먹을 것이다" "내가 먹었다"가 전부 같은 형태였을 것이다.

그 당시의 언어를 정리해 보면:
   나: 카가
   너: 쿠가
   집: 아루
   사슴: 우타
   맘모스: 으타
   먹다: 우적우적
   자다: 냰내냰내
   잡다: 으차으차 정도. (검색하지 마라, 다 내가 만들어 낸 말이다)

"카가 우적우적" 나 먹다. I eat. Ich esse(틀려도 봐주라. 독어 30년전에 배우고 더 안배웠다), 주어와 동사, 체언과 용언(술언), 그리고 Nominal과 Predicate다. 바로 2진법에서 가장 기본이 되는 1형의 문장 형태이다. "카가 냰내냰내"도 마찬가지고, "카가 쿠가 냰내냰내" "카가 으차으차"도 그렇다. N과 P가 거북하면 N

을 "뽕"으로, 그리고 P를 "짝"으로 바꾸면 바로 "뽕짝"이 된다. "뽕짝"이 싫으면 "쿵딱"으로 하든지, 그것도 싫으면 "아싸"로 하든지. 그래서 이런 "뽕짝"의 형태가 인류 언어 발전사에서 가장 처음에 왔을 것이다 (물론 감탄사는 빼고).

그러다가 원시생활에서도 말이 점점 늘고 묘사하는 대상도 많아져서 머리 좋은 원시인들은 한가지 요소를 더 집어 넣어서 의사소통에 성공한다. "사슴"을 "우타"라고 했다면 "카가 우적우적 우타"라고 해서 "나는 먹는다 사슴"이라는 문장을 개발했을 것이다. 거기에 재미를 붙여서 "카가 우적우적 으타" 즉 "나는 먹는다 맘모스"라는 문장도 개발했고, 마음에 드는 원시인 여자를 향해서 "카가 으차 으차 쿠가" 즉 "나는 너를 잡겠다" 또는 "카가 음음 쿠가" (번역 생략) 라는 말도 했을 것이다. N과 P로만 언어생활을 하다가 N이라는 요소를 하나 더 집어 넣은 것은 원시인의 언어생활에서 괄목할 만한 신장일 것이다. 이것이 바로 NPN, 즉 2진법에서 2형의 문장이며 "뽕짝뽕" "쿵딱쿵" "아싸아"의 형태를 지닌다.

거기에 또 더 머리 좋은 원시인들이 먹는 대상만을 말할 것이 아니고, 먹는 장소도 말할 필요가 있어서 "뽕짝뽕"과는 다른 형태인 "뽕짝짝"을 개발해 내는데, "카가 우적우적 아루" 즉 "나는 먹는다 집에서"가 바로 그것이다. 집을 먹는 원시인은 없으니까 이렇게 "아루"라고 붙이면 그것은 "거기서"라는 P요소가 되는 것이다. "카가 낸내낸내 아루"는 "나는 잔다 집에서"이고, 이것을 2진법에서는 뽕짝짝, 즉 NPP 3형이라고 한다.

원시인들이 문장 만들어 내는데 재미가 붙어서 뽕짝과 뽕짝뽕, 그리고 뽕짝짝을 이용해서 여러가지 뽕짝 리듬을 만들어 내기에 이른다. 수만년 이후 이상도 선생은 이것들을 정리해서 문장의 유형이라고 이름 붙인 것이다.

이상도 선생의 2진법은, 그래서 가만히 들여다 보면, 초기 언어의 발달과정을 거꾸로 추적하여 짚어낸 것이 아닌가 하는 생각이 든다. 뽕짝, 이것이야 말로 가장 기본적인 언어 형태가 아닌가? 아무리 어려운 문장도 다 여기서 출발해서 필요에 따라 뽕과 짝이 리듬을 이루면서 뽕짝뽕, 뽕짝짝, 뽕짝뽕뽕, 뽕짝뽕짝, 뽕짝짝뽕, 뽕짝짝짝 등으로 발전된 것이다. 그러니까 이상도 선생은 어찌보면 별 것도 아닌 것을 집어내어 2진법이라는 또 하나의 이해하기 어려운 세계를 만들어 낸 것이 아닌가?

이 별 것도 아닌 것을 별 것으로 만들어야 한다. 그것은 이 2진법을 어떻게 활용해서 영어 공부하는 사람에게 피와 살이 될 수 있게 하느냐에 달려있다. 아무리 이론이 훌륭해도 써먹지 못하면 그저 책 속에만 머무는 죽은 이론이 되어 버릴 것이다.

2진법 문형 중에서 가장 고급인 7형을 보자. 바로 뽕짝짝쯔-의 세계이다. 원래 이 뽕짝짝짝으로까지 발전한 이전 단계에는 이 문형이 뽕짝 뽕짝 뽕짝이었는데, 언어의 경제성을 고려하여 뽕으로 인수분해 하여 뽕(짝+짝+짝)=뽕짝짝짝으로 코드화 한 것으로 봐도 되겠다.

"그 사람이 거기에 혼자 서 있었다"는 문장을 영작한다고 해 보자. 이 문장은 가만히 들여다보면 (꼭 가만히 들여다 봐야 한다. 그래야 보'니까) 뽕짝이 세 번 반복됨을 볼 수 있다. 한번 볼래냐? N(뽕)은 문장에서 주인 역할을 할 수 있는 중요한 요소이고, P(짝)은 그 뽕에 이어서 뽕짝하면서 리듬을 만들어 주는 요소다. 그러니까 원시인들은 뽕짝 뽕짝 뽕짝 하면서 이런 의미를 표시했을 텐데, 요새 와서는 간단해진 유형이다. 원시인들은 아마 이렇게 의사표현을 했었을 것이다.

    1. 그 사람이(뽕) 거기에 있었다 (짝): He was there. (1형의 문장)
    2. 그 사람이(뽕) 혼자 있었다 (짝): He was alone. (1형의 문장)
    3. 그 사람이(뽕) 서 있었다(짝): He stood. (1형의 문장)

원시인들은 이렇게 뽕짝으로 구성된 세 가지 문장을 다 말해서야 비로소 본인이 원한 의사표시를 했었을 것이다.

뽕은 다 같이 "그 사람이"이다. 그 뽕이 다 짝짝짝하는 모습니다. 그러니까 뽕으로 인수분해 하면 뽕(짝+짝+짝)이 된다. 그 사람이 거기에 + 그 사람이 혼자 + 그 사람이 서 있었다 = 그 사람이 (거기에+혼자+서있었다).

뭐 이렇게 안 해도 영작할 수 있고 번역할 수 있는 사람이라면 그렇게 하면 된다. 2진법이라는 방법이 뽕짝으로 이루어진 언어의 생성초기로 거슬러 올라 갔다는 점에 착안하면, 나중에 발전된 형태 이전의 모습이 어떤 것이었냐를 원초적으로 따져 봄으로써 영작이나 번역을 정확하게 하고자 함이니, 그런 쪽으로 꾸준히 훈련하고 연습하면 의외의 방법이 찾아질 지도 모르겠다. 그야말로 "저절로" 외워질 수도 있겠다.

제일 중요한 점은 그 문장이 2진법에서 몇형이냐를 찾는 것이 아니다. 문장의 5형식도 그래서 파묻혀 버리지 않았는가? 그 문장이 5형식에서 몇형식이냐, 또는 2진법에서 몇형이냐가 중요한 것이 아니고, 그걸 이용해서 어떻게 써먹느냐가 중요한 것이다.

## ◎ 독자들이 보는 2진법영어(도착순)

다음은 일반 독자들이 이메일이나, 조선닷컴, 시스템클럽에 올린 글들을 모은 것이다.

🐾 저는 2진법영어 독자입니다. 매우 이해하기 쉽게 되어 있어 2진법영어로 공부하기로 결심했습니다. 영어의 규칙이 신비로운 것 같아요. 이 방법대로 하면 기하급수적으로 실력이 늘지 않을까요?

🐾 저는 제주도에 사는 교육대학교 영어교육과 학생인데요, 2진법 영어책을 재밌게 봤습니다. 제가 문의하고 싶은 부분은 쉬운 문장은 2진법으로 해석이 잘 되는데 복잡한 독해 문장이나 장문일 때에는 2진법으로 어떻게 해석하는 지 궁금하네요.. 자세한 설명 부탁드립니다... 그리고 간단한 문장뿐만이 아니라 복잡하고 긴 문장에서도 2진법을 적용할 수 있는 책을 만들어주었으면 하는 바램입니다...

🐾 이진법 영어 매우 감명깊게 읽고 공감하는 40대 독자입니다. 그간 몇십년 공부했던 방식에서 매우 새롭게 느껴짐을 발견하고 매우 흥미있게 1독을 하고 있는 중입니다. 혹시 저자 특강이 있으면 한번 직접 들어보고 싶습니다.

🐾 저는 고등학교 영어교사입니다. 한 마디로 획기적인 탈상이라고 봅니다. 2진법영어를 보니 제가 생각하고 있는 동양철학의 음양오행설과 맥락을 같이 하는 것 같음을 느낍니다.

🐾 2진법영어는 매우 재미있는 착안이라고 생각됩니다. 5형식문형은 약점이 많은 것이 사실이고 2진법문형으로 대체하는 것이 옳다고 생각합니다.

🐾 저는 중어중문학 전공 학도입니다. 2진법 영어책을 읽으면서 느낀건 데 저도 역시 외국말을 배울려면 문형을 알아야 한다고 느꼈습니다. 선생님께서 저술하신 책 내용을 마스터하면서 영어의 재미도 느꼈습니다. 이 점에 대해 감사드립니다... 문형을 모르고는 그 나라의 언어를 안다고 할 수 없다는 선생님의 의견에 전적으로 공감합니다.

❧ 2진법의 3형이 용도가 상당히 많을 것으로 사료되어 확실하게 이해를 했으면 합니다... 제가 예전의 5형식의 문형에 너무 사로 잡혀서 이해가 안되는 것인지도 모르겠습니다. 답변을 주시면 제 나름대로 유추해서 공부해 보겠습니다. 아직도 영어에 헤메는 공학도입니다.

❧ 변호사님의 이진법 영어는 제가 영어에 관한 흥미를 다시 느낄 수 있게 하기에 충분했습니다. 저는 대학을 마치고 약10여년간 영어에 관심을 두지 못했습니다. 변호사님의 이진법 영어를 접하면서 영어에 다시 관심을 갖기 시작했습니다. 특히 본문에 사용된 많은 예문들은 최신영화 등에서 실제 쓰이고 있는 문장들이라 더욱 생동감 있었고, 최신영어 습득에 용이한 것 같습니다. 관심을 갖고 한문장 한문장 읽어가는 동안 신기하게도 기본적인 문장들이 쉽게 머리에 남았습니다.

❧ 우리는 비싼 돈을 주고 산 기계인 영어가 사용법이 어려워 써먹지는 못하고 무겁게 지고만 다닙니다. 2진법영어는 영어의 사용법이 쉽다는 것을 일깨워주는 획기적 착상입니다. 쉬운 사용법으로 영어에 숙달된다면 우리의 국제경쟁력이 엄청나게 상승될 것입니다.

❧ 우리나라 학교, 학원에서 가르치는 식으로 그렇게 영어가 어렵다면 미국 어린이들이나 무학자들이 어떻게 영어를 할 수 있겠느냐? 분명히 쉬운 방법이 있을 것인데 2진법영어를 보니 '바로 이것이구나' 는 생각이 들었습니다.

❧ 2진법 구문론에서 제가 발견하는 것은, 2,3의 원칙이 영문 구조에 적용된 모습입니다. 바로 그것이 어린애들이 말을 배우는 과정일 것입니다. 놀라운 발견입니다.

❧ 진법에 관해서 생각하는 것은 영어공부 뿐만이 아니라 사고력의 증대에 큰 도움이 될 것입니다. 제가 가장 좋아한 영어참고서는 Word Power Made Easy였는데, 그 속에는 영어뿐만이 아니라 모든 공부의 요체와 평생교육의 의미와 인생을 생각하는 방법이 두루두루 들어 있습니다. 그러나, 2진법님의 책에 진법의 이해 방법이 부록으로 들어가면, Norman Lewis보다 한수 위라는 평을 받을 수도 있습니다.

❧ 저는 루마니아 평신도 선교사입니다. 작년에 선교 훈련차 한국에 체류할 때 선

생님의 책 '2진법 영어'를 구입했습니다. 아직 제 것으로 완전히 소화하지는 못했지만, 영어 공부의 장벽이 없어져 전망이 보이는 기분입니다. 좋은 책을 써주셔서 감사합니다.

🐾 이상도 선생님의 『저절로 외워지는 영어』는 영어를 왼쪽에서 오른쪽으로 읽으면서 이해하고 받아들이면 영어문장이 저절로 쉽게 익혀진다는 뜻으로 그렇게 작명하신 것이라고 들었는데 저도 그 표현이 옳다고 생각합니다.

🐾 거듭 말하지만 이상도님의 저술은 아주 잘된 책이라고 생각한다. 동사 표현을 이론화하고 조직화한 책은 원어민 서적에도 아직 없는 것으로 안다. 학습자는 매일 30분 가량 이 책으로 그야말로 소설책 읽듯이 하면 우선 "두뇌 훈련"에 아주 좋을 것이다.

🐾 매일예문들 한 10번만 읽고 따라하면 영어실력이 쑥쑥 늘어날 것이 틀림없다고 생각합니다. 저도 시간 날 때마다 한 두번씩이라도 죽 중얼중얼 읽어보는 버릇을 들이고 있는데요. 이런 좋은 공부를 가르쳐 주셔서 우선 감사하구요.,,,

🐾 특히 우리에게 어려운 부분들만을 아주 잘 정리를 하셨더군요. "많은 존경을 보냅니다...You had me there."와 비슷한 뜻으로 "바로 그점에서 난 자네에게 졌네... 손들었네." 정도로 사용되는 것을 들은 적이 있습니다. 영어에서 there도 어렵지요. 이런 측면에서 이상도님께서 아주 정리를 잘 해 주시고 계십니다.

🐾 나날이 볼수록 선생께서 하신 작업이 대단하다는 생각을 합니다. 참으로 유익한 책이며, 매일 일정 분량을 소설 책 읽듯이 읽어나가노라면 무엇보다도 두뇌 훈련에 아주 유익할 것이라는 생각을 합니다. 그 수많은 책과 문서 자료에서 이런 유익한 문장을 찾아내시고, 그 문장들을 유형별로 분류하신 그 수고에 대하여 존경과 감사의 말씀을 올립니다.

🐾 아~~~ 이런 구조구나... 우리 나라 사람들은 기본적인 영어 단어들은 알고 있으니까 2진법 코드만 알면 회화가 가능 ^^ 얼렁 2진법 코드를 익혀야 하는데 생각보다 쉽지가 않습니다.~~

☙ 시스템클럽을 통해 박사님의 책을 보고 공부중입니다. 책을 보던중 하나 불편한 점이 있는데. 책말미에 있는 부록 - 책을보는법을 책 서두로 옮긴다면 공부하기가 더 편리할거 같습니다. 편집의 묘 또한 베스트셀러가 되는 방법 중에 하나라고 생각합니다. 영어공부에 좋은 길잡이가 될것 같습니다.

☙ 시중에 판매되고 있는 성문영문법과 비교해 보았을 때 전혀 손색이 없는 내용의 책이라 봅니다. 다만 각 품사의 명칭이나.. 이들의 활용어구를 새롭게 편집하려고 하는 저자의 의도를 더 높이 사고 싶습니다. 사실 품사명이나 영문법의 대부분은 우리나라에서 개발한 것이 아닌 일본의 영문법 연구자들이 개발한 결과를, 그대로 가져다 배껴쓴 것이기 때문에 영어에서의 학문적 자주성은 찾아보기가 어렵습니다. 이런 배경에서 볼 때 이상도님의 이러한 몸부림은 우리나라 영문법 교육에 또다른 획이 될것이라 믿어 의심치 않습니다.

☙ 2진법영어가 이번에는 저의 능력을 폭발적으로 확대시켜주리라 확신합니다.

☙ 2진법영어코드에 따라 영어공부를 새롭게 시작하고 싶습니다.

☙ 교보문고에서 '저절로 외워지는 영어 1' 이 눈에 띄어 샀습니다. 완전히 새롭고 간단한 방식이고 예문이 좋았습니다. 느낌이 참 좋더군요.

☙ 저는 지금까지 '동사+부사(소사)' 의 형식에서 동사의 의미가 중요하고 부사는 부수적인 것으로 배워왔는데, 그것이 정반대로 부사(소사)의 의미가 더 중요하다는 것을 깨닫고 신선한 충격을 받았습니다. 사실이 그러니까요. 숙어를 따로 외울 필요가 없어지니 얼마나 효과적일까요? 기존의 영어학자들이 왜 이런 것을 거꾸로 가르쳤는지 이해가 안 갑니다.

☙ 2진법영어는 영어의 구성을 새로운 시스템적 이해를 통해 아주 알기 쉬운 방법으로 가르치는 것이군요. 공부라는 것은 생각하는 방법을 풍부하게 하는 과정입니다.?아! 이런 접근법도 있구나?, 저는 이렇게 느꼈습니다.

☙ 주문한 책을 오늘 받아보았습니다. 이변호사님에 대한 호감 때문인지 공부에 대한 의욕이 샘솟습니다. 계속 나라를 위한 좋은 일 많이 하시길 부탁드립니다.

☃ systemclub.co.kr을 통해 알게 되었습니다. 예전의 5형식문장법과는 완전히 다르고 상당히 획기적이고 재미나며, 이해하기가 쉽군요. 영문학의 통사론과는 접근법이 다르며 이해하기가 쉽습니다. 대학 편입영어공부 하는 사람이나 번역에 뜻을 둔 사람에게 좋을 것 같은 방법입니다. 글틀 영어니 쌔븐영어니 크래지 영어니 할리 영어니 이런 영어는 체질을 강화시키는 영어가 못되고 얄팍한 인기에 영합하는 장사 속이라고 생각됩니다.

☃ 2진법영어는 미국에서 유년기나 소년시절을 보내지 않은 외국인도 마치 이를 경험한 것처럼 어린이나 소년들이 사용하는 영어를 자연스럽게 터득하게 해주는 것으로 지금까지 어느 누구도 생각지 못한 획기적인 방법라는 생각이 듭니다.

☃ 지만원박사님의 시스템클럽에서 이박사님의 2진법영어를 보았습니다. 저희과 학생들에게 권유하여 공부하게 하고있습니다. 좋은 내용인것 같고요.

☃ 우연히 환태평양국제 회의에서 선생의 책을 보았습니다. 아마 어떤 분이 다른 사람에게 전해 줄려고 안내 데스크에 맡겼던 것 같습니다. 책은 매우 흥미로웠습니다. 도움도 많이 될 것 같습니다. 그래서 다음책이 더 궁금합니다. 언제 2권을 볼수가 있을까요.

☃ 언뜻 보았는데 어쩌면 더 이상 발전하지 않는 제 영어를 도와줄 듯 싶어요...

☃ 5형식이 "불완전한 문법"이라는 것이 저에게는 NEWS였습니다. google을 찾아보니 "He pushed open the door."가 3980개가 나오는군요. 놀랬습니다. 지금 생각해보니 제가 이런 스타일의 문장을 처음 본 것이 아니라 5형식 문법으로 이해가 안 가니까 그냥 무시해 버리고 넘어갔던 것 같습니다. 사실 영어로 된 동화나 소설책에서 5형식으로 이해할 수 없었던 이런 식의 표현이 많았다는 것을 기억합니다. 그냥 내가 실력이 없어서 이해 못한다고만 생각했지요. 저는 5형식이 완전한 문법적 설명인줄 알아 왔습니다. 5형식을 가르치고 있는 상황에서, "He pushed open the door." 같은 문장에 접할 경우 이제부터 일선교사들은 침묵을 지킬 것이 아니라 적어도 이 5형식이 "완전한 것이 아니다"라는 것을 학생들에게 확실하게 말해야 할 것 같습니다. 그렇지 않으면 5형식 문법으로 이해 할 수 없는 표현들을 저처럼 5형식으로 풀어보려고 고민하

는 사람들이 여전히 많을테니까요. 앞으로 우리나라는 2진법영어로의 교체가 불가피할 것 같군요.

☞ 저는 인천에 있는 법률사무소의 사무장입니다. 변호사는 직업의 성격상 간단명료 하고 논리적으로 글을 쓰는 만큼, 저는 주저없이 이변호사님의 책을 주문했습니다. 이 변호사님의 이 책이 앞으로 독자들에게 큰 도움을 줄 것으로 기대합니다.

☞ 영어문장을 2진법으로 코드화한 발상이 저로서는 상당한 충격입니다. 보통, 영문학자와, 일선의 영어 지도 교사들이 생각하고 있는 학습법과 상당히 다른 출발을 보이고 있더군요. 저자가 미국에서 Law school에서 수학했다고 하는데, 상당히 논리적인 추론 방식이 맘에 드네요.. 요새, 범람하고 있는 영어 학습지에 식상한 분이 있다면, 이 책은 신선한 바람이 될 것 같습니다.

☞ 이진법으로 문장을 보면 그림이 파노라마처럼 연결되어 자동으로 연상됩니다. 직독직해의 이론적 바탕이 되는 훌륭한 아이디어에 감탄합니다...

☞ 예전에는 해석을 대략 감으로 했는데 이진법문형을 알고나서는 정확한 의미를 파악하려고 노력하게 되었습니다. 특히 전치사의 의미가 명확해 지는군요. 그 전에는 숙어라고 하여 묶어서 생각했으므로 전치사의 의미를 생각할 여지가 없었거든요.

☞ 이진법문형으로 영어를 깨우치는 재미가 보통이 아닙니다. 즐겁습니다. ...필요조건(문형)과 충분조건(사용빈도)의 구별이 특히 마음에 와 닿습니다.

☞ 실제로 2진법영어를 한 이후로 뇌의 사고작용의 영향인지 영어를 들을 때 무의식적으로 문장을 np식으로 구분하고...점차 이해도 빨라지면서 잘 들리는 것 같습니다. 짧은 문장이지만 곰곰히 활용예를 생각하면 다양한 표현을 구사할 수 있어 좋습니다.

☞ 저는 공대생입니다. 코드영어를 5분만에 NP구분을 이해하고 7형까지 파악했습니다. 코드 시스템으로 문장을 즉시 파악할 수 있습니다. 다만, 일반인이 즉각 반응하여 파악하기는 힘들 것 같네요.the big fat cat 책처럼 쉽고 재미있

게 만들었으면 하는 아쉬운 점이 있네요.^^

☻ 영어 이진법 한달 공부후 소감- 설마 이것도 일반서점에 나온 수천권의 영어 책처럼 사기겠지... 그러나 그게 아니었습니다. 부족하지만 어느정도 감은 잡았고..한달 후 더 소설책을 많이 읽고 숙달해서...영어로 지금 스트레스 받는 여동생에게도 전도해야 겠네요. 그리고 어떤 분이 영어 테이프 교재를 포함하면 좋겠다고 했는데...이진법만 충분히 파악하면 가지고 있는 테이프로 응용할 수 있다고 생각되는군요.

☻ 선생님의 2진법영어에 대한 대성(大成)을 높이 평가합니다. 앞으로 우리나라 영어교육이 나아가야 할 길입니다. 시중에 나와 있는 많은 영어책들은 거의 사기 같습니다. 혹시 2진법영어훈련과정이 있는지 알고 싶습니다.

☻ 기존 문법에 회의를 느끼던 중이었는데 타이밍 좋게 이 책을 만나서 참 다행입니다. 기존 문법으로 설명 안 되는 부분을 너무 많이 봐 온지라....

☻ 이진법은 NP기본형으로 이루어 졌다..보름전 새로운 생각이 머리속에 잠시 스쳐 지나.. NP기본 NPN ,NPP,NPNN,NPNP,NPPP를 형상한 이미지 구글을 조사한 결과 1~6형까지 매칭되는 이미지를 찾았다. 형마다 많은 종류를 다양하게 찾아보니 검색 결과 공통된 집합 조합이 있다는 것이다. 참으로 놀라운 결과였다. 이 방식을 연구하면 5세정도 유아들에게 영어문장 사고방식을 머리 속에 집어넣는데 효과가 있을 것이라고 생각한다.

☻ 이진법 코드를 컨베어 밸트라고 비유하고싶다. 위 그림 공장 라인을 형상화한 컨베어 그림을 보면 모터에 있는 구동 축을 풀리 축에 동력을 전달할 수 있는 컨베어시스템이다. 물건을 어떤 가상의 물건을 입구 시키면 어느 방향으로 보낼지 컨베어 라인에 각각 센서가 달려 있어 즉시 감별하여 물건을 출구 하여 여러 방에 보낸다. 이진법 코드 영어도 두뇌에서 NP형 기본으로 세팅하여 1형만 머리속에 집어 넣으면 단순하게 물 흐르듯 데이타는 이동한다. 물건이 오면 대상을 감별하여 IN/OUT 자동화시스템처럼 두뇌전환하는 방식이다.

☻ 영어가 저절로 외워지게 하는 보물을 발견한 것 같은데 실제 문장에 써먹으려

고 하면 잘안되고, 책을 처음부터 읽어나가자니 다 아는 것 같으면서도 진도는 안나가고, 그래서 한동안 중단하다 다시보고...안되겠다 싶어서 책을 다시 보았습니다. 2권은 이틀에 걸쳐 다 읽어 보았는데 예문을 중심으로 모든 문장을 code ①②까지 분해해 보니 시간도 많이 걸리지 않고 이진법을 실제 문장에 적용할 자신감도 생기는 군요. 저와 같은 분이 있으시면 참고가 되기를 바랍니다.

☙ 우연히 알게된 이진법영어가 공부에 크나큰 도움되고 있습니다 ^^

☙ 그동안 이상도님의 칼럼을 경외스럽게만 읽다가, 오늘 새벽 기도중에 늘 묵상하는 영어성경도 2진법 해의로 읽어야하겠구나 싶어 놀라움을 금치 못해, 평소 관심을 가지고 오던 분야여서 님께 감사하면서 '님의 2진법 영어 지경 넓히기'가 확산되어서 중국인들의 영어가 우리보다 앞서는 것을 젊은이들이 따라잡을 수 있었으면 합니다.

☙ (시드니에서) 제 튜터와 함께 선생님의 이론에 대해 토론을 해보니 그 친구도 상당히 긍정적이고 저와 같은 레벨에게는 도움이 많이 될것이라고 말하더군요. 이런 친구들에게 이런 긍정적인 의견을 듣는 것은 너무나 당연한 말일 수도 있겠습니다. 기본적으로 그런 언어적인 센스가 2진법의 이론과 일치하기 때문이죠. 요즘은 티비를 보다가도 무심코 2진법식으로 분석하고 있는 자신을 발견하게 됩니다.

☙ 이진법식의 사고를 숙달하기 위해서 나름대로 ① 오디오 북의 내용을 받아쓰고 ② 스크립트로 첵크를 한 후 ③ 첵크 한 내용을 이진법 분석을 해본 후 ④ 다시 들어가면서 문형을 떠올리려고 노력을 하고 있습니다.

☙ 전통 문법에 익숙한 제게 아직은 생소하지만 배우는 아이들에게는 정말 빨리 와 닿을 것 같습니다. 정말 대단하십니다. 그리고 너무나 감사합니다.

☙ 학원에서 영어를 가르칩니다. 중1 학생들인데, 5형식을 전혀 모르는 녀석들입니다. 이진법을 간단히 술어, 비술어로 나누고 연습을 시키니 쉽게 금방 알더라구요. 역시 진리는 단순하다는 말이 맞는 것 같습니다. 감사합니다. 이런 쉬운 영어학습법을 발견해주셔서요.

# 영어코드의 비밀

2005년 1월 15일 초판 발행
2007년 6월 25일 증보판 발행

지은이 / 이상도
펴낸이 / 이강민
펴낸곳 / 2진법영어사

신고/2003. 6. 16. 제 16-3050호
주소/서울특별시 강남구 역삼동 831 혜천빌딩 708호
전화 / 568-5568(내선405)
팩스 / 568-7776,0089

값 8,000원

무단 복제 · 전재 · 발췌를 절대 금합니다.

ISBN 89-954426-3-8